网店运行实践

杨银辉　主编

北京理工大学出版社
BEIJING INSTITUTE OF TECHNOLOGY PRESS

内 容 简 介

本书按照网店运营的实际工作过程,分为 3 个项目 7 大任务。其中项目一的主要任务是网上开店准备,项目二网店的开设涵盖注册开店、商品图片拍摄与处理、网店装修 3 大任务,项目三网店的运营涵盖网店客户服务与管理、网店推广与营销、网店物流与配送 3 大任务。每个任务都按案例引入与分析、相关知识、任务实施、知识与技能拓展、思考与练习的体例来编写,将实际工作项目、鲜活生动的网店运营案例和网商故事贯穿全书,理论与实践相结合、图文并茂、深入浅出,充分体现了任务引领和项目课程等当今最新课改成果的核心思想。

本书可作为高职高专院校电子商务及相关专业学生学习网店运营课程的教材,也可作为社会网店运营培训的教材,还可供网络创业者阅读参考。

版权专有　侵权必究

图书在版编目(CIP)数据

网店运行实践/杨银辉主编.—北京:北京理工大学出版社,2018.7 重印
ISBN 978-7-5640-5608-7

Ⅰ.①网…　Ⅱ.①杨…　Ⅲ.①电子商务-商业经营-高等学校-教材　Ⅳ.①F713.36

中国版本图书馆 CIP 数据核字(2012)第 022608 号

出版发行 /北京理工大学出版社		
社　　址/北京市海淀区中关村南大街 5 号		
邮　　编/100081		
电　　话/(010)68914775(总编室)　68944990(批销中心)　68911084(读者服务部)		
网　　址/http://www.bitpress.com.cn		
经　　销/全国各地新华书店		
印　　刷/保定市中画美凯印刷有限公司		
开　　本/710 毫米×1000 毫米　1/16		
印　　张/15.25	责任编辑/胡　静	
字　　数/287 千字	王玲玲	
版　　次/2018 年 7 月第 1 版　第 9 次印刷	责任校对/周瑞红	
定　　价/36.00 元	责任印制/吴皓云	

图书出现印装质量问题,本社负责调换

前　　言

据中国互联网络信息中心（CNNIC）的统计显示，截至 2011 年 12 月底，我国网民数量突破 5 亿，网民规模跃居世界第一位。随着网络环境的改善，网络购物市场的发展也非常迅速，当今我国网络购物用户规模达到 1.94 亿人，网上购物已经成为网民的主要网络应用之一。面对如此诱人的网购市场，越来越多的企业和个人将目光投向网店运营。网上开店不仅不受时间、地域限制，而且快速便捷、资金成本低、经营方式灵活，因此近年来发展势头迅猛。

虽然网上开店技术难度不大，但是要经营好一家网店，却需要很多的知识和技巧。本书在对我国当前主流 C2C 电子商务平台（以淘宝网为主）运作规则综合分析的基础上，按照网店的实际运行工作过程——"市场调研与货源组织、商品图片拍摄与处理、网店注册与装修、推广引流、物流配送、客服与管理"来选择与组织学习内容。在编写方法上，主要采用任务驱动模式，每个任务都按案例引入与分析、相关知识、任务实施、知识与技能拓展、思考与练习的形式来组织，将实际工作项目、鲜活生动的网店运营案例和网商故事贯穿全书，理论与实践相结合、图文并茂、深入浅出，充分体现了任务引领和项目课程等当今最新课改成果的核心思想。

本书共分为 3 个项目 7 大任务，主要内容如下。

项目一"网上开店准备"介绍了新商业文明下网商、网货与网规的基本概念，网络销售与传统零售的区别，网上开店该做好的心理、物质和货源准备，以及网店经营中存在的进货、金融和物流风险。

项目二"网店的开设"分为注册开店、商品图片拍摄与处理、网店装修 3 大任务。

任务 1"注册开店"重点以淘宝网为例，介绍了如何注册用户、进行支付宝实名认证、发布宝贝和店铺的基本设置。

任务 2"商品图片拍摄与处理"介绍了商品拍摄常识和布景常识，如何对商品进行正确取景、构图和布光，用图片处理软件对图片进行美化处理。

任务 3"网店装修"以淘宝网为例，介绍了网店装修的作用和一般流程。如何为网店设计旺铺店招、促销区、商品类目和商品描述模板。

项目三"网店的运营"分为网店推广与营销、网店物流与配送、网店客户服务与管理3大任务。

任务1"网店推广与营销"以淘宝网为例，介绍了店内、站内、站外和线下等几种常见的网店推广与营销手段。

任务2"网店物流与配送"介绍了基本的商品包装方法和包装保护技术，以及如何实施仓储管理、捡货配货、商品包装和物流配送。

任务3"网店客户服务与管理"介绍了网店客服的作用和必备基本功，依据在线接待客户的流程，如何开展进门问好、接待咨询、推荐产品、处理异议、促成交易、确认订单、下单发货、礼貌告别和售后服务等。

本书可作为全国高职高专院校电子商务及相关专业学生学习网店运营课程的教材，也可作为社会网店运营培训的教材，还可供网络创业者阅读参考。

感谢陈明先生、史勤波先生和刘永军先生，他们为本书编写提纲的拟订、审核和最终确定提出了宝贵的建议；感谢俞漪女士、韦群锋先生和陈聂先生，他们为本教材的编写提供了许多宝贵的案例和参考资料。

本书在编写过程中，参考了许多资料，并在引用资料处做出了标注，或者列于参考文献中，但难免有所遗漏，在此对各位为本书的出版提供相关参考资料的同仁们表示衷心的感谢。

由于时间仓促，作者水平有限，书中难免有疏漏或不当之处，敬请读者批评指正。

编　者

目　　录

项目一　网上开店准备 ·· 1
任务　网上开店准备 ··· 1
本节概要 ··· 25
思考与练习 ··· 26

项目二　网店的开设 ·· 30
任务1　注册开店 ··· 30
本节概要 ··· 43
思考与练习 ··· 44

任务2　商品图片拍摄与处理 ·· 47
本节概要 ··· 76
思考与练习 ··· 78

任务3　网店装修 ··· 81
本节概要 ··· 119
思考与练习 ··· 121

项目三　网店的运营 ·· 124
任务1　网店客户服务与管理 ·· 124
本节概要 ··· 159
思考与练习 ··· 160

任务2　网店推广与营销 ··· 164
本节概要 ··· 192
思考与练习 ··· 193

任务3　网店物流与配送 …………………………………………… 196
本节概要 …………………………………………………………… 233
思考与练习 ………………………………………………………… 235

参考文献 ……………………………………………………………… 238

项目一
网上开店准备

任务　网上开店准备

专业能力目标

知道新商业文明的特性和基本的网上开店规则；了解网上开店该具备的心理、物质与货源准备；学习和掌握电脑、互联网、数码相机的基本操作技能；能合理进行商品定位；能通过网上网下等渠道寻找有一定市场竞争力的货源；能用所学实务知识规范网店运营的相关技能活动。

社会能力目标

具有社会责任感、团结互助精神、主动参与和自我调整能力；能积极与人交流和合作。

方法能力目标

能通过多种手段和方法查阅网上开店相关资料，并进行信息分析与整合，能对网店商品定位和货源寻找开展市场调研与信息收集。

1.1　案例引入与分析

1. 案例引入

小丫网上卖帐篷

最近几年，有一种活动越来越受到年轻人的喜爱和推崇，这种活动叫户外旅游。它是一种通过驴友之间的互相介绍，并由其中的一些领袖人物组织的旅游方式。这种户外活动更多的表现是户外探险、登山、自驾、野营、徒步、攀岩、探险、滑雪等自助类型的旅游，它的过程更加自由也更加艰险，能够帮助参与者充分体验和感受旅游与运动集合在一起的休闲乐趣。

当年轻人喜爱的活动演变成为时尚，围绕这种时尚的周边产品也就开始井喷。在淘宝网上专门经营户外产品的小店"蒟公主商城"，它的店主小丫怎么也没有想到春游季节的销售会如此火暴。2011年2月份，小丫通过网店零售和批发出去的帐篷，竟然已达 8 000 顶，3 月份的销量依然在持续提升中。

小丫叫张继芳，她在淘宝网上专卖户外用品，小店其实是在 2009 年年底开张的。开店之初，她不知道卖什么好，在义乌小商品城里初选的 3 000 多个产品面前彷徨，好不容易选择了箱包到网店来卖，却因市场同质产品太多，竞争太激烈，小店的生意经营一度惨淡，小丫也一度失去了信心，甚至对自己是否适合专职经营网店产生了怀疑。后来做了市场调查，了解到旅游业已经成为我国重点发展的产业，于是将自己的小店定位在户外用品上。

如果把小丫的店称为帐篷大王，是一点不过分的。在小丫的店里，帐篷的款式有四季帐篷、三季帐篷、高山帐、旅游帐、单层帐、双层帐，还有五人帐篷、六角六人帐篷、八人帐篷、十人特大帐篷，还有家庭式的二室一厅帐篷。其中最畅销的还是属二人情侣帐篷，因为一般出行旅游的毕竟还是成双成对得多。在包装方面，都采用牛津布手提箱式包装，便于户外出行携带。

对于自己小店的前景，小丫很有信心，她说，随着国外新的休闲理念的进入，近年来年轻一族有私家车的越来越多，汽车露营这种被喻为 21 世纪休闲旅游的主流方式，也已经被中国年轻人所追求，这种追求又掀起了新一轮户外用品的销售高潮。来小丫店里购买各种户外产品的，不仅有香港、海南、沿海城市的客户，也有内地的客户了，甚至许多是团购的。现在，小丫在淘宝网上已经有 50 多家代理店，其中一家代理店每个月的进货可以达到 1 万多元！

从小丫经营网店由失败到成功的经历中，你受到了怎样的启发？

（资料来自：上海伟雅，《小丫网上卖帐篷》，http：//blog.china.alibaba.com/blog/shweiya/article/b0－i11656156.html，2010/06/02）

2. 任务分析

小丫现在的网店，不仅给她带来了收入，还有很多快乐。但与大多数人一样，小丫在开店之初，也曾为不知卖什么而彷徨。而且她最初选择的是箱包，却因市场同质产品太多，竞争太激烈，网店的生意经营一度惨淡，这让小丫失去了信心，甚至对自己是否适合专职经营网店产生了怀疑。众所周知，当今互联网技术和应用发展迅猛，那么网络零售究竟呈现出哪些特征，要在网上成功开店，需要在心态、物质上做好哪些准备，又该如何了解客户和市场需求，从而寻找最适合网店经营的商品和进货渠道呢？

1.2 相关知识

1.2.1 网商、网货与网规

当今人类社会的发展开始步入互联网时代。互联网的高效、快捷颠覆了传统的信息传播方式，其开放和透明还原了人与人之间信任的基础，口口相传也再次以互联网的风格和特点回归，将来，网商、网货与网规共同构成一个生机勃勃的基于互联网的商业新世界，新的商业文明也开始浮现，"诚信、透明化、责任、全球化"是它的前提，"网商、网货、网规"是它的支柱，"信息时代的商业文明"是它的时空定位与推进方向。

1. 网商

网商是指利用因特网作为企业或个人商业经营平台，进行采购、销售、企业产品展示、信息发布等企业日常经营活动，并以此作为企业主要经营手段的商家和个人。网商的一个显著特征是利用网络现有的各种商业平台的诚信规则，通过提高交易次数和交易额，逐步建立起自己的网上商业信誉，并以此作为企业在网络贸易中提升和发展的基石。

2. 网货

网货是指在网上销售、去除了中间环节利润、有价值的商品。网货的特性表现为：与线下商品有着同样的来源，但因为网络渠道节约了成本，价格比线下商品更为低廉；因为不受货架容量的限制，网货比任何一个商场的商品更丰富，甚至可以是按消费者需求来定制的产品；网货是货真价实的商品，假货、水货、A货都不算真正的网货。

3. 网规

网规是指在互联网平台上参与人际交往、社区活动、贸易活动时必须遵守的规则、制度和章程，即作为一个网民理应受到的道德和行为约束。

1.2.2　网络零售与传统零售的区别

电子商务的兴起，首先受到冲击的是传统零售业，网络零售通过因特网为消费者提供了双向互动式的信息交流，打破了时间、地区和国界的限制，不仅为顾客提供更为丰富的商品信息，扩大商品选择的余地，还大大地缩短了交易时间，使购买过程变得更加便利和快捷。

网络零售是零售模式的一种创新，对传统零售模式造成较大的冲击，因为具有方便、快捷、货品丰富、节省成本等优势，所以在短时间里引发了一场零售业的革命。

从商业行为来说，网络零售与传统零售并没有本质上的区别，都是为了达到商品销售的经营目的。但是，因为传统零售是采用实体店铺的销售模式，网络零售是采用虚拟店铺的销售模式，所以在经营方式、经营成本、经营范围、购物体验、管理效率等方面就会有所区别。

1. 经营方式的区别

店面和库存是传统零售方式的必备条件，商品陈列的数量取决于店面和库存的大小，以面对面交流的方式接待顾客，用当面选购、钱货两讫的方式来完成交易。

网络零售则是将商品陈列在一个虚拟的店铺里，这个虚拟店铺和商品陈列都是以网页的形式来展示的，以网页留言或即时聊天工具的方式接待顾客，通过在线购买、网上支付、物流配送的方式来完成交易。

2. 经营成本的区别

传统零售的店面面积、地段、水电煤、库存量的大小、营业时间、销售人员的接待效率等都会直接影响到经营成本，每天营业10小时和12小时，营业员一天接待20人和100人所产生的成本摊销率都是不同的。因此，上述条件有差异的店铺，其经营成本也会有所区别，与网络零售方式比起来，差别还会更大。

网络零售采用的是虚拟店铺的销售模式，经营的主要投入是网络宽带和购买设备，如电脑、传真电话、数码相机、打印机等必备工具，可以轻松实现少量库存甚至零库存，大大降低库存积压的风险，有效控制经营成本。

3. 经营范围的区别

传统零售对店面的选址要求很高，因为地段对流量的影响很大，顾客通常来自于店铺周围3~5千米的范围内，店铺的正常营业时间也是上午9点至晚上9点这12个小时，这些条件的制约必然会对销售量产生负面影响，与网络零售相比，这是它的一块短板。

网络零售不受营业时间、营业地点、面积这些传统销售因素的限制，可以24小时营业，也不受传统零售模式中店面、地段等因素影响，只要商品质优价廉、诚信经营、再辅以有效的推广营销手段，就能轻松地吸引本地和异地顾客来店铺浏览，体现经营的灵活性。

4. 购物体验的区别

传统零售方式可以直观地展示商品，使消费者在购买前就能通过视觉、触觉等来感知商品，服装可以试穿，化妆品可以试用，食品可以品尝，使顾客通过亲身体验来认识、了解和接受商品，从而大大降低顾客的购物风险，提高销售的成功率。

网络零售在商品体验上处于弱势，由于商品是以网页形式在展示，顾客在收到商品之前并未见过实物，因此，顾客在购物前可能会比较审慎，担心收到的货品与网页上看到的相差甚远，无形中增加了销售的难度。

5. 管理效率的区别

传统零售的店员以营业员为主，以面对面用语言交流的方式接待顾客，一名店员通常只能同时接待2~3位顾客，工作效率低下，而且很容易出现信息交叉传播，有可能给销售工作带来不必要的麻烦。

网络零售的接待工作主要是依靠聊天工具来进行，一个打字速度较快的客服人员，可以同时接待8~10位顾客，而且回复信息渠道直接，不会因信息交叉传播而造成不必要的误会。网络零售的岗位分工更加细化，从在线销售、技术支持、物流配送到售后服务，是由一个团队来配合完成工作的，虽然看似人手更多，但是由于每个岗位的人员对本职工作更加熟练和专业，各司其职，团队配合的工作方式和流程反而可以大大提高管理效率，按整店绩效来考核的话，人力成本反而比传统零售方式低，且效率反而更高。

综上所述，与传统零售方式相比，网络零售是一种轻商业模式，无论是经营灵活性和销售环节，还是库存、成本、管理方面，网络零售都在追求一种精简、高效的经营理念。

1.3 任务实施

当今网络日益普及化，很多人都想在网上创业，淘得一桶金。但是网上竞争日益激烈，每天都有上百个店铺开张，而能站稳脚跟、能盈利的卖家却不多。案例中的小丫虽然现在经营得很成功，但她也曾经历了挫折和失败。所以网店经营要想取得成功，经营者首先须具备良好的心理素质，其次做好开网店的物质准备，最后还要选择合适的经营项目。

1.3.1 网上开店的心理准备

俗话说，商场如战场，竞争无处不在。做生意心态很重要，赚了当然皆大欢喜，但同时也要做好"万一赔了"的心理准备。网上开店存在经营风险，并非人人赚钱。所以在开店之前要认真分析比较，如果在经营中遇到波折，也要平心面对。一个优秀的卖家应具有以下几种心态。

1. 做好面对巨大竞争压力的准备

开店会面临来自各方面不同的压力，竞争激烈是压力之一。在开店之前你可能绝对想不到挖空心思、很有卖点的商品，已经有很多人在网上经营了。也许在那一刹那会怀疑自己的选择是否正确？自己的网店能不能在众多的出售同类商品的网店中脱颖而出？压力因此油然而生。面对压力需要缓解，但不能轻易退缩。缓解压力的方法就是换一个角度思考。既然网上卖此商品的人多，就说明该商品有广大的消费群体和卖点，无须针对商品做过多的宣传了。此时你应认识到你的选择已让你迈向了成功的第一步，万不可因为有看似强大的竞争对手就轻易放弃，也许这就是赚钱的最佳时机。

【同步案例1-1-1】

阿信的遗憾

背景与情境：阿信是位登山爱好者，自己组建有登山队，常有队员找他介绍好的户外用品店，时间久了，他就想着自己在网上开个店，反正自己和那些户外用品店熟悉，货源有保障，可是到网上一调查，光淘宝网上的户外用品店就数不胜数，他着实吓了一跳，于是就犹豫了。犹豫期间，就发生了汶川"5·12"大地震,所有户外用品店销售都异常火暴。而阿信却失去了开网店的良好时机。

问题:阿信的案例给你什么启示?

分析提示:机不可失,失不再来,开网店选择合适的货源很重要,虽然会遇到同行的巨大竞争压力,但一旦选中商品,就不要犹豫,大胆地付诸实践。

2. 做好打持久战的准备

打持久战是一个艰苦的过程。强大的竞争压力使网店的推广和销路的打开面临着巨大的考验,这也是对网店经营者耐力和毅力的考验。在这场网店运营持久战中,不要因循守旧,要开拓思维,从多角度出发,策划一些别出心裁的营销策略,帮助新店进行推广与营销。

【同步案例1-1-2】

永远的空位

背景与情境:有个人经常出差,经常买不到对号入座的车票。可是无论长途短途,无论车多挤,他总能找到座位。

他的办法其实很简单,就是耐心地一节车厢一节车厢找过去。这个办法听上去并不高明,但却很管用。每次,他都做好了从第一节车厢走到最后一节车厢的准备,可是每次他都用不着走到最后就会发现空位。这是因为像他这样锲而不舍找座位的乘客实在不多。经常是在他落座的车厢里尚余若干座位,而在其他车厢的过道和车厢接头处,居然人满为患。

大多数乘客轻易地就被一两节车厢拥挤的表面现象迷惑了,不会想到数十次停靠中,从火车十几个车门上上下下的流动中蕴藏着不少提供座位的机会;即使想到了,也没有那一份寻找的耐心。眼前一方小小立足之地很容易让大多数人满足,为了一两个座位背负着行囊挤来挤去有些人也觉得不值。而且还担心万一找不到座位,回头连个好好站着的地方也没有了。

问题:这个小故事给了你什么启示?

分析提示:现在的竞争很激烈,如果我们对自己的现状还不满足,就要切实地落实到行动中去,往往破釜沉舟才能看到柳暗花明。

"坚持"是一个用得过频、过烂的词,但是"坚持"又的确是很多人成功的最大依靠,这个词说说很容易,真正做起来却很难,需要有坚定的信念,坚强的意志和坚韧的毅力,缺一不可。

不愿主动找座位的乘客大多只能在上车时最初的落脚之处一直站到下车,如果我们既不安于现状,又不思进取,害怕失败,就永远只能滞留在没有成功的起点上。

3. 要有耐心、爱心和责任心

由于网店的特殊性,商品都是看得见摸不着,因此买家买东西前一定会刨根问底，卖家就一定要有耐心，要竭尽所能解答买家提出的问题，让顾客满意。从心理学的角度分析，能提出问题的买家才最有可能实现消费。如果能让整个交易过程变得人性化，让买家感受到卖家的用心、贴心和尊重，好评和回头客就一定会不断增加。责任心就是卖家一定要对买家负责。开网店不能三天打鱼两天晒网，经常不上网，让买家无法联系到的卖家，容易失去很多交易机会。责任心还表现在要以事实为依据，对自己网上商品的描述要基本符合商品本来的特征，如若不能保证，也一定要做出说明，否则会给买家留下不好的印象，不利于网店的长期经营。

【小贴士】 一个成功网店卖家的特质

- 激情——热爱所做，永不放弃
  热爱你所做的事情，充满激情地投入。
  碰到困难和挫折的时候不要轻易放弃，坚持、执著，乐观向上。
- 敬业——勤恳努力，精益求精
  脚踏实地地努力经营，要有不怕苦不怕累的精神，一分耕耘才有一分收获。
  不断地学习，不断地完善，不断地进步，要有阶梯性的目标并不断去实现。
- 诚信——以诚待客，诚信为本
  做生意诚信是基本，只有诚信才能赢得顾客。
  客户第一，诚信服务。
- 创新——迎接变化，用于创新
  用积极的态度面对市场的变化，环境的变化，客户的变化。
  不满足于现状，创造变化，抢得先机。
- 心态——良好心态，成功
  拥有正确良好的心态，客观平和、冷静诚恳，对于生意或开店都是比较有利的心态。态度决定一切，有好的心态、好的态度，成功一定会属于你。

【同步案例1-1-3】

愉快地砌砖

背景与情境：有一名记者，为了写一篇有关建筑业前景的专稿而到某个建筑工地进行采访。

当他来到建筑工地时，看到一个年轻人正在砌砖，便走上前去问他："小伙子，你在做什么呢？""你没长眼啊，我在砌砖呀。在这大日头底下干活，真叫人受不了。"说着，吐了一口痰在地上。

记者不再打扰他，便走到另一处去。又碰到另一个正在砌砖的年轻人。"嗨，小伙子，你在做什么啊？""噢，我在建房子，每个幸福家庭都必须拥有一套舒适的房子啊！"

问题：这个小故事给你什么启示？

分析提示：同样是在淘宝网开店，如果我们认为开店纯粹是卖东西赚钱的职业，可能陷入为一天卖出几件宝贝或十天半月无人问津的大喜或大悲之中；如果认为开店是做一件让我们开心并愿意为之努力付出的事业，那么我们做生意的同时还能交到更多的朋友，一件小事都可能会让我们欣喜，任何的困难挫折我们都能笑着面对。

认识的角度改变了我们对事物的看法，如果对所从事的行业缺乏热忱及爱心，肯定无法达到成功。

1.3.2 网上开店的物质准备

开店前，我们需要准备一个完备的数码环境，包括电脑、网络和数码相机等，如图1-1-1所示。

图1-1-1 网店需要的数码环境

1. 电脑

网上开店首先需要有一台电脑，当然有的卖家为了省钱选择去网吧，但是网吧的上网费用过不了多久就会超过一台电脑的价格，得不偿失。而且，由于网上开店经常需要用到网上银行和支付宝，使用网吧的电脑就显得很不安全了。所以建议大家若要网上开店，还是要有一台属于自己的专用电脑。

2. 数码相机

人们在网上购物时，无法看到商品的实物，因此，商品的照片就显得非常重要，它直接关系到买家是否会点击购买。开网店前，需要先购买一台数码相机，如图1-1-2所示。

图1-1-2 数码相机

目前市场上的相机五花八门，广告做得天花乱坠，到底选择哪种合适呢？下面是相机的一些指标供挑选时作参考。

（1）像素

相机像素的大小通常很大意义上决定着拍出相片的清晰程度。现在主流家用数码相机都已经达到了600万像素以上，很多机型已经达到1 000万像素甚至更高。初入门者往往会盲目地追求高像素，其实在淘宝或拍拍等网店平台上，发布的商品图片大小都有限制，例如1 200PX×1 200PX，这个一般300万~500万像素的相机就已足够，同时网上图片的大小关系到浏览的速度，所以相机没有必要过分追求太高的像素，够用就行了。

（2）CCD和镜头

CCD即相机的核心部分，是相机的感光元件。CCD的大小对照片的色彩还原、清晰度等方面有着很重要的影响。1/1.8的CCD比1/2.5的CCD要大，在相同像素下，大的CCD比较好。镜头，当然是选择品质高的镜头好些，如索尼的蔡斯镜、佳能的镜头、松下的徕卡镜、柯达的施奈德镜、尼康的ED镜。通过好镜头拍出来的照片比其他普通镜头拍出来的照片有明显质的区别。所以在预算允许下，应该选择较大的CCD和较好的镜头。

（3）手动功能

很多傻瓜相机，使用非常方便，拍摄时几乎不用进行调整，这样的相机，在拍摄风景人物照片的时候，效果还是可以的，但如果拍摄产品，就无法满足要求了。为了获得满意的照片，要求我们对相机的快门、光圈等参数进行手动设置。这时，就要求相机具有手动设置功能，也就是M挡。

（4）近拍能力

这个功能对我们拍摄小物体，比如首饰，或者大物体的局部细节，比如服装的标牌，是很有用的，因此我们需要相机有足够的近拍能力。

（5）存储卡

现在市场上的存储卡有很多种，如CF、MS、MMC、SD、XD等。大部分都用SD卡，价格较便宜。XD、MS，用于指定品牌的机型，所以价格较贵。除了类型以外，还要选择存储卡的生产商，如SD卡的生产大厂金士顿、SANDISK等生产的卡质量有保证，售后服务也是买存储卡需要注意的。

（6）电池

现在的电池主要分两类AA电和锂电。各有各好处，AA电在拍摄中更换方便，容易购买更换，但使用时长没有锂电长，通常是拍200张相片左右，而且买相机时需要另外购买。还有部分用AA电的DC会在使用一段时间后出现检测AA电池电量不准的情况。

锂电，买机时有原装标配，使用通常比AA长，就好像卡西欧的锂电，通过都可以拍300多张相片的，但在外使用更换困难，而且原装锂电另外购买比较贵。其他代用的锂电选择不多。

1.3.3 网上开店的货源准备

1. 了解客户和市场需求

网上开店之初，要先对市场做一个全面的调研，了解市场的方向和顾客的需求，这样才能选对产品。

（1）客户永远比产品提供者更聪明

"客户永远比产品提供者更聪明，想到的永远比产品提供者早"，这是网店卖家首先要记住的一点。在选择网店经营项目时，不能想当然地认为"我卖的产品，客户一定会喜欢"，事实上，客户喜欢什么，需要什么，不是由卖家来决定的，而是由客户的需求来决定的。因此，在寻找网店经营项目之初，应尽量多深入接触人群，有目的地了解和统计这些人的想法，了解他们最想得到什么商品或服务，这样的调研工作在选择经营项目之初非常重要。

（2）切忌盲目跟风，抓住市场"长尾"

很多人在开网店找经营项目时，会一味地跟风，看市场上卖什么最火，自己也赶紧跟着卖。其实在选择经营产品时，长尾理论或许能帮大家快速挖掘出市场的盲点，增加成功的机会。

根据长尾理论，在网店经营中，很多时候，顾客看倦了热门产品，往往希望能通过网络买到一些传统店里买不到的商品，也就是非热门商品。因此，要经营好网店，必须针对客户的心理和需求做出相应的分析和市场调查，了解市场上最缺什么，努力挖掘并抓住市场的长尾。

【小贴士】 长尾理论

长尾理论（The Long Tail）是网络时代兴起的一种新理论，由美国人克里斯·安德森提出，他发现在某个音乐唱片网站上，不管是什么类型的音乐唱片都有自己的销量，不仅热门的音乐受到追捧，客户对非热门的音乐也有着无限的追求，但非热门音乐的提供却相对很少。

长尾理论如图1-1-3所示，红色主体部分代表"畅销商品"，蓝色部分代表"冷门商品"，也就是经常被人们遗忘的长尾。从图中可以发现，在主体热门产品之后那条长长的蓝色非热门产品长尾，也占据着很大一部分市场空间。

通常我们可以从以下几方面来进行合理的店铺定位。

（1）做特色——爱情主题、送礼主题、特定人群等

比起有成千上万人在做的化妆品、服装、数码产品等东西，你如果不做出自己的特色，是很难冒出头的。你可以选择别人做得比较少的东西，做好做精。

（2）做稀缺——利用当地货源外地难以买到的优势

"长尾理论"模型

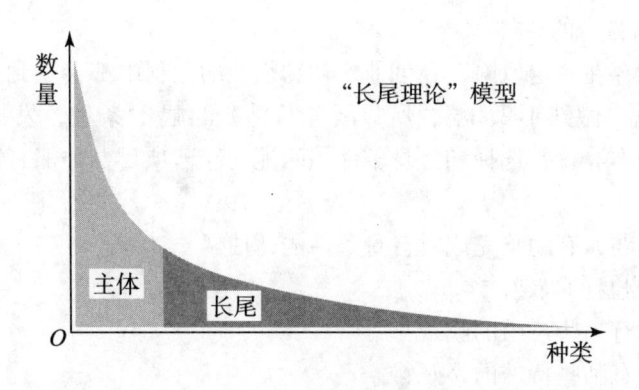

图1-1-3　长尾理论

什么地方都有自己的特色，你可以找些本地的特色产品来卖。比如新疆葡萄干，杭州有西湖藕粉和茶叶，广西有绣球，昆明四季有鲜花等。

（3）做整合——家居大卖场、IT大卖场、化妆品大卖场等

不只盯住一个牌子，可以多个牌子一起卖，什么好卖就卖什么，买家需要什么就卖什么。便宜又好的宝贝大卖场，也是很好的经营方式。

（4）做平价——根据自己掌握的低价货源优势

如果你有个认识的朋友正好开了家服装厂，而你又完全可以拿到非常便宜的宝贝，那么你完全可以考虑做这个，因为你有优势，至少是价格上的优势。

【同步思考1-1-1】

社区里的抱怨声

我的产品质量一点不差，怎么就是没人要呢？

我们这里是个偏僻小城，根本没有货源，我该怎么办？

我们家就是开工厂的，为什么我做不好呢？

分析说明：怎么样选择适合在网上经营的产品？

理解要点：

①在网上开店前要进行市场调研，了解客户和市场的需求。

②通过市场细分寻找到"蓝海"领域。

2. 寻找最适合网店经营的商品

选择合适的商品对网店经营来说至关重要，寻找到好的商品和有竞争力的货源，是迈向成功的第一步。纵观现在网上经营的业务，从化妆品、数码产品、家用电器、服装配饰，到充值卡、网游物品、打折机票等，种类繁多，似乎只有想不到，没有网上卖不了的。那么我们到底该如何寻找到最适合网店经营的商品呢？

(1) 评估自身的条件

网络经营存在一定风险，在创业之初和创业的过程中都会遇到这样或那样的麻烦，俗话说"做熟不做生"，所以要先认清楚自己的条件，发掘出自身的兴趣、能力、资本等，并选择和自身条件相匹配的经营项目，才能有助于网店经营的成功。

下面的问题，有助于完成对自身条件的评估。

1）评估自身的兴趣

①你是否有一些自己的收藏？

②你是否有某些特殊的喜好？

③你是否对做某件事表现出特别的兴趣？

④你能从做某事中体会到快乐吗？

⑤你可以做一件事很久都不嫌累吗？

⑥如果遇到困难，你还可以继续做下去吗？

2）评估自身的技能

①你有创造力吗？

②你对某些东西有独到的眼光吗？

③你是否具有某方面的艺术才能？

④你擅长自己动手修东西吗？

⑤你很擅长玩游戏吗？

⑥你在哪方面特别容易受到别人的称赞？

⑦你是否具有独特的学识？

⑧你掌握了某方面的专业技巧吗？

3）评估自身的资本

①你拥有一些特殊的人脉关系吗？

②你生活在一个特殊的城市吗？

③你的经营资本很充足吗？

④你有充足的时间吗？

通过上面的问题，我们是不是对自己的兴趣、能力和资本等方面都有了新的认知和定位。这些都是选择经营项目需要考虑的潜在因素，成功永远留给有准备的人，对自己有了清楚的认识，下一步的选择才会更加有准备。

(2) 选择最适合自己的商品

经营网店与经营传统店铺有较大区别，对前者来说，首先要考虑运输的成本和便利性。其次是价格，如果网店和实体店铺经营的商品相同，价格也相差无几，相信多数消费者还是会倾向于选择能亲眼看见实物的传统店铺。再次，相比传统店铺，网店的劣势在于它的虚拟性和远程性，消费者只能通过文字、图片等了解到商品，而无法感受到实物，因此消费者承担的风险就相对变大了。所以，不是所有的商品都适合在网上销售。

通常适宜在网上销售的商品一般具备以下特点。

1）方便运输

运输方便是选择网络销售商品要考虑的首要因素。网络带来了异地购买，同时也带来了运输的麻烦，比如大件货品，它的运输成本甚至可能会高过商品本身。从卖家的角度来看，经营网店的最大优势，在于其低价的商品，但若运输成本过高，这个"附加值"可能会远远高于商品的折扣，消费者综合考虑后会大大降低购买欲。此外，易碎物品也不宜选择网络销售的方式，一方面消费者因担心运输问题会谨慎购买，另一方面卖家也要承担相应的风险，一旦出现问题，快递公司或客户的赔付问题会引起不必要的麻烦。

2）高附加值

价格过低甚至低于运费的单件商品是不适合在网上销售的，除非进行捆绑销售，否则价格过低的商品只能作为网店配角，作为附带销售的商品，而不能成为网店的主角。比如在网上销售价格低廉的腰带、袜子等，如果是单宗购买，消费几乎不会愿意承担运费来购买这样的小件商品，而且在消费者的心中，价格低廉的商品也多被划为不值得购买的行列，商品本身很难吸引消费者。因此，选择商品时应选附加值高的商品。

3）人无我有的特殊商品

所谓物以稀为贵，在网上销售商品也遵循这个定律，如果商品随处可见，买家多半不会选择网络购买（当然，价格有特别优势的除外）。因此，要在传统店铺中分一杯羹，又要在众多网店中独树一帜，选择独特的商品尤为重要，这将使你以差异化的竞争优势赢得更多消费者的青睐。

下面为商品做了一些分类，以便快速甄选出适合经营的特殊商品。

①自己手工 DIY 或请专人定做的特殊商品。一般这类商品最具独特性，因为其中包含了特殊的智慧和含义，除了具有特殊的手工和收藏价值外，还具有唯一性，符合现今人人都想追求个性化的时代。但手工订制、富有个性的同时也意味着商品不能为大多数人所接受，不是大众化的消费品，因此，付出的代价和风险也会相对较高。

②来自国外或特定城市的特殊商品。这是利用地域之间的差异来赚钱。国外有许多不错的产品，而由于国际贸易或商品流通等方面的原因，国内的消费者只能看到听到而不能拥有，这些商品一旦进入中国市场无疑会受到追捧。另外，中国幅员辽阔，大部分城市都有自己的特殊商品，比如特色小吃、特产等也可以用来网上交易。还有存在地区差异的商品，比如：电器类的商品在沿海城市如广州、深圳要比内陆便宜很多，而收藏品在一些古城如北京、西安要比沿海城市便宜很多，利用这样的地区差异来赚钱也未尝不是一个很好的选择。

③可以用来买卖的特殊服务。服务一旦具有商品特性，也可以当做商品来销

售。现在网站上已经有人开始买卖自己的时间,就是把自己的某段时间放到网上,即利用这段时间做买家要求做的事,比如照顾老人、接送小孩等。虽然买卖特殊服务在我国还比较新,但并不是没有市场,只要仔细研究消费者市场,找出别人真正需要的服务,说不定会开拓出一片别人没有企及的疆土。

4) 人有我廉的一般商品

除了经营特殊商品,一般商品也适宜放到网上来出售,前提是需要有较大的价格优势,即人有我廉。众所周知,由于网上经营店铺可以省去房租、税费等,所以商品的售价一般也会比传统店面低很多,而一般商品又属于经常性消费品,因此,经营一般商品也是经营风险最小的一种选择。

【同步案例1-1-4】

网上开店的收获

背景与情境:小胖是个导游,经常带队出国,所以经常能带回很多异国他乡的特色纪念品。时间久了,这些外人眼中的宝贝竟成了小胖家里的累赘。既不方便打扫,又没有地方收藏,扔了又舍不得,小胖因此很头疼。

正在小胖一筹莫展的时候,恰巧一个朋友去串门,就在进门的一刹那,这位朋友就被小胖屋里来自世界各地的精美工艺品深深吸引,最终这位朋友出了一个很高的价格买走了一件纪念品。

小胖非常惊讶,原来这些东西都是别人眼中的宝贝,它们可以卖出很高的价格。于是小胖开始留意商品出售的信息,最终经过反复考虑,决定开一个网上商店,专门卖这些从异国淘来的纪念品。

这些富有特色的纪念品设计上妙趣横生,注入了设计者大量的创意元素。再加上小胖店里纪念品种类多,价格低,而且做工异常精细,因此他店里的商品非常受欢迎,几乎每个月都有不菲的收入。小胖的网店充分利用了自己的工作优势,开出了特色。

在网店经营中,小胖既获得了额外收入,又获得了好心情,还交了很多朋友。经营网店虽然让小胖忙得不亦乐乎,但他也享受到了不少快乐。

问题:小胖的网店,不仅给他带来了额外收入,还有很多快乐。那么,小胖成功的主要因素是什么,为什么?

分析提示:理解选择合适的货源对成功经营网店的重要性,小胖选择的货源富有异国特色,体现的是差异化竞争优势。

【同步案例 1-1-5】

她在网上开拓一种新的服务业

背景与情境：她叫 Vivian，开有一家名为"港澳实惠住宿专卖"的网店。

现在到港澳自由行的人越来越多，但那里的住宿很贵，星级酒店一般都要六七百以上，到了每年四月和十月展会旺季时动辄每天 1 000～2 000 元甚至几千元钱。自由行旅客都是自己掏钱去玩或者去购物的，很少有人愿意花那么多的钱在住宿上。2008 年的 7 月和 8 月，Vivian 也是先后两次去香港玩，在预订酒店过程中她感觉很不满意，要么价格偏高，要么预订服务不周到等。经过两次去香港预订房间遇到的麻烦，Vivian 觉得自己可以在淘宝网上开一个店，她觉得自己的服务一定会超越服务过自己的人。她发现：自助去香港旅游的人会越来越多，他们都希望能找到便宜、安全、干净、交通又方便的住宿，预订香港经济型住宿的服务会是一个很好的市场。此外，预订住宿服务不仅仅是卖客房，很多时候店主需要充当一个旅游顾问的角色。2009 年 11 月 7 日，Vivian 的网店开张了。

市场竞争非常激烈。但 Vivian 说："一个交易的成功，可能有 80% 的时间是在聊产品（客房）之外的东西。客人可能会询问很多与住宿无关的问题，譬如哪里过关最方便呀，过关后怎么走呀……这些问题都要不厌其烦地尽量做好解答，只要让买家信任你了，基本就会在你这边预订了。"

（资料来源：上海伟雅，http：//bbs.taobao.com/catalog/thread/154503-9297009.htm）

问题：从上述案例中，你发现成功经营一家网店的关键在哪里，为什么？

分析提示：从网上开店货源选择角度思考。当前网上开店竞争日益激烈，能否独辟蹊径，选择一些具有特色的货源，往往成为网上能否成功开店的关键。上述案例 Vivian 以港澳住宿服务作为自己的货源，就很有特色，迎合了当前港澳自由行的人越来越多的社会趋势，这也是她网店成功的主要因素。

3. 寻找价廉物美的进货渠道

好的进货渠道，将会带来更强的竞争优势，因此，如何进货、进好货，是网店卖家很关心的问题。下面，我们将列出几种常见进货渠道的优劣势，以及进货时要面临的一些问题，以帮助大家找出最适合自己的进货渠道。

（1）从批发市场进货

这是比较方便的方法，每个城市都有自己的批发市场，比较有名的是义乌小商品城、上海城隍庙和七浦路、杭州四季青等。那么从这些批发市场进货到底有哪些优势，哪些卖家适合在批发市场进货呢？

1）批发市场进货优势

①货品丰富。全国大大小小的批发市场分布在我国的各大中小城市，大到家用电器、家装家具，小到衣服鞋帽、玩具、配饰，只有想不到的，没有批发不到

的，批发市场的货品丰富可见一斑。

②货品可以亲见，满意度高。批发市场进货有一个最大的优势，那就是批发商可以亲眼见到实物，可以任意仔细检查货品的做工，检验货品的用料，可以面对面和店主讨价还价，商量如何退货、包装、补货等。

③便于摸清市场行情，减少进货风险。开店不能忽略的步骤就是进货前必须先做市场调研，对进货种类做到心中有数，这样才能进到物美价廉的货物，减少进货带来的风险。批发市场就提供了这样一种平台，可以多问多看多转，有利于摸清市场行情，做到心中有数。

④进货成本无须太高。国内众多批发市场，进货一般5件、10件起批，所以，若是初来乍到的创业者，可以选择批发市场进货，这样一次付出的成本可以不用太高。

2）批发市场进货劣势

①经过中间商，商品价格不会太低。去批发市场进货，着实考验进货人讨价还价的能力。同样的商品，有些人5元钱就可以拿货，有些人却需要15或20元，甚至更高。为什么会有这样的差别呢？因为批发市场的货物，是包含了中间商利润的货物。

②商品太多，令人眼花缭乱，无从选择。有些人一开始就明白自己想要什么，有着明确的目标；而有些人一见到繁多的货品，就迷失了目标，不知自己到底要什么了。

③劳心劳力。去批发市场进货是一件劳心劳力的活，不仅需要自己不断地睁大眼睛看、张开耳朵听，还要和店主讨价还价，和其他经营者切磋，进到货品后还要妥善保管，合理托运。

3）批发市场进货要点

①合理着装，尽量让自己看起来像一个经验丰富的进货人，以便拿到便宜的货。

②控制进货的数量，防止压货。

③货比三家。

④钱点货当面算清，并管理好自己的财务。

⑤保留中意店铺的联系方式。

(2) 从厂家进货

从批发商处进货，是一种适合小本经营的初创业者的进货渠道。而直接去厂家进货，则对于订货量、销售政策等都有较高要求。但若资金充足，或通过亲戚朋友的关系，能联系到厂家，则这种进货方式不但可以降低成本，供货渠道也有保证。

1）厂家进货优势

①减少周转环节，保证最低进价。从厂家源头进货，可以减少周转环节，进

价最低，可以薄利多销，增加利润，有利于在竞争中占据优势。

②保证商品质量。目前市场上假冒伪劣产品较猖獗，有时批发商都不清楚自己进的货是不是正品，因此从厂家进货可以保证商品质量。

③商品供应稳定。只要同厂家保持良好的购销关系，便可以和厂家形成稳定的产销链，互惠互利以求"共赢"。因此较之其他进货渠道，从厂家进货基本不会出现断货或找不到货源的情况，产品供应稳定，可以省心省力。

2）厂家进货的技巧

①多家进货，控制好质量。

②进畅销的品种，注意选择产品的种类和数量。

③多总结进货信息，为以后进货做好充分的准备。

④关注外贸商品尾货。很多外贸厂商的剩余商品，价格通常十分低廉，如果可以通过熟人买进转手卖掉，利润丰厚。但需要注意的是商品介绍中最好要表明是外贸尾单。

(3) 从网上进货

如果说从批发商处进货需要不断跑腿、淘货，身心都比较累；从厂家进货又缺乏大量的资金，或没有合适的人脉关系，那不妨考虑从网上进货。

1）从阿里巴巴进货

阿里巴巴网站上有非常多的厂商和批发货源，商品种类齐全。但在阿里巴巴要进到合适的好货，需要有足够的耐心和高超的搜索能力。下面是几点常用的策略。

①一定要用支付宝。阿里巴巴的一大优势，就是可以使用支付宝维护自己的权益不受侵害，如果货品质量不合格，可以选择退款，这是阿里巴巴相比其他进货方式的优势所在。

②多做比较。这是通过任何进货渠道都必须注意的事项。无论对货物质量，还是进货价格，都要多观察，多了解，一定要多看几家店铺并先索取产品报价单和相关相册图片，把好质量关。

③选择更好的产品。在阿里巴巴进货也要有所选择，例如特价商品，就是不错的进货途径。还有一些清仓甩卖的商品，关键在于自己的眼光。

2）寻找代理，成功加盟好店

现在淘宝上有许多大卖家，他们同时开展网络加盟和代销业务，对于新手来说，与他们合作也是个不错的选择。加盟好店的一大优势就是在诚信、服务上能更有保证，而且彼此的交流和合作也会比跟传统的一些供货商合作更愉快。当然，除了淘宝大卖家，网上也有不少独立的电子商务平台提供网络加盟或代销业务，这些都是不错的代理选择。而选择加盟或代销的劣势，则是在价格方面没有直接跟厂家拿货有优势，而且不一定能保证得到好的货源。

【小贴士】 新手卖家该思考的几个问题

不少新手卖家常会陷入一个误区，就是在刚开网店时把焦点集中在信用度增加上，认为没有信用度的网店就无法经营，甚至铤而走险去花钱炒作信用度。不可否认，信用度在网店的经营中有一定作用，但前提是卖家要对所经营产品的市场能知己知彼，要很清楚地知道以下几个问题。

1. 什么产品是热销品？
2. 什么价格区间的产品最合适？如何合理地定价？
3. 人气产品和利润产品的结构比例如何？
4. 如何制作适合消费者浏览的页面及产品图片？
5. 网店平台搜索排名规则及各种推广工具的了解和应用。
6. 了解类目中最优秀的网店为什么成功。
7. 买家购买过程中对于每个产品会有什么顾虑？如何针对买家的顾虑做好商品的描述？
8. 优质的客服标准用语、话术快捷短语该如何编制撰写？

以上 8 个问题是网店经营必须做好的基本功，基本功做好了，网店经营也就成功了一半。

1.4 知识拓展

网上开店虽然进入门槛低、经营灵活，但要使店铺能稳步发展，就要培养风险意识，要会事先预测可能会遇到的风险，只有经营者始终保持一种压力、一种风险意识，充分估计各种可能出现的问题并及时处理，制定出适合企业发展的战略，才能保证店铺正常安全的运转。

1.4.1 进货风险

创业开店是一种有风险的投资，必须遵循量力而行的原则，店主拿自己的血汗钱开店，应该尽量避免风险大的事情，要将为数不多的资金投入到风险较小的事业中去。

很多店主最初的进货量很小，所以在大的进货商那里进货就会受到抵制，或者进货价格会很高，于是就要去小批发商那里进货，但在小批发商那里，就有可能面临商品质量不稳定的风险。

店主在去进货之前，必须有一定的专业知识，否则很容易上当受骗；而且在进货时，店主要睁大双眼，看好商品的做工与材质，并且要跟商家讲好（最好有书面合同），如果出现质量问题，要包退包换。如果是一些有季节性的商品，店主在进货时还要考虑进货的季节性和时尚性。

在淡季，厂家为了维持持续的生产能力，解决资金压力，往往采取一定程度的降价措施把产品处理给经销商。在市场起伏的阶段，充分分析产品的未来销售能力，充分利用阶段性的价格优势，也是经销商最大化利润且占领市场的一个必备手段。

但是，在大多数情况下，网店经销商的资金往往局限在单一或少数几个品牌，只有卖掉库存才能缓解资金压力，这种情况下经销商是最被动的。因此淡季产品储备行为也往往被认为是风险最大的，只要投资出错，资金被冻结，就会遭到毁灭性的打击。

只有研究市场，了解市场，而后根据自身的实际情况制订出适合自身的发展计划，才能预测到可能遇到的风险。

对于网店经营者来说，合适地应用淡季储货、旺季促销、独辟蹊径将会带来更大的机会和更多的利润。

1.4.2 金融风险

网上开店有利润，也有风险，既要防备黑客，又要防备骗局，只有提高警惕才能彻底杜绝一切金融风险。金融风险最主要的内容之一是账户防盗，即如何保护账户安全，使账号密码不被他人盗取。

以淘宝网为例，下面这些密码是我们需要特别注意保护的。

淘宝的登录密码：登录＋编辑＋设置——重要度 4 星

支付宝登录密码：登录＋查询＋设置——重要度 4 星

支付宝支付密码：支付＋退款——重要度 5 星

网银的相关密码：登录＋付款——重要度 5 星

注册邮箱的密码：找回相关密码——重要度 5 星

我们在密码设置的时候，需要遵循几条原则。

首先，安全＋容易记忆，不能自己设置的密码，到最后自己也想不起来了。

其次，使用英文字母和数字以及特殊符号的组合，如 WellDone869@％，这个密码使用了大小写字母＋数字＋特殊符号，应该说这个密码的安全度是非常高的，这只是个例子，大家在实际的密码设置中可以加入更多的变化。

最后，请避开下面几个误区。

①密码和会员登录名完全一致。

②密码和你的联系方式"电话""传真""手机""邮编""邮箱"的任何一个一致。

③密码用连续数字或字母，密码用同一个字母或者数字，简单有规律的数字或者字母排列。

④密码用你的姓名、单位名称，或其他任何可轻易获得的信息。

为了让我们的密码更加安全，以下是可供参考的做法。

①设置安全密码。

②输入密码时建议用复制＋粘贴的方式，这样可以防止被记键木马程序跟踪。

③建议定期更改密码，并做好书面记录，以免自己忘记。

④不同账户设置不同的密码，以免一个账户被盗造成其他账户同时被盗。

⑤不要轻易将身份证、营业执照及其复印件、公章等相关证明材料提供给他人。

防止密码被盗，除了上述几点，更要注意的是钓鱼网站。

案例一：

"掌柜的你好，我看中了一个包，你看能进到么？图片你接一下，多谢了哦。^_^"

这种情况，一般是发来一个压缩文件，里面往往是一个病毒木马，如果你运行了，那么你的电脑也就中毒了，如果你的电脑杀毒软件没有经常升级，或者是干脆没有杀毒软件，那么你就中招了，对方可以完全控制你的电脑。

案例二："掌柜的，你这件商品有么？"＋类似淘宝商品链接，如图1-1-4所示。

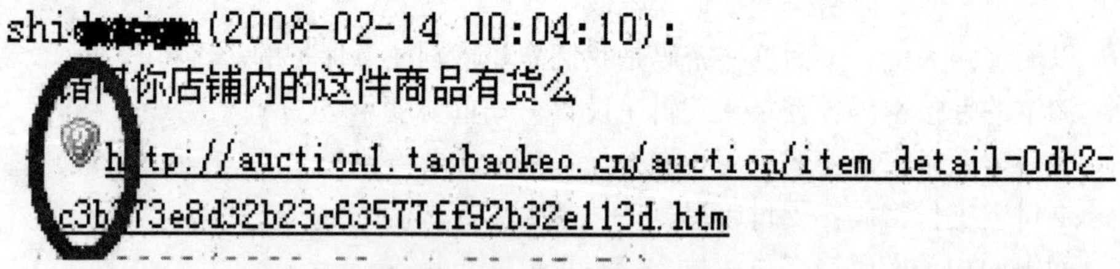

shi_____(2008-02-14 00:04:10):
你店铺内的这件商品有货么
http://auction1.taobaokeo.cn/auction/item_detail-0db2-c3b__3e8d32b23c63577ff92b32e113d.htm

图1-1-4　旺旺聊天记录

大家注意看这个链接前面的网址，并不是淘宝的网址。如你单击进入，那么会提示你输入淘宝ID和登录密码。如果你在这里输入了淘宝ID和登录密码，那么下一个页面会继续让你输入支付宝的支付密码！大家可以想象，后果会是怎样？

案例三：

某天，某位淘宝掌柜的信箱收到这样一封邮件：银联用户××向你建立了一笔跨行交易付款，你需要登录一下地址来激活，才能收到货款。

这个邮件的目的是什么呢？就是为了骗取你的银行卡号和密码！

我们介绍了这些常见的钓鱼网站骗局，那么，有哪些方法可以防范这些钓鱼网站呢？

①及时升级浏览器和操作系统，及时下载安装相应补丁程序。

②安装正版的杀毒软件、防火墙。

③尽量不要在网吧登录。

【同步思考1-1-2】

情境一：

下面两则漫画通过蚂蚁卫士和卖家的对话，揭开了网店卖家通常较容易上当受骗的骗局真相。图1-1-5~图1-1-8依次描述了卖家被骗的第一类情境，图1-1-9~图1-1-12则依次描述了卖家被骗的第二类情境。

图1-1-5 卖家被骗情境一（1）

图1-1-6 卖家被骗情境一（2）

图1-1-7 卖家被骗情境一（3）

图1-1-8 卖家被骗情境一（4）

情境二：

图1-1-9　卖家被骗情境二（1）

图1-1-10　卖家被骗情境二（2）

图1-1-11　卖家被骗情境二（3）

图1-1-12　卖家被骗情境二（4）

分析说明：漫画给你的启示是什么？

理解要点：通过分析网络诈骗的案例，识别骗子进行网络诈骗的基本伎俩，提高安全防护意识。牢记"蚂蚁卫士"的提醒：骗子往往会利用新手卖家不熟悉淘宝规则来进行诈骗，卖家务必要注意，只有买家付款到支付宝后才能发货。

切勿心急，随意便把物品发给别人，不然会后悔莫及。

【同步思考 1-1-3】

一位被骗掌柜的自述

背景与情境：2010年6月12日中午1点钟左右，有两个顾客在淘宝旺旺上向我咨询。他们给我发了一个衣服链接，然后问我质量怎么样，还有尺码大小等一些普通问题，而且问得比较频繁（事后回想估计是同伙）。这时候骗子来了，通过旺旺发了一个链接过来，如图1-1-13所示，问我有货吗？他要买两件。后来才知这个链接的是钓鱼网站，当时我一点都没有考虑直接就点进去了。

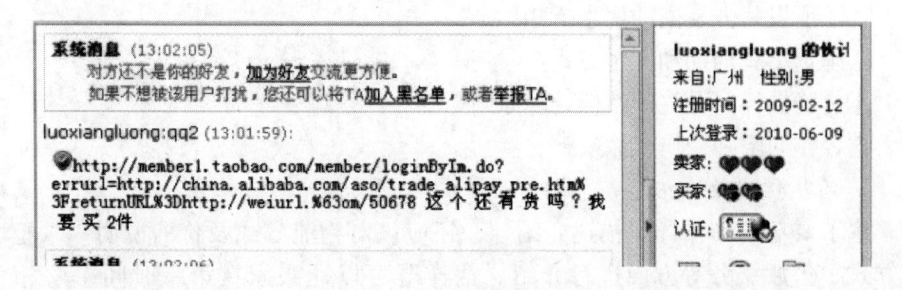

图1-1-13 旺旺聊天记录

页面提示卖家登录，一般点击物品地址是不需要登录的，但当时因为好不容易有生意上门，过于兴奋，所以我想都没想就输入了账号密码。结果账号密码就被盗了。

问题：看了这位掌柜被骗的经历后，你认为他受骗的主要问题出在哪里？

分析提示：骗子巧妙地利用了一个钓鱼网站，抓住新手卖家防骗意识不强、经验不足、急于成交的心理，所谓钓鱼网站是指不法分子利用各种手段，仿冒真实网站的URL地址以及页面内容，或者利用真实网站服务器程序上的漏洞在站点的某些网页中插入危险的HTML代码，以此来骗取用户银行或信用卡账号、密码等私人资料。

1.4.3 物流风险

物流配送是影响网络交易的重要因素，要真正降低送递成本、提高配送能力、充分发挥网络交易的优势，卖家需要注意物流风险。为了避免商品在送递过程中出现意外，下面几条建议供参考。

1. 选择合适的快递公司——建议使用支付宝推荐物流

在选择快递公司的时候，要尽量选择相同价格中服务好，全国直属网点多的公司，也可以根据自身的实际情况，在不同的城市选择不同的快递公司，一切以方便、快速、有保障为前提。支付宝推荐物流有以下特点。

①网上下订单，物流部门免费上门取件，支付宝系统自动修改交易状态。

②货物丢失、损坏能得到及时理赔。

③除 e 邮宝和网上 EMS 以外，其他推荐物流享受先验货、后签收的权利。

④物流专职客服在线解答。

⑤使用 e 邮宝和网上 EMS 在买家签收后 7 天，使用其他推荐物流在买家签收后 3 天，支付宝将会自动打款给卖家。

选择好了快递公司以后，要与他们签订协议，以保障自己以后的利益。协议一般要包括以下几点。

①明确各自的责、权、利，以及服务细则和签收要求。

②注明发货方享受的优惠折扣标准。

③邮资结算周期和支付方式。

④货物损坏、丢失的赔偿处理原则。

⑤合作期限和合作解除条款。

2. 清晰传达物流信息

除了要对商品作详尽描述介绍外，还应该对物流方式及价格说明、掌柜联系方式、售后服务等方面进行介绍。这样既可以让买家在第一时间了解相关信息，又可以大大减轻售后服务压力，并在某种程度上营造了店铺的专业形象。

3. 仔细分类包装，确保发货时包装牢固

以下是包装过程中常用到的物品，如图 1-1-14 所示。

图 1-1-14　包装用品

大家要根据所售商品的实际情况，小心仔细地对宝贝进行包装，不能掉以轻心，如果是易碎品，就更加要多几道工序确保货物能安全上路。

4. 打印单据，保留必要的凭证

为了确保自身的利益，发票、收据、发货单、保修卡、证书等必要的凭证都需要整理并保留好，以备不时之需。在填写发货单时要注意以下几点。

①收件人详细地址、电话等不要漏写。
②注明收件人要求的到货时间。
③商品编号、物流过程中需注意的方面。
④选择是否保价，填写保价价值。
⑤写上签收提醒，以及备注栏内容。

5. 发货后要及时告知买家并保持联系，及时跟踪，并提醒买家收货时的注意事项

本节概要

内容提要与结构图

内容提要

- 互联网新商业文明构成要素：网商、网货与网规。
- 网络售与传统零售的区别：经营方式的区别、经营成本的区别、经营范围的区别、购物体验的区别、管理效率的区别。
- 网上开店的前期准备包括：网上开店的心理准备、网上开店的物质准备、网上开店的货源准备。
- 网上开店的心理准备：做好面对巨大的竞争压力的准备，做好打持久战的准备，要有耐心、爱心和责任心。
- 网上开店的物质准备：电脑、网络和数码相机。
- 网上开店的货源准备：了解客户和市场需求，寻找最适合网店经营的商品，寻找价廉物美的进货渠道。
- 网店经营的风险意识：进货风险、金融风险、物流风险等。

内容结构

本节的内容结构如图 1-1-15 所示。

```
                                    ┌── 案例引入与分析
                                    │
                                    │                    ┌── 网商、网货与网规
                                    ├── 相关知识 ────────┤
                                    │                    └── 网络销售与传统零售的区别
                                    │
                                    │                    ┌── 网上开店的心理准备
网店开店的前期准备 ─────────────────┤── 任务实施 ────────┤── 网上开店的物质准备
                                    │                    └── 网上开店的货源准备
                                    │
                                    │                    ┌── 进货风险
                                    └── 知识拓展 ────────┤── 金融风险
                                                         └── 物流风险
```

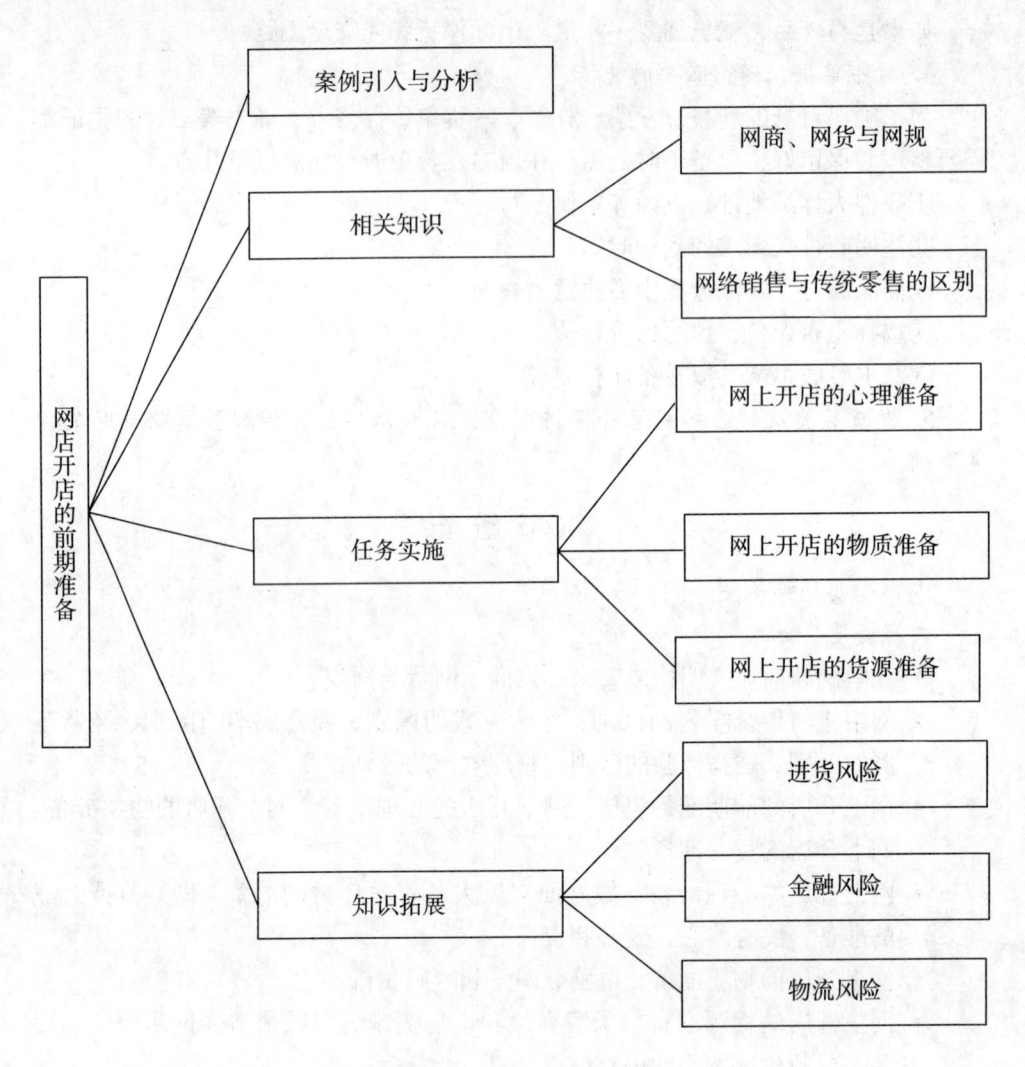

图 1-1-15 内容结构

思考与练习

一、单项选择题

1. 下列不属于 C2C 电子商务平台的是(　　)。
   A. 淘宝网　　　B. 有啊网　　　C. 当当网　　　D. 拍拍网
2. 下列不属于目前网上开店的方式的是(　　)。
   A. 在专业的大型网站上注册会员　　B. 自立门户开网店
   C. 在实体店铺开店　　　　　　　　D. 自建网站开店
3. 通常可把电子商务模式分为(　　)。
   A. B2B　　　B. C2C　　　C. B2C　　　D. 以上都是

4. 网上开店，需要具备基本的数码环境，下列哪个是可有可无的(　　)。
   A. 电脑　　　　　B. 网络　　　　　C. 数码相机　　　D. 音响
5. 下列属于定价技巧的是(　　)。
   A. 成本导向定价法　　　　　B. 竞争导向定价法
   C. 需求导向定价法　　　　　D. 以上都是

二、判断题

1. 网店就是经营者在互联网上注册的一个虚拟的网上商店。(　　)
2. 进入门槛低，启动及运营成本低，是网店的优势。(　　)
3. 淘宝网是属于C2C电子商务交易平台。(　　)
4. 支付宝是淘宝独创的针对网上安全交易所设计的安全付款发货方式。
   (　　)
5. 交易安全是指双方进行合法交易，互相的合法利益不受到损害和侵犯。
   (　　)
6. 不要从来历不明的网页链接访问银行网站是防止网银诈骗的一种方法。
   (　　)

三、简答题

1. 网上开店需要具备什么样的心态？

2. 网上开店，如何找到你的优势？

3. 网上开店寻找货源的方式有哪些？

4. 什么是钓鱼网站？

5. 如何防止账户被盗，请简述你认为有效可行的几种方法？

四、技能训练题

以2~3位同学组成一个学习团队，通过淘宝大学（http://daxue.taobao.com）网站自学相关知识，做好下列网店开设前的相关准备工作。

任务要求：

1. 以小组为单位，开展网上网下市场调研，挖掘需求，撰写调研分析报告，确定销售什么类型的商品。

  2. 通过下列任一方式寻找到货源：

  A. 从批发市场进货

  B. 从厂家进货

  C. 二手物品

  D. 网络代理形式

  E. 其他渠道

能力自评

■ 专业能力自评

	能/不能	熟练程度	任务名称
通过学习本模块，你			熟悉网上开店需要做好的准备工作
			能根据自身优势，进行合理的店铺定位，并熟悉几种基本的进货渠道
			具备网店经营的风险意识
通过学习本模块，你还			

注："能/不能"栏填"能"或"不能"。如填"能"，则熟练程度一栏填"熟练""较熟练""不熟练但可以"。

■ 社会能力和方法能力自评

	社会能力和方法能力	提升情况
通过学习本模块，你的	启发和倾听他人想法的能力	
	口头表达能力	
	书面表达能力	
	与人沟通能力	
	团队协作精神	
	自学能力	
	网店相关信息收集、分析和整合能力	
通过学习本模块，你的		

注："提升情况"一栏可填写"明显提升""有所提升""没有提升"。

■其他

1. 你学习本模块最大的收获是什么？你认为本模块最有价值的内容是什么？
2. 哪里内容（问题）你需要进一步了解或得到帮助？
3. 为使你的学习更有效，你对本模块的教学有何建议？

■能力自评说明

1. 专业能力自评中，每项均达到"能"和"较熟练"水平者，本模块专业能力过关。

2. 方法能力和社会能力自评中，"倾听能力""与人沟通能力""团队协作精神"和"网店相关信息收集、分析和整合能力"4个项目达到"有所提升"水平者，本模块能力过关。

自评人（签名）：	教师（签名）：
年　月　日	年　月　日

项目二
网店的开设

任务1　注册开店

专业能力目标

熟悉淘宝网、拍拍网、易趣网等当前主要网络零售平台的基本情况；掌握淘宝网的基本开店流程，并能成功开设网店；能把开店技能迁移运用到其他网络零售平台。

社会能力目标

具有社会责任感、团结互助精神、主动参与和自我调整能力；能积极与人交流和合作。

方法能力目标

能充分利用网络资源进行自学；在网店开设中能发现问题，并提出解决问题的对策。

1.1　案例引入与分析

1. 案例引入

服装的网店经营之路（一）

张女士在杭州经营着一家实体店，主营服装批发。每年到了旺季生意自然不错，钱也赚了不少。可是一到换季的时候，为了保证资金流通，就只能设法将没有批发出去的过季服装低价甩卖，有时明明进价很高的服装，却由于过季了，只能赔本出手。

为此，张女士非常苦恼，后来她就跟周围关系不错的姐妹们商量办法。俗话说："众人拾柴火焰高。"不久，大家想出了一个好办法，那就是开一家网店，通过网络面向全国销售。中国由于地域广阔，气候条件相差很多，当北方寒风呼啸的时候，南方有些地区却在经历酷暑，所以在网上销售服装，永远都不会有过季的烦恼。

主意拿定之后，姐妹几个就开始制订更加详细的销售计划，最终大家决定也是以批发为主，零售为辅；然后在网店里开辟春装、夏装、秋装和冬装4个板块，全年都有齐全的商品。这样不论客户是在吉林还是在海南，一年四季都可以在他们的网店上找到自己城市的应季服装了。

那么张女士如何才能成功开设一家网店呢？

2. 任务分析

网上开店不需要昂贵的店面租金，也无须仓库，进入门槛低，同时操作简单，利润也不小。对于许多希望开店创业又难以投入太多资金的人来说，开网店无疑是较好的选择。

网上开店成功的关键是需要选择一个好的平台，并熟悉这个平台的交易流程和基本规则，然后按照开店流程一步步执行，就能成功开设一家网店。

1.2 相关知识

1.2.1 了解网络零售平台

网络零售可以利用企业商城、论坛、博客等方式来操作，但相对而言，在大型交易平台上开店可以争取到更多的流量和销售机会。国内当前著名的网络零售平台主要有易趣网、拍拍网和淘宝网。

1. 易趣网简介

1999 年 8 月，易趣（www.eachnet.com）在上海创立。2002 年，易趣与 eBay 结盟，更名为 eBay 易趣，并迅速发展成国内最大的在线交易社区。秉承帮助几乎任何人在任何地方能实现任何交易的宗旨，易趣不仅为卖家提供了一个网上创业、实现自我价值的舞台，品种繁多、价廉物美的商品资源也给广大买家带来了全新的购物体验。如图 2－1－1 所示为易趣网页面。

图 2－1－1　易趣网

2006年12月，eBay与TOM在线合作，通过整合双方优势，凭借eBay在中国的子公司eBay易趣在电子商务领域的全球经验以及国内活跃的庞大交易社区与TOM在线对本地市场的深刻理解，2007年，两家公司推出了为中国市场定制的在线交易平台。新的交易平台带给国内买家和卖家更多的在线与移动商机，促进eBay在中国市场的纵深发展。

2. 拍拍网简介

拍拍网（www.paipai.com）是腾讯旗下的电子商务交易平台，如图2-1-2所示。网站于2005年9月12日上线发布，2006年3月13日宣布正式运营。拍拍网致力于打造时尚、新潮的品牌文化，网站的品牌口号定位为"超值购物、值得信赖"。

依托于腾讯QQ超过7.417亿的庞大用户群以及3.002亿活跃用户的优势资源，拍拍网具备良好的发展基础。2006年9月12日，拍拍网上线满一周年。通过短短一年时间的迅速成长，拍拍网已经与易趣、淘宝共同成为中国最有影响力的三大C2C平台。2007年9月12日，拍拍网上线发布满两周年，在流量、交易、用户数等方面获得了全方位的飞速发展。

图2-1-2 拍拍网

3. 淘宝网简介

淘宝网，如图2-1-3所示，亚洲最大网络零售商圈，致力于打造全球首选网络零售商圈，由阿里巴巴集团于2003年5月10日投资创办。截至2010年年底，淘宝网注册会员达到3.7亿，覆盖了中国绝大部分网购人群，在线商品数达到8亿，最多的时候每天6 000万人访问淘宝网，平均每分钟出售4.8万件商品。

目前，淘宝网已成为广大网民网上创业和以商会友的首选。

淘宝网（www.taobao.com）的使命是"没有淘不到的宝贝，没有卖不出的宝贝"。淘宝网倡导诚信、活泼、高效的网络交易文化，坚持"宝可不淘，信不能弃"，在为淘宝会员打造更安全高效的网络交易平台的同时，淘宝网也全心营造和倡导互帮互助、轻松活泼的家庭式氛围。每位在淘宝网进行交易的人，不但交易得更迅速高效，而且能够交到更多朋友。

淘宝网目前业务跨越 C2C（个人对个人）、B2C（商家对个人）两大部分，已经发展成为国内领先的个人交易（C2C）网上平台。

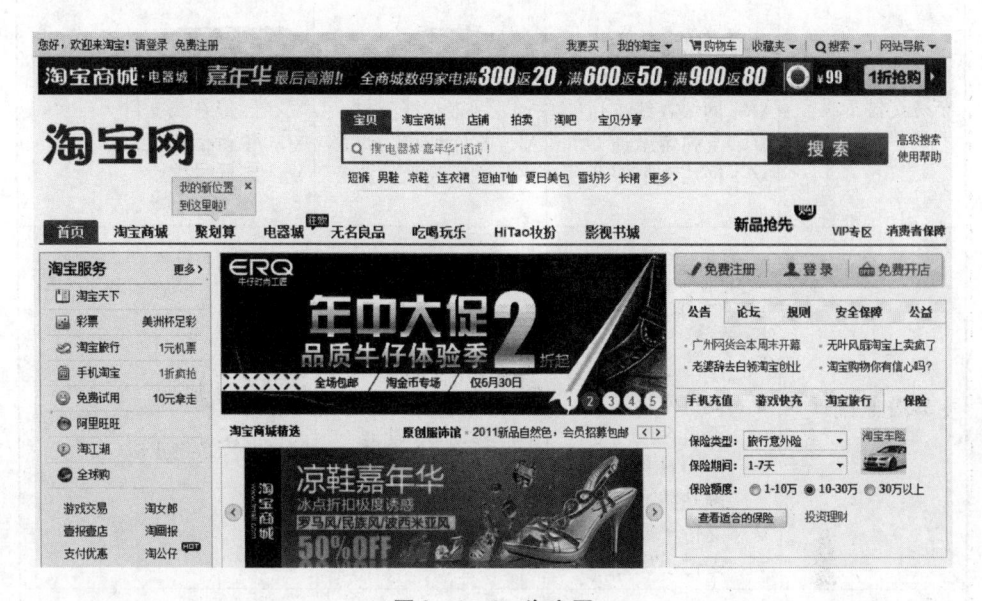

图 2-1-3　淘宝网

1.2.2　选择网络零售平台

选择适合的网络零售平台是网上开店成功的关键一步，通常在选择时应考虑的因素有：良好的品牌形象、简单快捷的申请手续、稳定的后台技术、快速周到的顾客服务、完善的支付体系、必要的配送服务以及售后服务保证措施等。当然，还需要有尽可能高的访问量、完善的网店维护和管理功能、订单管理功能、网店的推广与访问流量分析功能等。

从近几年的网络购物宏观市场状况来看，目前 C2C 交易类型的网络平台主要以上文分析的淘宝网、拍拍网和易趣网为主，表 2-1-1 所示列出了 3 家网络零售平台的情况比较。

表 2-1-1 3家网络平台情况对比

网络平台 对比项目	淘宝网	Paipai 拍拍	易趣 eachnet.com
成立时间	2003年5月	2006年3月	1999年8月
交易支付工具	支付宝 √ 网银在线支付 √ 支付宝卡通 √ 网店充值服务	财付通 √ 网银在线支付 √ 部分地区电子付款 √ 网汇通充值服务	安付通 √ 网银在线支付 √ 银行柜台付款 √ 邮局付款
交易沟通工具	阿里旺旺 √ 支持网页版 √ 手机在线功能 √ 与口碑网等八大网站共享用户 √ 支付子账号 √ 支付手机订单	腾讯QQ √ 移动QQ功能 √ 拍拍多客户端	易趣通 √ 免安装网页版
是否免费开店	是	是	是
提供的付费增值项目	√ 淘宝直通车 √ 淘宝客推广 √ 淘宝旺铺（升级版） √ 素材、图片、视频类（淘宝图片空间、123SHOW、优酷视频） √ 营销推广类（满就送、限时打折、搭配套） √ 数据分析类（量子统计、行情参谋等） √ 进销存管理类	√ 诚信店铺计划	√ 品质卖家 √ 分类推荐 √ 商品名称粗体

在选择网络零售平台之前,先来讨论一下要不要把所有的"鸡蛋"放在一个"篮子"里。如果坚持要将所有的鸡蛋放在一个篮子里,那就要选择一个实力较强大的篮子,把全部鸡蛋放入其中并小心看管。反之,如果觉得反正都是免费服务,空着篮子是一种浪费,那么可以根据每个篮子的情况选择放入鸡蛋的数量和先后次序。对于初开网店的新手,建议先集中精力经营一个网店,然后再慢慢地将生意扩展到其他平台上。其实各个网络零售平台的开店流程基本都大同小异,都要经过注册用户名、认证流程和发布商品3个环节。这里主要介绍淘宝个人网店的开店流程,其他网站可以举一反三。

1.3 任务实施

1.3.1 在淘宝网上注册用户

步骤一:打开淘宝网首页,单击页面顶部"免费注册"按钮,如图2-1-4所示。

步骤二:选择免费注册淘宝会员的方式,在此以"邮箱注册"为例,如图2-1-5所示。

图2-1-4 登录淘宝免费注册　　　　图2-1-5 选择邮箱注册

步骤三:进入注册页面,填写有关信息后提交,如图2-1-6所示。
步骤四:注册信息填写完成,收邮件激活会员名,如图2-1-7所示。

图2-1-6 填写信息　　　　图2-1-7 登录邮箱

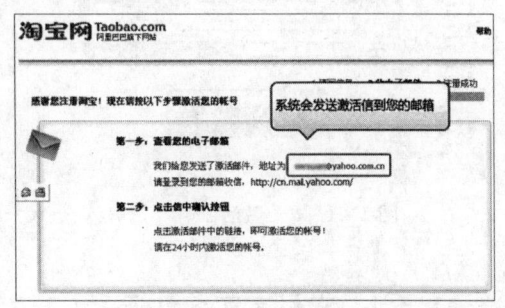

【小贴士】　好的名字是成功的开始

好的名字是成功的开始！每位卖家都希望自己的店铺和ID能够让买家印象深刻，从而便于被买家快速找到。所以淘宝会员名要选择朗朗上口的名字，最好与出售的商品有一定关联，能让买家看到你的ID会有美好的感觉和联想，而不是一些抽象的数字或生僻的汉字。若要在ID中放入英文字母，那请注意不要将容易混淆的数字和字母放在一起，比如字母"o"和数字"0"。

【小贴士】　密码安全设置技巧

为了账号安全，在设置密码时，请参考以下建议。

①密码长度为6~16个字符。

②设置时使用英文字母、数字和符号的组合，如heQQma_ 8301或者7756yyh#$等，尽量不要有规律。

③定期更改密码，并做好书面记录，以免忘记。

④在淘宝、支付宝和注册邮箱中设置不同的密码，以免一个账户被盗造成其他账户同时被盗。

⑤如果设置以下安全性过低的密码，系统都会提醒你修改密码，直至符合安全性要求：

密码与会员名或电子邮件地址相同。

单独的英文字母。

单独的数字。

步骤五：登录邮箱找到激活邮件，单击"确认"按钮完成激活，如图2-1-8所示。

步骤六：注册成功，如图2-1-9所示。

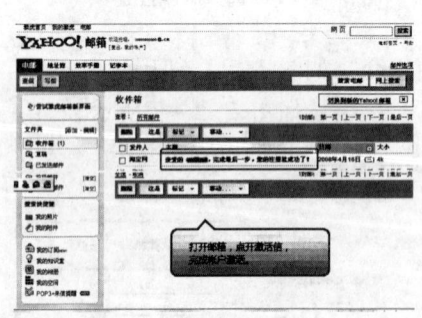

图2-1-8　激活邮件　　　　　　　　　图2-1-9　注册成功

1.3.2　支付宝实名认证

注册完成后，淘宝网就会免费为你开通一个支付宝账户，接下来你需要去进行支付宝实名认证。"支付宝实名认证"服务是由浙江支付宝网络科技有限公司与公安部门联合推出的一项身份识别服务。支付宝实名认证同时核实会员身份信息和银行账户信息。通过支付宝实名认证后，相当于拥有了一张互联网身份证，可以在淘宝网等众多电子商务网站开店、出售商品。支付宝实名认证包括支付宝个人认证和支付宝商家认证。实名认证成功后，才能在淘宝上发布宝贝，开设店铺。

【小贴士】 支付宝的作用

支付宝是淘宝网用来支付现金的平台，买家看中商品后，把钱打到支付宝账户，然后支付宝通知卖家发货，买家收到货后，通知支付宝，支付宝把钱转给卖家。支付宝解除了买卖双方的后顾之忧，实现了交易安全。

卖家的支付宝账户可以通过"支付宝卡通"或"银行卡"来和银行账户关联。若使用"支付宝卡通"，在办理了"支付宝卡通"激活后，无须进行支付宝实名认证。下面以银行卡申请个人类型认证为例，来看一下具体的认证步骤。

步骤一：登录"我的淘宝"，单击实名认证链接，如图2-1-10所示。

步骤二：单击"申请支付宝个人实名认证"按钮，如图2-1-11所示。

图2-1-10　"我的淘宝"页面　　　　图2-1-11　申请实名认证

步骤三：仔细查看协议内容，单击 我已阅读并接受协议 按钮，进入"选择您身份证件所在的地区"页面。

步骤四：以"中国大陆用户"为例，选中"通过确认银行汇款金额来进行认证"单选按钮，然后单击"立即申请"按钮，如图2-1-12所示。

步骤五：填写真实有效的身份证号码和真实姓名，单击"下一步"按钮继续。

步骤六：填写正确的银行账户信息，单击"下一步"按钮继续。

步骤七：仔细核对个人信息和银行信息，确认无误后单击"提交"按钮。

步骤八：认证申请提交成功，如图2-1-13所示。等待支付宝公司向您提交的银行卡打入1元以下的金额，并请在2天后查看并确认银行账户所收到准确金额。

图 2-1-12 单击"立即申请"按钮 　　　图 2-1-13 认证申请提交成功

1.3.3 发布宝贝

发布宝贝,是指把商品图片、文字描述等信息上传到互联网平台。要在淘宝开店铺,除了要符合认证的会员条件之外,还需要发布 10 个以上的宝贝。于是,在整理好商品资料、图片后,要开始发布第一个宝贝。

步骤一:登录淘宝网,单击"我要卖"。在打开的页面中,可以选择"一口价"或"拍卖"两种发布方式,如图 2-1-14 所示。

步骤二:进入一口价发布页面,根据需要发布的宝贝信息,选择好商品的类目,单击"好了,去发布宝贝"按钮,如图 2-1-15 所示。

图 2-1-14 选择宝贝发布的方式 　　　图 2-1-15 选择类目

【小贴士】　巧妙使用"类目搜索"

发布商品时注意不要选错类目,因为这会受到淘宝网一定的处罚,给之后的开店带来麻烦。

当不清楚自己的商品属于什么类目时,可以在图 2-1-15 所示上方的"类目搜索"处输入你的商品名称或类目属性名称,这样可以快速找到正确的类目。比如输入你的产品型号也可以。淘宝网中有大量的数据信息可以帮你定位产品类目。

步骤三：填写宝贝基本信息，带红色"＊"的项目为必填项，如图2-1-16所示。

【小贴士】　宝贝标题学问大

买家一般都是通过搜索某个商品关键字来找到商品的，所以宝贝标题必须包含一个或多个相关关键字。可以根据商品特点和卖点来设置关键字，例如零食类目中的"小核桃"，可以填上"奶油""临安""优质""名优特产"等关键字。一个标题通常就是一件商品最简单和全面的概括说明。

此外，还要学会巧妙使用一些热门和流行的关键字。对于促销、特价、新品等吸引眼球的关键字可以放在标题的最前面或最后面，这有利于大大提高点击率和成交率。

步骤四：然后填写宝贝物流信息和其他信息，单击"发布"按钮，如图2-1-17所示。

步骤五：宝贝发布成功。

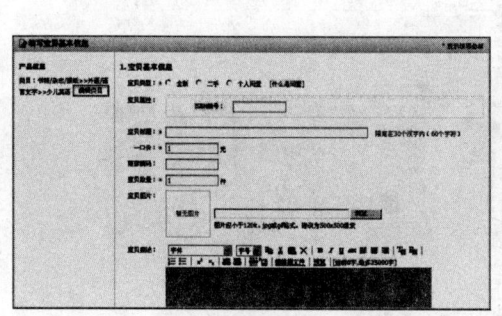

图2-1-16　填写宝贝基本信息 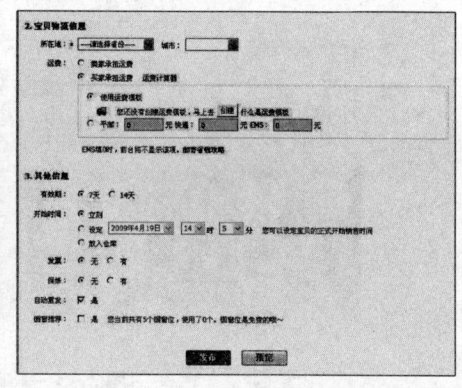　　　图2-1-17　填写宝贝物流和其他信息

【小贴士】　宝贝发布时间的技巧

宝贝发布的时机好坏将影响宝贝的排名情况，选择恰当的时间发布宝贝能最大限度地让宝贝展示给买家，从而增加交易机会。

①选择上架时间为7天。因为比选择14天多了一次下架的机会，而淘宝规则是越临近下架时间的宝贝越能获得靠前的搜索排名。

②选择在每天的黄金时段内上架商品。一般可以从11：00~16：00，19：00~23：00，每隔半小时左右发布一组新商品。为什么不同时发布呢？因为同时发布，也就容易同时消失。如果分开来发布，那么在整个黄金时段内，都有即将下架的商品可以获得很靠前的搜索排名，为店铺带来的流量也会暴增。

1.3.4 店铺的基本设置

在淘宝网上发布 10 件不同的商品就可以申请免费开店了。但一家新开店铺还需要上传店标、起一个响亮易记的店名、公示其主营项目等，当这些内容都丰富了以后，店铺才算有了一个雏形，可以开门迎客。

店铺的基本设置包含店标、店铺名称、店铺的经营类别、店铺简介和店铺介绍等内容。在用户登录状态下，进入"我的淘宝"页面，单击左侧"店铺管理"→"店铺基本设置"就能进入店铺可视化编辑页面，如图 2 - 1 - 18 所示。

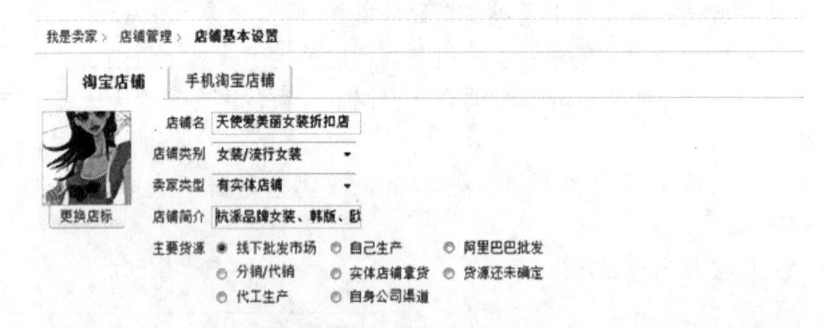

图 2 - 1 - 18　店铺基本设置

1. 上传店标

从电脑硬盘里上传一个格式为 GIF 或 JPG、JPEG、PNG 的图片文件，文件大小须在 80K 以内，图片的建议尺寸为 80 × 80 像素。

2. 店铺名称

好名字值千金，尤其对于靠口碑传播的网络店铺来说，起一个好的店名更加重要。一个好的店名不是考虑某一个因素就能一蹴而就的，而是要综合考虑多种因素，比如消费者的角度、竞争者的角度、文化、产地等。通常来说，可以遵循以下几个原则。

（1）简洁通俗，朗朗上口

名字越简短精练越容易让人记住。如：清新茶叶店，一看店名，就知道该店是专卖茶叶的店铺。

（2）别具一格，独具特色

在众多网店中如何脱颖而出，店名起着至关重要的作用。一个很新颖而且突显店主个性的店名可以马上抓住顾客眼球，让顾客产生进店看看的欲望。

（3）与自己经营的商品相关

让店名和自己经营的产品有联系，容易使顾客对产品有一个美好的印象和期望值。有一些借用的方法，比如卖特产可以借用地名和特点，如"重庆特色麻辣小吃店"；卖乐器可以借用一些美好的诗词，如"仙乐飘飘乐器专卖"；卖礼品可以借用顾客的期望，如"喜洋洋礼品店"等。

（4）店名中隐含店主名字

为了让顾客有亲切感，可以将店主的名字甚至昵称放在店名中。如果将店主名字和经营商品都联系在一起，或许会更加能让买家记住。

（5）用字吉祥，给人美感。

好的店名有文化底蕴、格调高雅或者有特殊含义，但是也不能为一味追求个性而使用生僻字，使顾客不易记忆或搜索。还有特别需要注意的是名字中绝对不允许出现违法或者侵权等文字。

【小贴士】　好店名赏析

1. 电子产品店名：明华数码　星空数码港　特创科技
2. 服装服饰店名：青春衣然　我衣靠你　婷之美
3. 美容护肤品店名：精油小魔女　丽人美容会馆　艾丽俏佳人
4. 五金用品店名：安达　金不换　岁月流金
5. 运动品店名：　网羽天地　高球宝贝　天天泳城
6. 治疗药品店名：好医生　康乐人生　不用再来
7. 书店店名：书香的秘密　万卷书　知识面包店
8. 时尚家居店名：家之趣　××欧式家具城　快乐墙贴旗舰店
9. 茶叶店名：近水楼台　三口品味　自然香
10. 鲜花店名：花仙子　玫瑰情　兰草心语

【同步案例2-1-1】

如何让网店更吸引顾客

背景与情境：薇薇在网上兼职开店卖化妆品已经一年多了，生意却总是若有若无，尽管她的价格总是比别人便宜，而且也从来都不经营假货、次品。望着别人的网店业绩飙升，薇薇非常不服气，就想：即使放手不干了，也一定要找到失败的原因。

于是她在网上发出求助帖，希望高手帮她分析问题，解决网店销量问题。网友们经过认真分析，认为薇薇的商品铺货、价格都没问题，关键问题出在店铺名称和广告宣传上。

原来，薇薇的化妆品小店名叫"彩妆折扣店"。虽说店名没有任何问题，但毫无特色。挑剔的顾客很少有人会注意到薇薇这个彩妆折扣店，自然就无法发现其商品优势和价格优势了。

薇薇按照高手的指点，在网络上搞了一个店铺大征名，最后，她把店名定为"出卖美丽"。

这个充满神秘色彩并极具个性的名字一下吸引了众多人的眼球，小店也由此在众多店铺中脱颖而出，于是店铺点击率直线攀升，而薇薇店里的化妆品销路自然就好了起来。

现在薇薇感到非常开心，她常跟别人说："网店就像自己的孩子，没有一个心爱的名字可不行。"

问题：薇薇的网店生意为什么前后有这么大的变化，你认为主要原因是什么？网店取名应遵循什么原则？你打算给自己的网店取什么名，理由是什么？

分析提示：俗话说：名不正言不顺，言不顺则事不成。网店起名大有讲究，应尽量做到这几点：简洁通俗，朗朗上口；别具一格，独具特色；与自己的经营商品相关；用字吉祥，给人美感；避免雷同，不要跟风。

3. 店铺类别

根据店铺的主营情况，选择淘宝网的一个属性类目，例如：食品/茶叶/零食/特产、珠宝/钻石/翡翠/黄金、彩妆/香水/护肤/美体等，这主要是为了方便淘宝网对店铺进行监管。

4. 店铺简介

店铺简介主要说明经营品牌、商品、风格特点等，要突出主题，介绍清楚店铺所经营的产品和产品性能、基本的售后服务和一些经商态度，文字不要太多，言简意赅，表达明晰。

5. 店铺介绍

店铺介绍是以网页的形式呈现的，因此要使用 HTML 编辑器来进行设计，可以如图 2-1-18 所示那样粘贴网页设计的源代码，也可以将店铺的情况编辑成文字内容，再简单地更改一下字体、颜色、大小、插入图片和链接等来突出重点信息，使文字的排版更加美观。

1.4　知识拓展

1.4.1　易趣网开店

易趣网开店的操作流程如下所示。

①开设店铺，首先需要进行注册，并通过银行实名认证。

②通过银行实名认证后，登录并进入"我的易趣"，单击位于"我是卖家"→"我要开店"。

③进入开设店铺页面。设定店铺基本信息，包括店铺类型、店铺名称、店铺路径。

④确认无误后，单击"继续"按钮，系统将提示："您已成功开设了××店铺"。

⑤开店完成后进行店铺基本设置。

店铺开设完成后，可以到"我的易趣"→"管理我的店铺"的"基本设置"中对店铺的名称、店铺链接地址、介绍、标识、公告、广告设定作调整和补充。对店铺进行基本装修后，即可正式开门迎客了。

1.4.2 拍拍网开店

拍拍网开店的操作流程如下所示。

①登录拍拍网首页，单击网页左上角的"免费开店"。

②进入后你会看到"认证及流程简介"页面，阅读认证简介和《卖家须知和用户协议》后，勾选同意该用户协议并单击"大陆用户认证"按钮。

③进入"交纳保证金"页面，确认你的财付通账户里有至少 20 元余额，输入支付密码后，作为交纳的认证保证金，拍拍网会冻结保证金 20 元在你的财付通账户中。

④进入"填写个人资料"页面，仔细填写必要的个人资料，包括姓名、电话、身份证号等，并上传身份证的数码拍摄或扫描图片，确认资料无误后，单击"提交个人资料"按钮。

⑤提交后，拍拍网会在 3 个工作日内为你审核，审核通过后你便可在拍拍拥有属于自己的店铺。

本 节 概 要

内容提要与结构图

内容提要

- 网络零售平台：易趣网、拍拍网、淘宝网。
- 淘宝网开店步骤：注册用户、支付宝实名认证、发布宝贝、店铺设置。
- 淘宝店铺的基本设置包含：店标、店铺名称、店铺的经营类别、店铺简介和店铺介绍。
- 易趣网开店步骤：注册、银行实名认证、发布宝贝、店铺基本设置。
- 拍拍网开店步骤：注册、认证、交纳保证金、填写个人资料。

内容结构

本节的内容结构如图 2-1-19 所示。

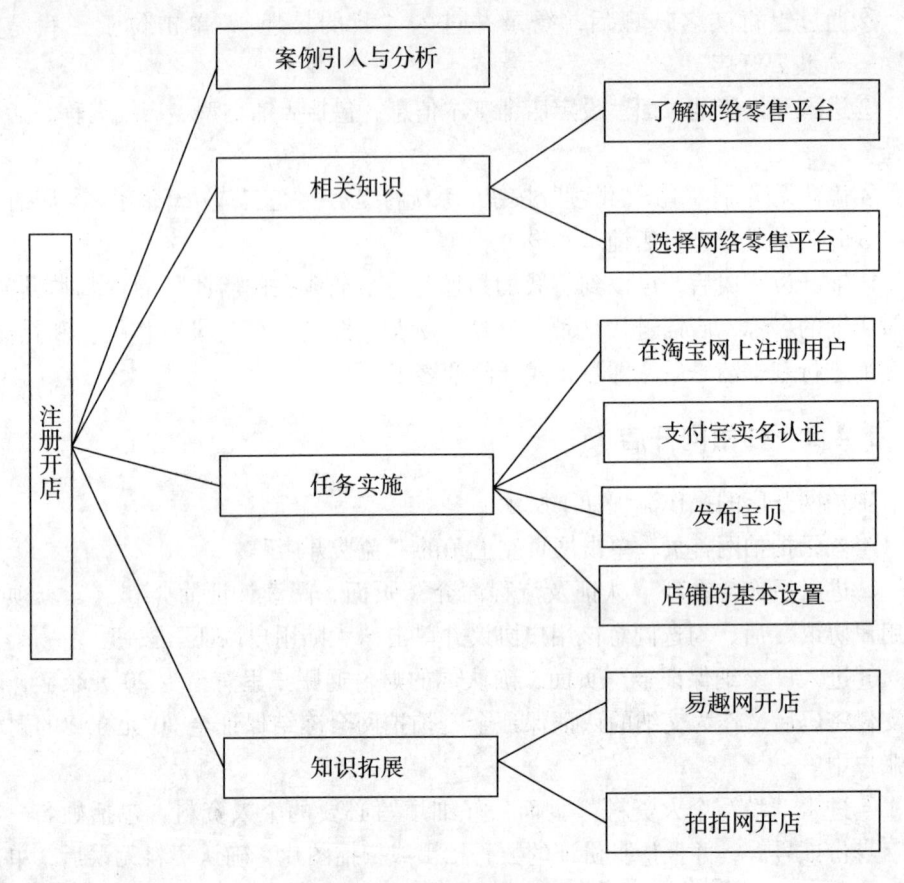

图 2-1-19 内容结构图

思考与练习

一、单项选择题

1. 淘宝网规定注册使用淘宝的用户须年满（　　）岁。
   A. 16　　　　　　B. 18　　　　　　C. 20　　　　　　D. 无年龄限制
2. 目前支付宝实名认证不支持的身份证件是（　　）。
   A. 身份证　　　　B. 护照　　　　　C. 户口　　　　　D. 军官证
3. 淘宝网发布宝贝的有效期 7 天和（　　）天。
   A. 30　　　　　　B. 14　　　　　　C. 10　　　　　　D. 5
4. 下列不属于淘宝卖家发布宝贝应遵循的条件的是（　　）。
   A. 卖家必须已经通过身份认证
   B. 卖家必须支持财付通交易
   C. 按照发布环节中的要求填写符合条件的发布信息
   D. 所发布的商品必须遵守违规商品管理规则

5. 以下哪个商品是淘宝网禁止发布的(　　)？
   A. 食品　　　　　B. 个人时间　　　C. 彩票　　　　　D. 店铺装修模板

二、判断题

1. 在淘宝网上开设店铺，不一定要在淘宝网上注册。（　　）
2. 淘宝会员名注册成功后可以修改，选择你喜欢并能牢记的，推荐使用中文会员名。（　　）
3. 银行账号和密码是保障银行资金安全的最重要因素，对账号和密码的保管非常重要。（　　）
4. 在淘宝网上开设店铺，必须要进行支付宝账户的实名认证。（　　）
5. 数字证书是由支付宝签发的证书。（　　）
6. 宝贝标题及宝贝描述中带有"水货""欧水""港水"等相关字眼的商品，属于禁售品，一律禁止发布。（　　）

三、简答题

1. 淘宝会员 ID 起名该注意什么？

2. 如何提高淘宝网账户的安全性？

3. 支付宝的作用是什么？

4. 支付宝实名认证的步骤有哪些？

5. 如何为网店起个好名？

四、技能训练题

以 2~3 位同学组成一个学习团队，通过淘宝大学（http://daxue.taobao.com）网站自学相关知识，在淘宝网上成功开设一家网店。

任务要求：

1. 注册淘宝网，取得淘宝网会员资格。
2. 提交身份证明及银行账号进行支付宝认证，取得在淘宝网出售商品的资格。
3. 发布至少 10 件商品。

4. 对店铺名称、店标、主营内容和店铺介绍进行基本设置。

能力自评

■专业能力自评

	能/不能	熟练程度	任务名称
通过学习本模块，你			熟悉淘宝网、拍拍网、易趣网等当前主要网络零售平台的基本情况
			掌握淘宝网的基本开店流程，并能成功开设网店
			能把开店技能迁移运用到其他网络零售平台
通过学习本模块，你还			

注："能/不能"栏填"能"或"不能"。如填"能"，则熟练程度一栏填"熟练""较熟练""不熟练但可以"。

■社会能力和方法能力自评

	社会能力和方法能力	提升情况
通过学习本模块，你的	启发和倾听他人想法的能力	
	口头表达能力	
	书面表达能力	
	与人沟通能力	
	团队协作精神	
	自学能力	
	问题发现与解决能力	
通过学习本模块，你的		

注："提升情况"一栏可填写"明显提升""有所提升""没有提升"。

■其他
1. 你学习本模块最大的收获是什么？你认为本模块最有价值的内容是什么？
2. 哪些内容（问题）你需要进一步了解或得到帮助？
3. 为使你的学习更有效，你对本模块的教学有何建议？

■能力自评说明

1. 专业能力自评中，每项均达到"能"和"较熟练"水平者，本模块专业能力过关。

2. 社会能力和方法能力自评中，"倾听能力""与人沟通能力""团队协作精神"和"问题发现与解决能力"4个项目达到"有所提升"水平者，本模块能力过关。

自评人（签名）：	教师（签名）：
年　月　日	年　月　日

任务2　商品图片拍摄与处理

专业能力目标

知道一张好的商品图片该具有的标准；知道基本的商品拍摄常识和布景常识；能对商品进行正确取景、构图和布光，并选择商品最吸引眼球的摆放角度拍摄；能从多角度选取商品的优势卖点拍摄其细节特征；能用图片处理软件进行图片尺寸、亮度和色彩，添加边框和水印，批量修正图片等。

社会能力目标

能主动参与任务实施，与队员分工协作，团结互助，会进行积极的自我反思与调整。

方法能力目标

能对网店设计效果进行评判；能充分利用网络资源自学商品图片拍摄与处理的相关知识与技能；在商品图片拍摄与处理中能发现问题，并提出解决问题的对策。

2.1　案例引入与分析

1. 案例引入

服装的网店经营之路（二）

张女士在众多朋友的帮助下，经过一段时间的辛苦学习，终于在淘宝网上成功开设了一家名为"天使爱美丽女装折扣店"的网店。但万事开头难，开店的头一个月，张女士连一件衣服都没有卖出去。

不过，张女士倒也不怎么着急，反而把很多时间花在了学习拍照和作图上。她说："在我没有生意的时候，我每天都在研究衣服的拍照和光影魔术手。当时我连复制、粘贴都不会，我通宵看《光影魔术手教程》，又忙着去学习别人怎么拍图和修图。做生意起步是艰难的，不能守株待兔等生意，而要自己去把握，好好地利用网络平台给自己带来的机会。不管是刚起步没信誉度的，还是已经开店很久的，在没生意时都要用自己的行动去证明自己确实努力过了。我每天都会去搜索别人的店铺，尤其是经营较成功的同行的店铺，我会去看看他们成功在哪里，如图片的处理、商品的吸引力、怎么去搞活动等，我都在不断学习，并借鉴到自己的网店经营中。"

就这样，每一件衣服她都自己亲手拍照，每天只要有空，她都会坐在电脑前学习作图。终于功夫不负有心人，开店40天后，张女士迎来了网店第一位顾客。此后，生意便一单接一单地找上门来……

2. 任务分析

网店不同于实体店，实体店有橱窗展示，柜台陈列，顾客能面对面对实物进行观察、触摸和试穿。而网络购物时，顾客接触不到商品，只能通过图片来了解。因此，一张好图胜过千言万语，图片质量的好坏，直接影响到商品的点击率和成交率。

要使商品图片吸引眼球，首先要明确在网店里怎样才算是一张好的商品图片，其次要掌握基本的拍摄知识和技巧，最后能熟练运用图片处理软件对图片进行美化处理。

2.2 相关知识

2.2.1 好图的标准

一张好的商品图片，通常都会注重画面细节，比如灯光、背景和主体等。好图的标准主要表现为：主体突出、曝光准确、色彩还原、光比合理。

主体突出：这是拍摄的首要关键，要突出商品的特色与特点，而不是其他无关紧要的东西。通常图片只需要一个主体，而且需要尽可能的大和清晰，背景则尽量的简单。

曝光准确：拍摄时，合适的曝光量是获取高质量图片的关键。曝光准确的图片，影调自然，颜色饱和、鲜艳；曝光不足，图片晦暗，低光部位的层次丧失殆尽；曝光过度，图片高光位的层次荡然无存，像是褪色似的。

色彩还原：这是指商品图片颜色与实物颜色一致。但如果设置错了白平衡或者选错了背景板，就会导致颜色失真，颜色失真不但会丢失商品的细节，在一些服饰类商品中还可能让买家感觉实物与卖家发布的商品不符，引起纠纷。

光比合理：指的是物体的亮部与暗部之间、物体与背景之间的亮度差异。两者若相差太大,画面会显得过于杂乱,反之画面则灰暗无生气。合理的光比是1:2~1:4。

2.2.2 拍摄知识

1. 光圈

照相机的镜头有一个控制透光量的装置,就叫光圈,光圈开得大,透光量便大;开得小,透光量便小。光圈大小通常用 F 值表示,F 值越小,光圈越大,F 值越大,则光圈越小,如图 2-2-1 所示。

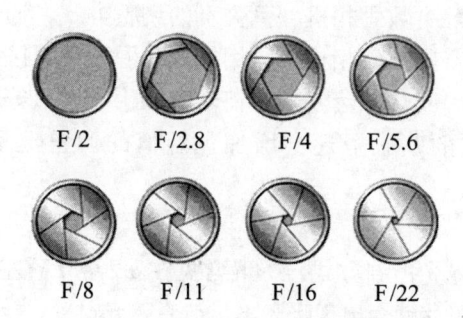

图 2-2-1 数码相机的光圈值

2. 快门

快门是镜头前用来控制光线进入时间长短的装置,通俗地说,快门就是让相机保持当前设定光圈大小的控制时间。快门速度通过相应的数值来设定,例如 1/60 秒、1/30 秒等。快门的时间越长,则曝光的时间越长,曝光量也就越大。相同光圈下 1/30 秒快门的曝光量就是 1/60 秒快门曝光量的一倍。

3. ISO

ISO 是相机的感光值。ISO 的数值越大,拍摄出来的照片就越亮,反之,则越暗。通常普通的数码相机对 ISO 的控制不是很好,在 ISO200 以上时,画面就会出现严重的噪点,所以,一般情况下,建议卖家使用 100 以下的 ISO 进行拍摄,同时通过快门、光圈、三脚架的组合来获取足够的光线,以便拍摄出更加真实的图像。

4. 景深

景深是指在镜头聚焦调节中,所能清晰成像的最远部分和最近部分之间的距离。光圈越小,画面成像清晰的部分就越多,景深就越大。反之,光圈越大,景深就越小。在拍摄需要突出主体的商品照片时,会采用小景深拍摄,当需要拍摄成套系列商品的照片时,就会采用大景深拍摄,将所有商品都清晰地呈现出来。

决定景深的 3 个基本因素如下。

光圈:光圈大小与景深成反比,光圈越大,景深越小。

焦距：焦距长短与景深成反比，焦距越大，景深越小。
物距：物距大小与景深成正比，物距越大，景深越大。

5. 白平衡

白平衡就是数码相机对白色物体的还原。在不同的辅助照明灯下拍摄同一商品时，相机表现出来的色彩会各不相同，有的呈浅蓝色，有的呈黄色或红色。出现这种情况的原因是人类从在出生以后的成长过程中，人的大脑已经对不同光线下的物体的色彩还原有了适应性。但是，数码相机却没有人眼的适应性，在不同的光线下，由于CCD输出的不平衡性，造成数码相机彩色还原失真。

白平衡就是一种解决数码相机颜色失真的调整方式，通常有按光源种类和色温值两种方式。一般家用数码相机多采用按照光源种类来区分的设置方式，例如日光、阴影、阴天、闪光灯、荧光灯、钨丝灯和手动调节等，而高端一些的数码单反相机在这些类别的基础上还会增加色温值的调整选项，一般调节范围都在2 500 ~ 10 000K。

6. 曝光补偿

曝光补偿是一种曝光控制方式，一般常见在±2 - 3EV左右，当拍摄环境过亮或者偏暗时，拍出的照片就会出现曝光不足或者曝光过度，这两种情况都会导致被拍摄物体的细节呈现不理想，因此，这时就需要手动调节曝光补偿值来增加或降低曝光量，使被拍摄主体获得合适的曝光量，让画面达到最佳的亮度和对比度。

2.2.3 布景知识

1. 背景材质的选择

可以根据商品拍摄的需要和喜好来选择背景材质，现在比较流行的材质有：纸质、无纺布、植绒布、仿毛毡等，各有特色，饰品还可以选用有机板或玻璃等拍出倒影效果。

①背景纸的特点是平滑、颜色均匀，拍摄时没有褶皱，反光率低，适用于所有商品，特别是人物或服装的拍摄，如图2 - 2 - 2所示。

②无纺布有纸的平滑和布的柔和两种特点，上面一般带有小孔，如图2 - 2 - 3所示。可以用来拍摄大件商品，但拍摄细部时小孔会比较明显。

图2 - 2 - 2 背景纸

图2 - 2 - 3 无纺布

③植绒布的表面分布有细细的短绒毛，一般在摄影棚的内部都是使用植绒布背景布，如图2-2-4所示。适合拍摄大多数商品，拍摄出来的画面感觉细腻，对光线的扩散度也不错，阴影柔和。

④仿毛毡的表面有比较长的绒毛和纹路，有比较粗糙的感觉，如果希望拍摄出来的画面质感强，它是不错的选择，如图2-2-5所示。

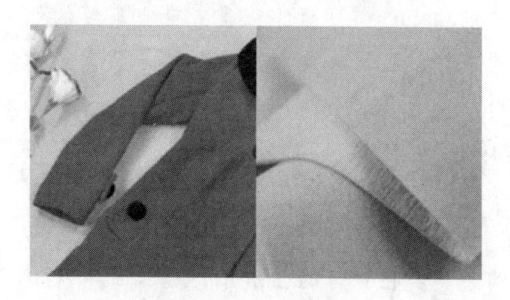

图2-2-4 植绒布　　　　　图2-2-5 仿毛毡

⑤有机板或玻璃可以拍摄出倒影的效果，感觉非常时尚。但是拍摄时需要避免周围的倒影和光线的反射，需要特别注意技巧。

当然，背景材质的选择不仅仅局限于上述这些，日常生活中存在的各种物品，比如一片绿叶、一块黑丝绒布，只要与所拍摄物品及其材质相适应，都可以作为背景来烘托所拍摄的对象。

【小贴士】　布景小技巧

在没有专业背景之前，也可以利用不反光的白纸来做基本背景设置。例如对于体积不大的商品，可以用A4白纸代替白布，节省开支的同时，使用和制作都比较方便。如果商品本身反光性比较强，则不宜使用光滑的背景材料，可以选择粗糙的皮毛或绒布作为背景。

【小贴士】　饰品拍摄背景和纹理的选择

我们应根据首饰的材质来选择最适合的背景和纹理来烘托所拍摄的对象。这种背景应该与首饰的质地产生鲜明的对比，来突出首饰的特点。这种对比包括粗糙与平滑，明亮与暗淡，柔和与坚硬。下面通过举例来体现几个不同的背景所营造出的效果。

对镶钻金饰的拍摄，可选用颜色较暗淡的灰色描图纸作为底色，突出了钻石与黄金的闪亮，暗淡的底色与闪亮的钻石形成对比，背景纹理的变化，既丰富了画面又增加了层次感。

对钻石原石的拍摄，可以选用黑色丝绒作为背景而不是使用黑色的描图纸，其用意是体现优质的钻石原料可以做出品质最佳的钻石饰品。原因是黑色丝绒能更好地吸收光线，加深背景，使背景漆黑一片，将通透的钻石完全呈现在镜头前，钻石上的图纹也清晰可见，整颗钻石棱角鲜明，晶莹剔透。

对翡翠饰品的拍摄，可以使用绿色的树叶作为背景，将浅绿色的翡翠饰品放置在带有花纹的瓦罐上，深绿色的树叶映衬出浅绿色的玉石，粗糙带有纹理的瓦罐突出了翡翠的光洁和圆润。别出心裁的摆设方式丰富了画面的色彩与空间。

对珍珠的拍摄，可以用红色的座椅局部构成整个画面的背景，带有条纹的红布衬底，粗糙的木质扶手，衬托出雪白的珍珠，画面隆重而高雅，这是颜色的撞击产生的效果，使珍珠的珠光宝气体现得一览无余。

可见，在首饰的拍摄中，背景的选择对体现首饰的内涵起着非常重要的作用。一草一木都能体现出珠宝的华贵与不凡。一块黑色丝绒就能体现出钻石的剔透，木质的纹理可以体现出珍珠的华贵，粗糙的花岗岩纹理能够显现出金银首饰的圆润和质地，彩色的背景代表着宝石的多变。在首饰的拍摄中，通过正与反的对比而产生的效果可以使珠宝首饰的质地在画面中达到最佳的效果。一个简单的道具就能将朴素简洁与华丽炫目结合成最美妙的首饰图片。

2. 拍摄环境

小件商品适合在单纯的环境空间里进行拍摄，由于这类商品本身体积就很小，因此在拍摄时也不必占用很大的空间和面积，图 2－2－6 所示的微型摄影棚就能有效地解决小件商品的拍摄环境问题，免去了布景的麻烦，还能拍摄出漂亮的、主体突出的商品照片。如果没有准备摄影棚的话，尽量使用白色或者纯色的背景来替代，例如白纸和颜色单纯、清洁的桌面等。

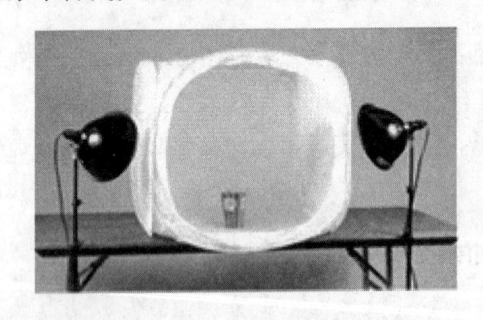

(a) (b)

图 2－2－6 小件商品的拍摄环境

(a) 两灯设置；(b) 三灯设置

拍摄大件商品可以选在一个空旷的场地，室内室外都可以，在室内拍摄时要尽量选择整洁和单色的背景，照片里不宜出现其他不相关的物体和内容，除非是为了衬托商品而使用的参照物或配饰。图 2－2－7 所示的是室内拍摄大件商品的环境布置，室内拍摄对拍摄场地面积、背景布置、灯光环境等都有一定的要求，准备这样的拍摄条件才能拍出具有专业感的照片。

图 2-2-7 大件商品的室内拍摄环境

外景拍摄主要是选择风景优美的环境来作为背景，采用自然光加反光板补光的方式进行拍摄，这样的照片风格感更加明显，比较容易形成独有的个性特色和营造泛商业化的购物氛围。图 2-2-8 所示的这家店铺将拍摄的外景地选在了巴厘岛、中国香港、马尔代夫、南非、日本等一些风景优美的旅游城市，这些商品图片形成了专属于店铺的一种前卫时尚和潮流风格，这样让人耳目一新的商品图片可以有效地对顾客产生心理暗示与影响作用。

图 2-2-8 服装类大件商品的外景拍摄环境

3. 光源的布置

光源可以分为主光、辅助光、轮廓光和背景光等，光源的位置主要有顺光、侧光、侧逆光、逆光等。

布光方式：主光的位置可以在最前方，也可以在顶部，辅助光则可以在四周，甚至在底部。布光时，首先要确定好主光的位置，然后再利用辅助光来调整画面，突出层次，控制投影。当前常见的几种布光方式有：正面两侧布光、两侧45°角布光、单侧45°角的不均衡布光、前后交叉布光和后方布光。

（1）正面两侧布光

这是商品拍摄中最常用的布光方式，正面投射出来的光线全面而均衡，商品表现全面、不会有暗角，如图2-2-9所示。

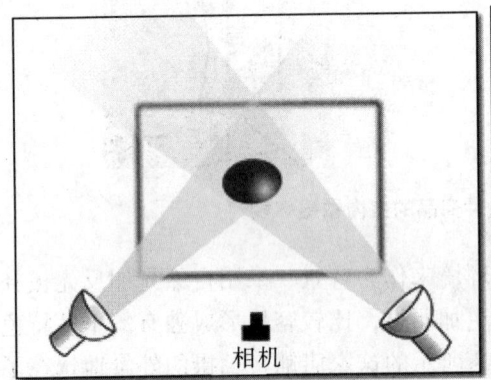

图2-2-9 正面两侧布光

（2）两侧45°角布光

使商品的顶部受光，正面没有完全受光，适合拍摄外形扁平的小商品，不适合拍摄立体感较强且有一定高度的商品，如图2-2-10所示。

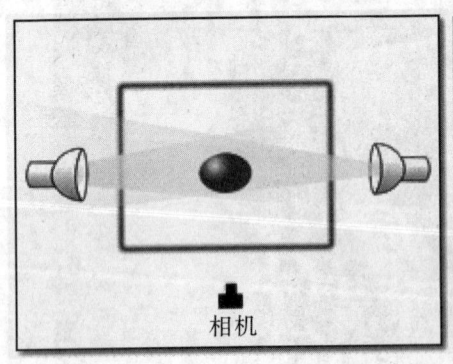

图2-2-10 两侧45°角布光

（3）单侧45°角的不均衡布光

商品的一侧出现严重的阴影，底部的投影也很深，商品表面的很多细节无法得以呈现，同时，由于减少了环境光线，反而增加了拍摄的难度，如图2-2-11所示。

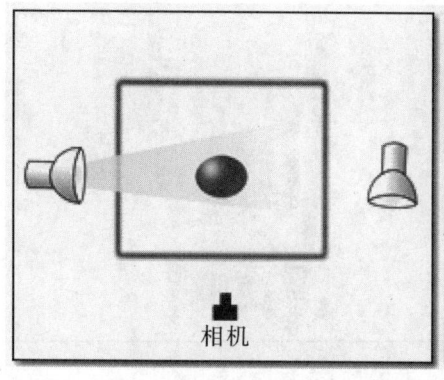

图 2-2-11　不均衡布光

（4）前后交叉布光

从商品后侧打光可以表现出表面的层次感，如果两侧的光线还有明暗的差别，那么，就能既表现出商品的层次又保全了所有的细节，比单纯关掉一侧灯光的效果更好，如图 2-2-12 所示。

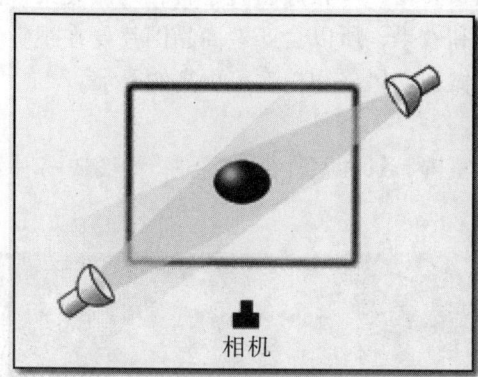

图 2-2-12　前后交叉布光

（5）后方布光

从背后打光，商品的正面因没有光线而产生大片的阴影，无法看出商品的全貌，因此，除拍摄需要表现如琉璃、镂空雕刻等具有通透性的商品外，最好不要轻易尝试这种布光方式。同样的道理，如果是采用平摊摆放的方式来拍摄的话，可以增加底部的灯光，也是通过从商品的后方打光来表现出这种通透的质感表，如图 2-2-13 所示。

图 2-2-13　后方布光

2.3　任务实施

2.3.1　商品的拍摄

网络销售的特点决定了商品图片的重要性，一张好图胜千言，对服装来说尤其如此。因为服装类商品比较注重款式和效果，所以会产生商品图片要在视觉上能充分呈现出服装的不同款式、面料、做工、风格和档次等更高的要求。

1. 服装拍摄的环境

常见的服装拍摄环境有棚内拍摄、室内布景和室外街景 3 种，如图 2-2-14 所示。

图 2-2-14　三种常见拍摄环境

棚内拍摄通常不要选择繁杂的背景，明亮干净的背景布景更加能够衬托出模特的美感与气质，同时最好使用一个可以将背景纸卷起来的支架，这样不仅可以方便我们根据不同服装的颜色来更换相配的背景纸，而且不容易将背景纸弄出皱褶，影响拍摄效果。例如，在拍摄图2-2-14（a）所示的男装时，可以大胆地使用男人较喜欢的黑色、灰色作为背景，只要与服装风格协调，拍出的画面就会显得简洁而时尚，酷感十足。

室内搭建实景的拍摄比摄影棚内的背景纸更具有立体感、现场感和真实感，对比也更加强烈，可以充分利用室内的每一个角落、每一件家具来布景，也可以放置一些自制的木板箱、小柜子、几何体和小装饰物等道具。图2-2-14（b）所示画面就是采用了原木色衣柜、悬挂的衣服和女孩最喜欢的毛绒玩具作为拍摄道具，但是这类布景必须充分考虑道具颜色与拍摄主体的协调性，而且不能喧宾夺主。

室外拍摄重在呈现一种现场感，将路灯、咖啡馆和广告牌等这些街道上的视觉符号作为拍摄背景，可以让照片变得更生活化，更能让购买者产生一种"喔，我也要像她那样穿"的共鸣。如图2-2-14（c）画面所示，有时到一些人流量较少的酒吧街或欧美风格建筑物的一角去取景也是不错的选择，如果白天客人不多的话，还可以跟老板商量，争取进入酒吧、咖啡吧西餐厅里进行拍摄，这样的室内外场景可以很好地表现出服装的潮流、品位和时尚感。

2. 服装拍摄的造型

服装拍摄对造型的要求很高，因为款式漂亮与否很大程度上取决于造型的好坏，一般有摆拍、挂拍和穿拍3种方式。

（1）服装摆拍的造型

服装平铺摆拍要注重颜色和细节，造型时切忌把衣服摆得像纸片一样过于平整，而是要想方设法让衣服生动起来，这有很多种方法，如图2-2-15所示。

(a)　　　　(b)　　　　(c)　　　　(d)

图2-2-15　服装摆拍的造型

(a) 摆出腰身；(b) 摆出立体；(c) 摆出配景；(d) 摆出搭配

为表现衣服穿上身后立体且真实的状态，可以故意弄一些褶皱或将衣襟撩起一点，还可以将衣服的腰身顺势叠入背后来摆放，因为身体是立体的，商品穿在身上时，正面看过去，腋下和侧身的部分是几乎看不到的，这样就使平铺的衣服看上去似乎有了腰身和立体感；对于像牛仔裤这类比较厚实和挺括的面料，可以在摆放的时候用自然的褶皱让裤管之间有涨满空气的感觉，营造出一种自然的效果；为避免画面的单调，可以找一些漂亮的小装饰物来搭配衣服摆放；还可以在摆放时加入一些搭配建议，不仅可以使画面更美观，还有可能实现捆绑销售，提高店铺的客单价。

（2）服装挂拍的造型

悬挂拍摄要注重服装的面料和质感，为使画面生动，不要采用呆板的横平竖直的构图，而是要对背景、衣架和装饰物等进行合理搭配，这也有多种造型，如图 2-2-16 所示。

图 2-2-16　服装挂拍的造型

可以用衣架或者木制晾衣夹将衣服挂起来，并且在墙上或者地上添加鲜花、盆景、玩具、相框等小装饰物来增加构图上的美感；也可以将衣服穿在木制模特座或是铁丝模特架上来表现服装的立体穿着效果。

（3）服装穿拍的造型

服装穿拍要注重款式和动态，这种方式对模特的气质和肢体表现力的要求比较高，尤其是手摆放的位置，直接影响着模特拍照时的姿势和造型是否漂亮。可以按照如图 2-2-17 所示的"哪疼捂哪"法，来找到放手的最佳位置，使照片变得更加生动和自然。

1）"头疼"

手位于头部四周的造型。"头疼""牙疼"和"腰疼"都可以分为一侧疼和两边都疼，比较好表现的是前头疼和偏头疼，最难表现的是后头疼，因为脸部的角度较难掌握，补光也较讲究。

2）"牙疼"

手位于嘴部周围的造型。"牙疼"可以有下牙疼和大牙疼，手撑下巴疼最宜表现少女的天真和纯洁，将手放在秀发外的牙齿部位也能收到良好的效果，这属于"牙疼"的一种变形，如果疼得受不了的时候还可以蹲下，这样也会显得很自然。

3）"腰疼"

图 2-2-17 服装穿拍的造型

手位于腰部位置的造型。一侧疼比两边都疼的造型做起来更简单一些，除非是专业模特或者舞蹈演员才能摆好两侧"腰疼"的造型，但是"腰疼"造型如果使用得当会产生意想不到的效果，女人摆一侧疼的造型会显得妩媚，男人摆两侧都疼的造型会增添阳刚之气。

4)"腿疼"

手位于大小腿位置的造型。"腿疼"是模特拍照时的热门造型，有大腿疼、膝盖疼和小腿疼。其中，数女孩脚踝疼的造型最美。还可以结合腰部摆出"腰腿疼"的造型，或者利用身体各部位与膝盖的距离，拗出很酷很明星范儿的造型。

3. 服装拍摄的布光

服装拍摄根据不同的拍摄环境分为棚内人工照明和室外自然光结合反光板补光这两种布光方式。

(1) 棚内人工照明布光

在摄影棚里拍摄服装时为了突出主体，需要对光线和背景进行预先处理，一般来讲，拍摄时布光至少需要主光和辅助光两种不同类型的光源，此外，还可根据需要打轮廓光。

在拍摄如图 2-2-18 所示图例 1 时，主灯位于相机的左侧，辅助灯位于相机的右侧，根据服装和模特妆面的色彩，在模特身后的左侧，面对背景墙的位置放置了一盏加入色片的辅助灯，使光线呈渐变的方式被投射到白色背景墙上，由此产生出漂亮的光影效果。

拍摄图例 2 时，主灯位于相机的左侧，但为了加强视觉效果，又在身后右侧增加了一盏辅助灯，以增加深色毛衣背光方向的亮度，不仅消除了阴影带来的服装细节损失，而且还可以产生柔和的光影效果，很好地表现出了深色毛衣细腻柔和的质感。

拍摄图例 3 时，主灯依然位于相机的左侧，但为了增加立体感，减少了一盏辅助灯，改用一块反光板从模特的右后侧补光，保留了背光部分的细节展示，甚至能看出面料的丝质反光效果，同时，背景墙上深色的阴影有效地增强了服装和背景墙之间的色彩对比，使整张照片显得饱满而富有立体感。

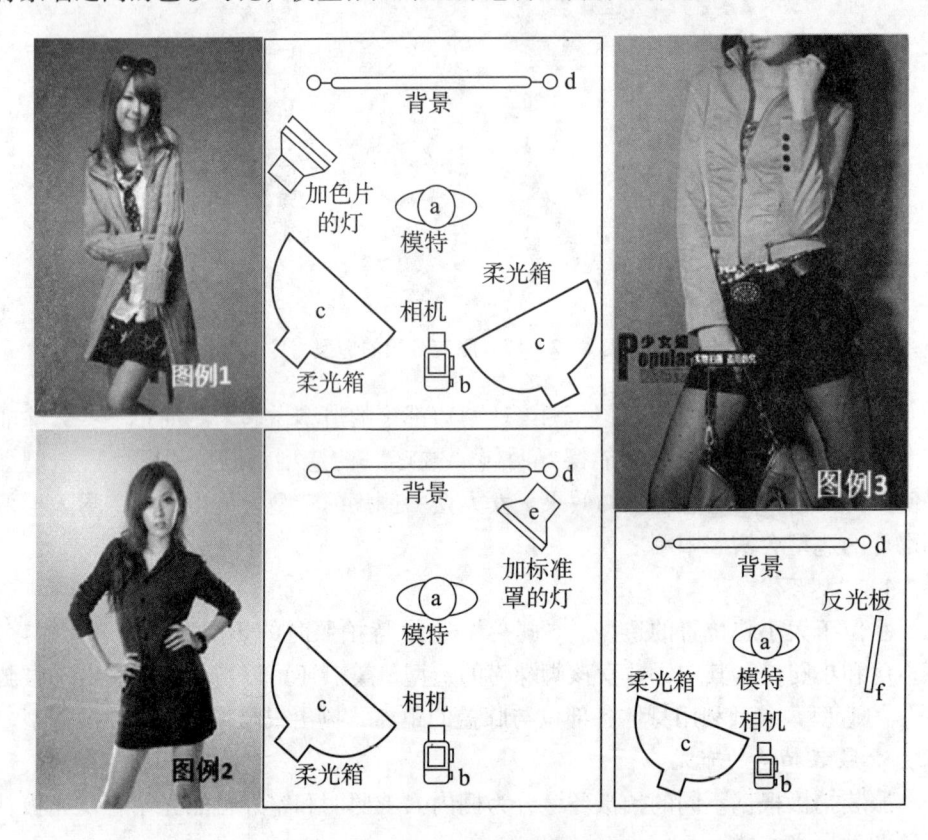

图 2-2-18　服装拍摄的室内布光

（2）室外自然光结合反光板补光

室外拍摄通常可使用自然光加反光板的布光方式。日光是最自然的光线，在一个光线自然、均匀的环境下拍摄的画面，容易取得清晰、明亮的效果。但如果在阳光明媚的天气里拍摄，常会因为光线过强而使被摄体对比度过大，色温也会偏高。解决方法之一是选择光照度稍小、晴天薄云的阴天进行拍摄；方法之二是进入阴影处用反光板补光进行拍摄，即在采用逆光、侧光、侧顺光拍摄时，把反光板放在服装模特旁边，比模特稍微低一点，把阳光反射到模特脸上以增加照度。这样会使光线扩散得更加均匀，可以避免出现对比度过大、阴影过深等现象，也不会把阴影完全消除使人看起来不自然。

反光板在室外拍摄时主要作为补充光源，对模特的暗部进行补光，以降低明暗反差，丰富画面层次，加强整体表现力。要注意不同材质的反光面（白、银、金）能提供不同色温的光线，例如银色的反光板能增亮人物的面部光线，在拍摄时会让人感觉模特的脸更白净许多，从而遮盖住一些面部的瑕疵。而使用金色的反光板时，在一些特殊的光线场合则可以让模特的面部看上去更加温暖柔和，而整个画面的色调会显得古色古香。

4. 服装的细节拍摄

由于网络销售的特殊性，顾客无法直接看到或接触到商品，所以细节图的拍摄可以帮助顾客更全面地了解服装的材质、面料、工艺和装饰设计等。细节图可采用相机的微距功能配合不同的布光及角度来拍摄。对于不同类别的服装，由于目标顾客的需求不同，所以细节拍摄时所要突出的主题和表现的角度也不同。如图 2－2－19 所示，对于中高档男装，这类服装的买家，首先看中的是衣服档次，所以细节图拍摄时要重点体现档次。这可以从质量和工艺方面做功夫，一方面强

图 2－2－19　服装细节拍摄

调面料材质，另一方面突出制作工艺；流行男女装，这类服装的买家，多数以学生和年轻工薪族为主，衣服价格相对实惠，所以主要是以款式为主导，这时候就要重点抓住款式及颜色等细节来表现；童装这类服装，主要购买人群是妈妈们，大部分是给自己孩子购买，妈妈们主要考虑的就是穿着的舒适性，对宝宝皮肤是否有刺激，版型是否适合孩子活动自如等最基本的方面。所以首先要体现面料的质感，然后是做工，当然款式方面也要适当强调，现在的妈妈们都想让自己的宝宝穿得与众不同；中老年装，这类服装主要讲究穿着的舒适性和有针对特殊体型的版型。其主要购买人群大多数是年轻人，送给父母长辈的，所以照片要拍出贴近生活和孝顺的感觉；特殊类、功能型服装，这类服装主要就是体现它的功能及

用途了。比如运动服，就要体现不同体育项目特殊的方面。滑雪服，除了体现运动方面之外，就是保暖性和舒适性。

2.3.2 使用"光影魔术手"处理商品图片

常用的图片处理软件有 Photoshop 软件和"光影魔术手"软件。"光影魔术手"是一个改善图片画质和个性化处理图片的软件，其特点简单易用，没有任何专业图像处理技术的人也能制作精美相框、防盗水印和专业胶片效果，比较适合刚入门的新手使用。此软件完全免费，可以到网上搜索"光影魔术手"，即可下载安装。它和 Photoshop 比较，优缺点如表2-2-1所示。

表2-2-1 光影魔术手和 Photoshop 的比较

软件名	优点	缺点
光影魔术手	绿色软件，简单、易用，不需要任何专业的图像技术。能够满足绝大部分照片后期处理的需要，批量处理功能非常强大，足够胜任网店商品图片的处理	功能不够全面，部分图片处理仍需要借助 Photoshop 才能完成
Photoshop	是世界上公认的最好最全面的图片平面设计软件，该软件具有界面友好、图像处理功能强大等优点	操作较复杂，需要一定技巧。文件大，安装时间较长

下面我们来学习如何利用"光影魔术手"软件来快速修正图片、给图片添加边框和水印、批量修正图片等。

1. 快速修正图片

"光影魔术手"软件下载并安装完后，会在电脑桌面上生成这个图标，双击可打开此软件，单击"浏览"按钮，选择并打开一张待处理的图片，如图2-2-20所示。

（1）图像大小调整

这张图片是横向构图的，可以先将它适当裁剪，重新构图后再缩小像素。

选择菜单中的"图像"→"裁剪/抠图"命令，可以在弹出的面板上选择自由裁剪、按宽高比例裁剪和固定边长裁剪等。进入如图2-2-21所示的操作界面，选择"自由裁剪"，用鼠标拉出一个725×725的正方形选区，单击"确定"

按钮保存裁剪效果。

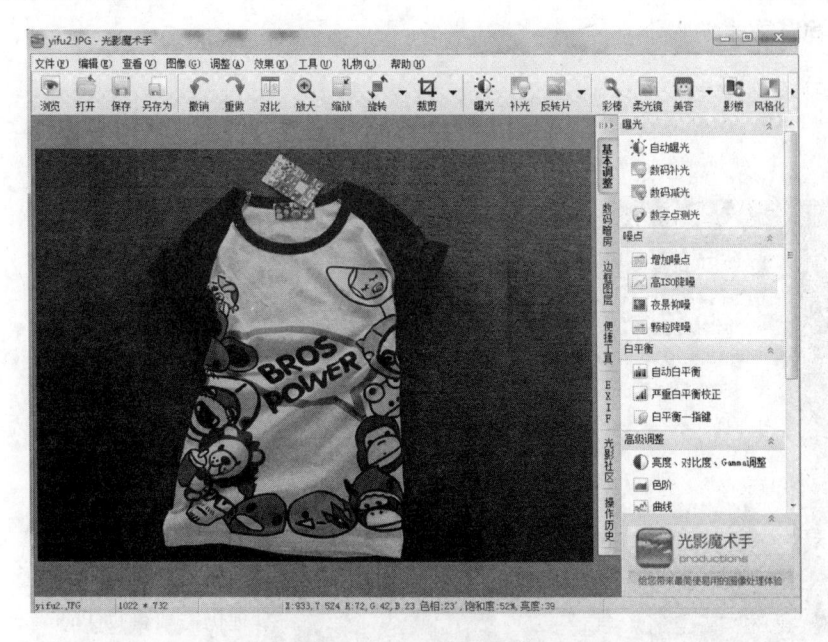

图 2-2-20　浏览图片

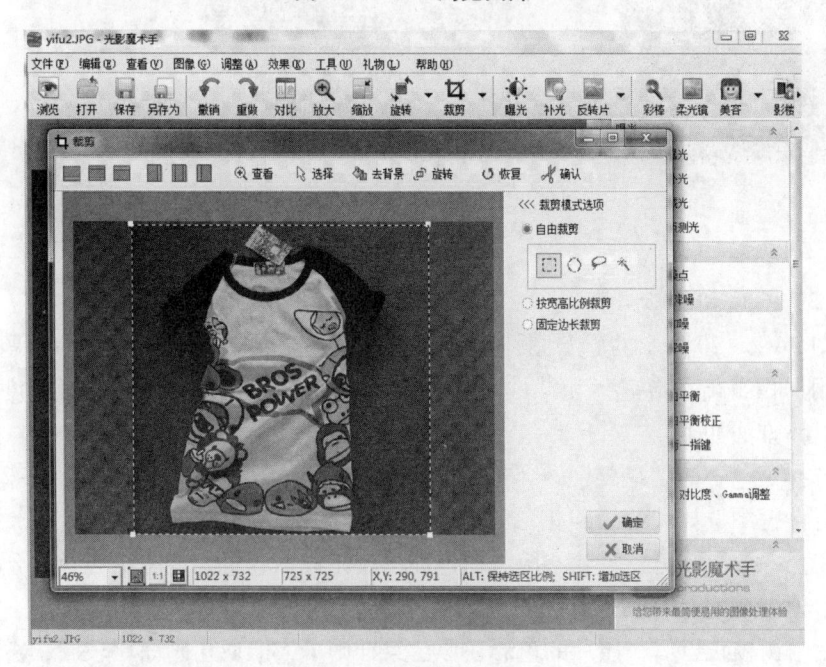

图 2-2-21　裁剪图片

接着选择菜单中的"图像"→"缩放"命令，进入如图 2-2-22 所示的操作界面，选择"维持原图片长宽比例"，在新图片的宽度上输入"500"像素，高度数据框里就会同时变为"500",单击"开始缩放"按钮即可将图片缩小成 500×500 像素的大小。

图 2-2-22 缩放图片

(2)亮度和色彩调整

图 2-2-20 所示的原始图片画面存在偏色、过暗和对比度不够的问题,可以利用"白平衡一指键"和"曲线"功能来进行色彩校正、亮度与对比度的调节,具体方法如下。

选择菜单中的"调整"→"白平衡一指键"命令,在弹出的如图 2-2-23 所示对话框中选择"强力纠正",然后在衣服白色面料上随便选择一个点,同时观察校正的效果预览,只要衣服的白色面料校正成白色了,说明已经达到预期效果,单击"确定"按钮保存校正效果即可。

白平衡校正以后,照片的色彩还原已经准确了,但现在画面比较暗,需要对图片作提高亮度处理。选择菜单中的"调整"→"曲线"命令,打开如图 2-2-24 所示操作界面,将鼠标点在曲线上的小黑点上下左右移动,此时图片会随着小黑点的移动,亮度和对比度也发生变化。小黑点越往上亮度越高,小黑点越往左对比度越弱,反之,往右边移动时亮度变暗,对比度也将加强。将小黑点往左上方移动，以在加强亮度的同时还保持相应的对比度，单击"确认"按钮保存调整效果。经过上述几个步骤的操作，现在这张图片已经变成色彩正常、亮度适中、正方形构图、500×500 像素的商品图片了，图 2-2-25 所示即为两张调整前后的对比图片。

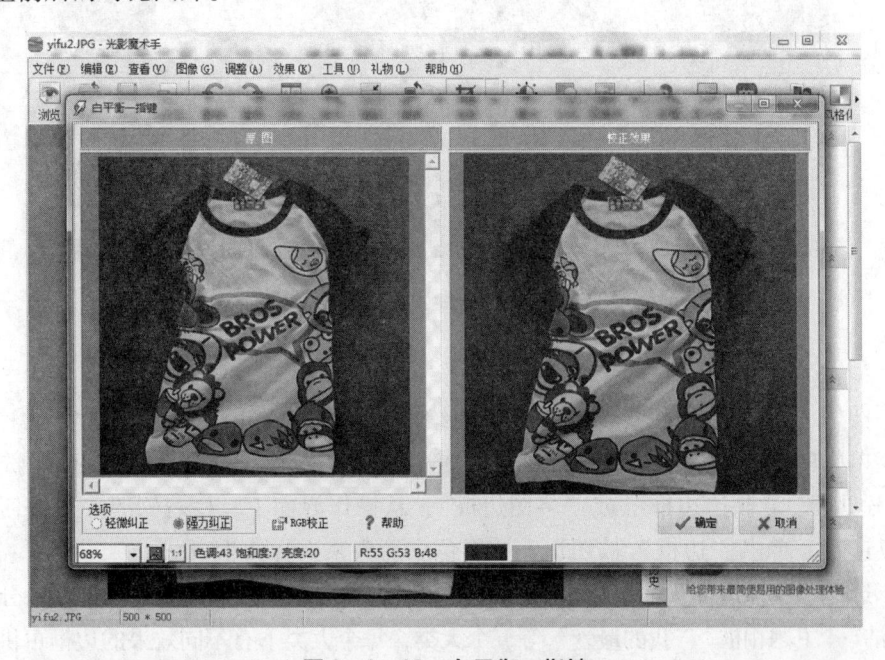

图 2-2-23　白平衡—指键

图 2-2-24　曲线功能

图 2-2-25　图片调整前后的对比

2. 给图片添加边框

使用"光影魔术手"可以很方便地给图片添加边框，使图片更加美观。选择菜单中的"工具"→"花样边框"命令，也可以根据需要和个人喜好选择"轻松边框""撕边边框"或"多图边框"，从操作界面工具栏右侧的快捷按钮也可以进入，单击"边框"按钮边上的黑色小箭头来选择边框方式。

选择"花样边框"命令后进入如图 2-2-26 所示的操作界面，边框效果分成"简洁""主题相框""我的最爱"等五个大类，每个大类下有不同效果的边框可供选择，单击左下侧的"预览"按钮，可以在界面中间看到效果图，如果满意可以用鼠标右键将这个边框收藏到"我的最爱"目录，以便下次使用时可以更快速地找到它，或者直接单击"确定"按钮来保存。如果当前找不到满意的边框，还可以单击界面右下角的"下载更多边框"，通过"光影魔术手"官方网站来下载更多边框。

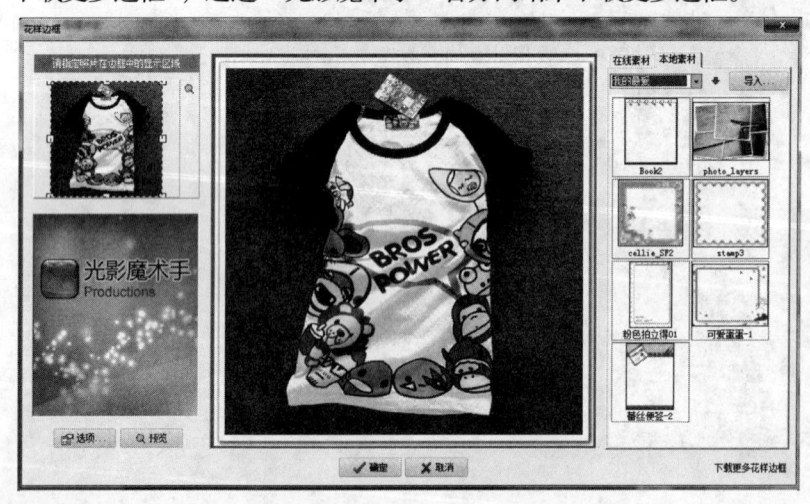

图 2-2-26　添加边框

"多图边框"非常适合网店商品的细节图展示,其操作简单,功能强大。如图 2-2-27 所示,首先选择一款多图边框效果,单击左下侧的"+""-"按钮,可以添加和删除细节图片,"←"和"→"可以调整所选图片的排列次序,单击"预览"按钮可以观看最终效果,如果满意则可单击"确定"按钮来保存。

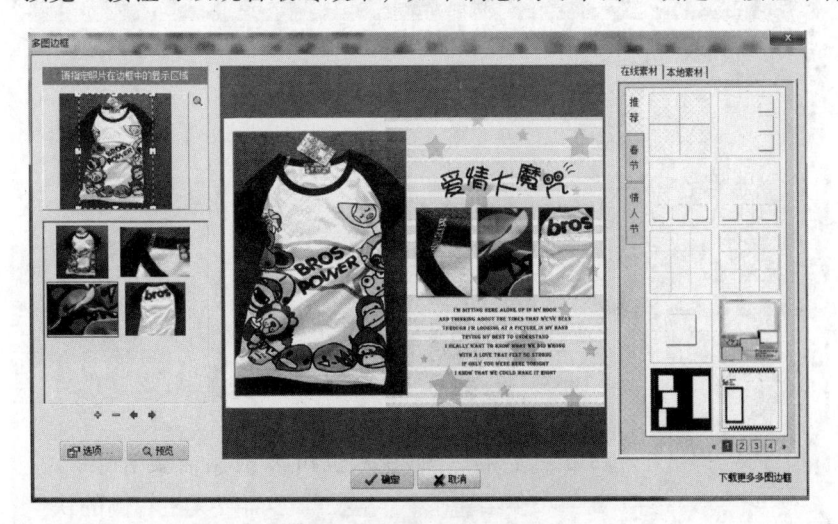

图 2-2-27 多图边框

在"光影魔术手"里还可以自己制作边框,选择菜单"工具"→"制作边框"命令,打开"边框工厂"操作界面,首先设置第一层边框效果,在"第一层扩边生效"复选框前面打钩,按图 2-2-28 所示设置参数,这里的上下左右扩展指的是边框的宽度数值,可以根据需要设置。在"边框填充内容"→"指定颜色"处设置需要的颜色。

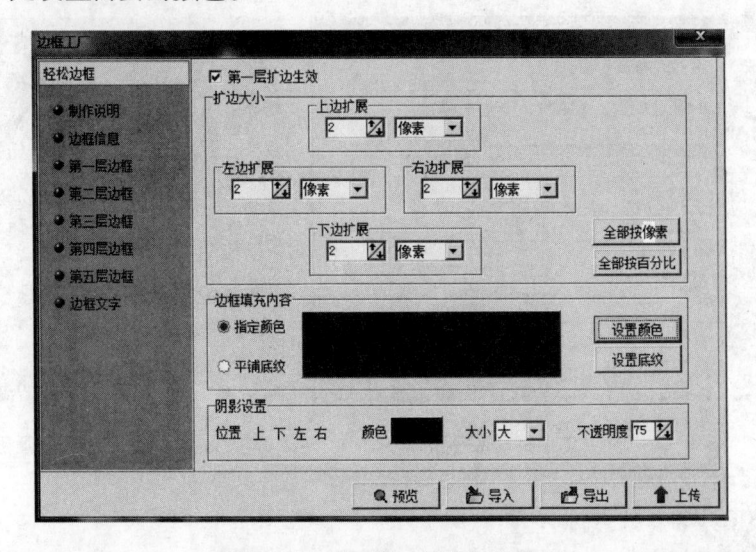

图 2-2-28 第一层边框设置

接下来设置第二层边框效果，方法同上，即在"第二层扩边生效"复选框前面打钩，按图2-2-29所示设置参数，同时在"边框填充内容"→"平铺底纹"处设置底纹。

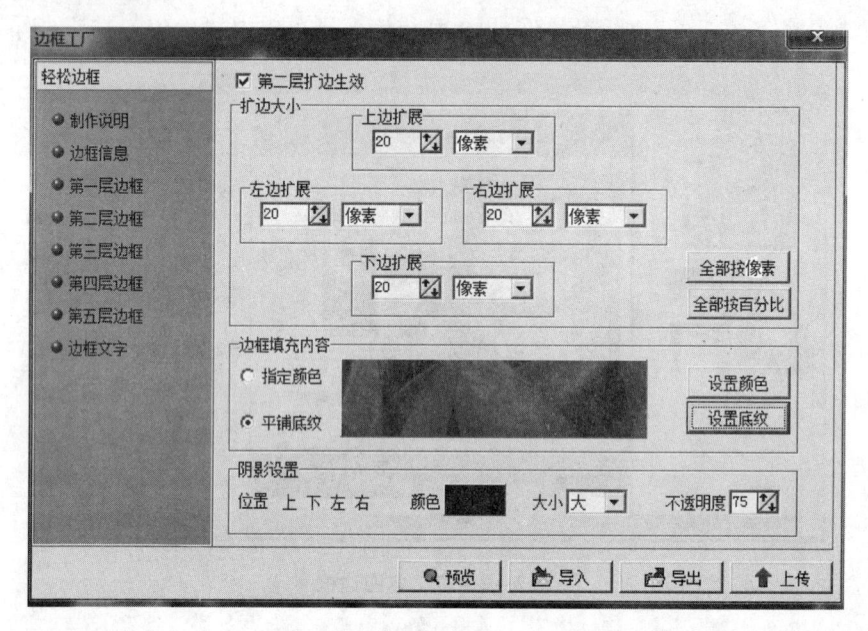

图2-2-29 第二层边框设置

还可以设置文字标签，按图2-2-30所示设置文字内容、位置、背景颜色和不透明度，文字标签就会出现在图片上，相当于水印的效果。图2-2-31所示即为设置完后的效果图。

图2-2-30 文字标签设置　　　　图2-2-31 效果图

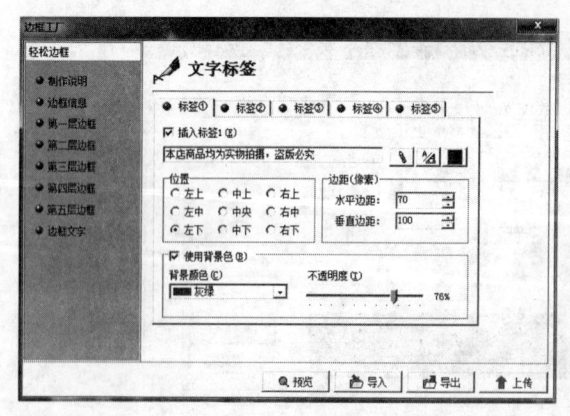

3. 给图片添加文字水印

选择菜单中的"工具"→"自由文字与图层"命令进入如图2-2-32所示

的操作界面，在文字输入框里输入所需文字，并设置字体、字号、字体颜色和背景色，单击"确定"按钮保存。

图 2-2-32 添加文字水印

单击刚设置好的文字内容，此时文字周围就会出现一圈黑色的小点，表示这段文字已被选中，如图 2-2-33 所示。单击右边的"旋转"功能键进行设置页面，用鼠标左键滑动调试拉杆，在预览框里可以看到文字转动的角度和效果，单击"确定"按钮保存旋转设置。

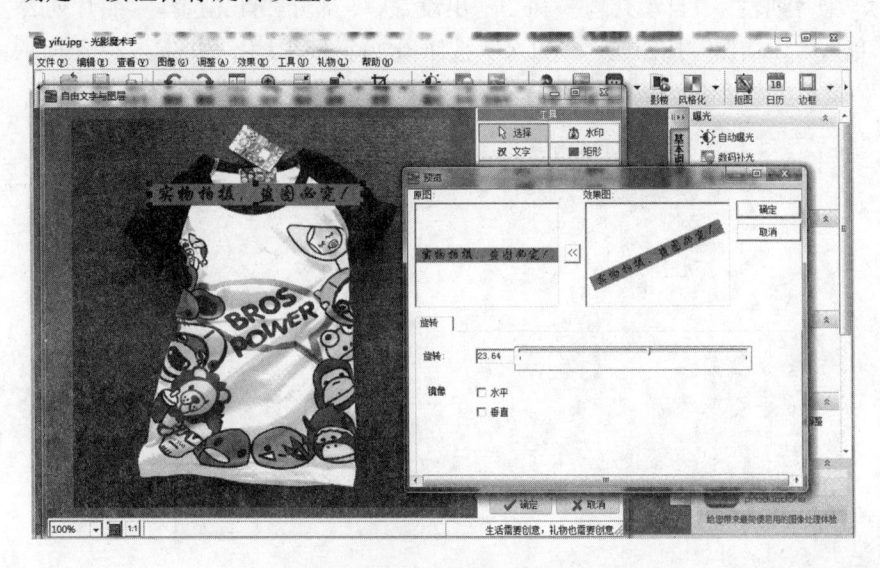

图 2-2-33 旋转文字水印

选中刚才旋转好的文字水印，移动到合适的地方后单击"确定"按钮，这样文字水印就添加完了，如图2-2-34所示。也可以根据需要添加图片水印。

图2-2-34 文字水印添加效果图

4. 批量修正图片

网店里的商品通常都数量多且时常更新，尤其对大卖家来说，店里的商品按成百上千来计算，如果一张一张地修正图片，则耗时耗力。"光影魔术手"的批处理功能可以弥补手动一张张操作图片的不足，能够高效、快速地处理图片。

选择菜单"文件"→"批处理"命令，打开"批量自动处理"操作界面，界面分为"照片列表""自动处理"和"输出设置"3部分。首先选择"照片列表"选项，单击"+增加"按钮或"+目录"按钮添加待处理图片，如图2-2-35所示。

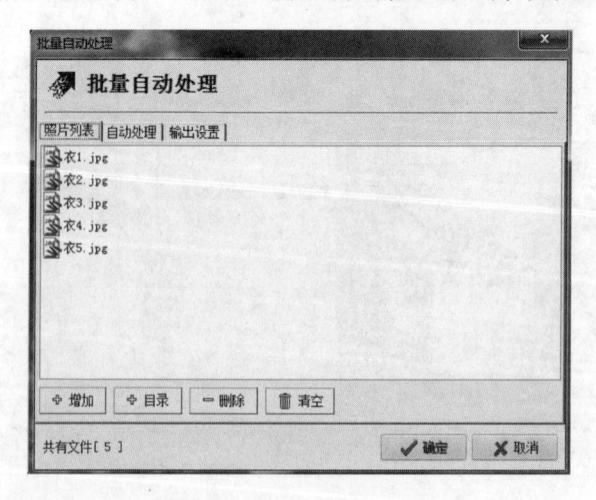

图2-2-35 增加图片

然后选择"自动处理"选项，单击"＋"按钮添加预选动作的设置，如图 2-2-36所示。

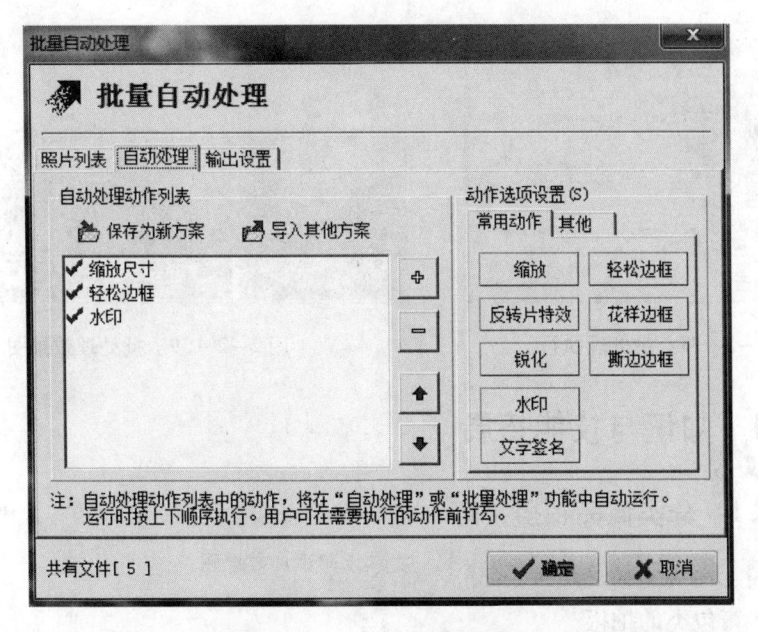

图 2-2-36　动作选项设置

最后设置输出参数，如图 2-2-37 所示，在对话框中设置文件的存储路径和文件格式等。

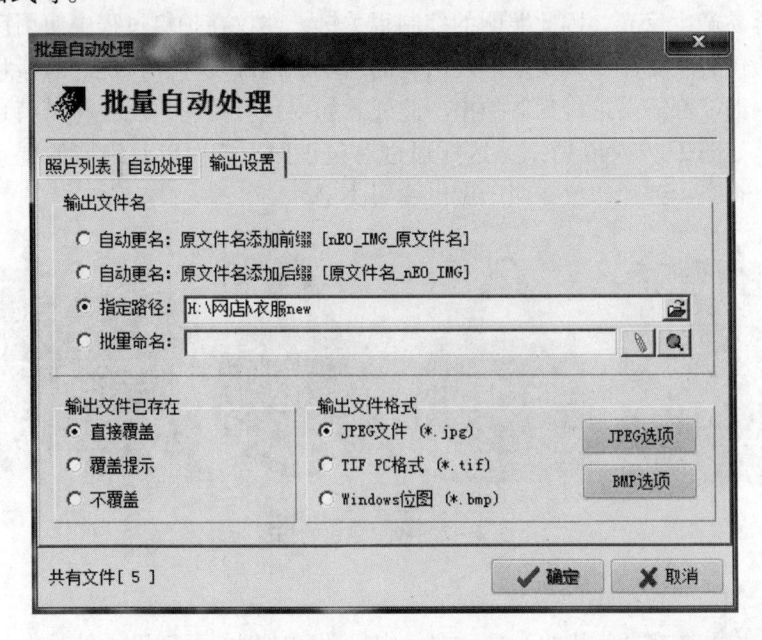

图 2-2-37　输出设置

所有步骤都设置完后，单击"确定"按钮，那么"批处理"命令就开始执行了，如图2-2-38所示。批处理完的图片如图2-2-39所示。

图2-2-38 批处理执行

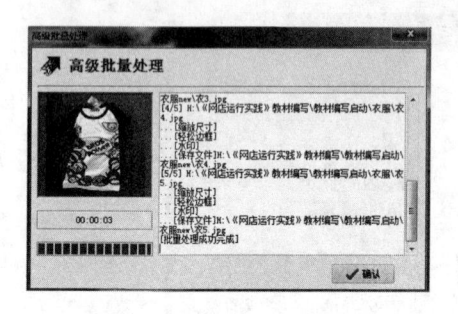

图2-2-39 批处理效果图

2.4 知识与技能拓展

2.4.1 分类商品拍摄技巧

1. 箱包配饰类的拍摄

（1）箱包类的拍摄

在拍摄箱包时，为了体现箱包的真实感，需要在包里面装一些填充物，让包包更有型，买家便知道了在实际使用时的模样。填充物可以是塑料袋也可以是废报纸。包包拍摄可以平面摆拍，也可以让模特背着展示。如果包包材质是皮质，拍摄时容易产生反光，因此照明的控制很关键，建议在拍摄过程中使用反光板。

拍摄包包主要需要真实地体现出包的大小、内部设计、拉链、肩带以及品牌等，这些细节都需要进行具体拍摄。此外，如果包有特色，还要将其特色部分表现出来。如图2-2-40所示，这样通过对包正面、背面以及细节的展示可以让买家对包有个大致的印象，便于做出购买决定。

图2-2-40 包包的拍摄

（2）领带与皮带类的拍摄

领带与皮带都是条状的商品，在一定尺寸和比例的画面里，较难做到全景式展现，因此可以将这类商品卷起来摆拍。拍摄时可采用微俯视、平视以及完全俯视的角度，以皮带扣为拍摄重点，顺带展示出皮带的材质。如图2-2-41所示，可以将皮带做自然盘卷，以呈现时尚气质和散漫的美感；也可以做标准盘卷，体现出陈列的秩序和整洁的商务风格；还可以在卷起来的瞬间松开，借助商品的张力来呈现出跳动的韵律和生命的活力。

图2-2-41 皮带的拍摄

（3）鞋类的拍摄

要把鞋类商品拍摄得完美，首先要把鞋子的样式和材质真实地体现出来，其次合适的布局和构图很重要，除了把鞋子并列整齐摆放外，还可以呈一定角度摆放，比如一正一斜、一正一反，使画面错落有致，生动多姿。最后细节的展现也非常重要，比如鞋子的装饰品、鞋跟和鞋底，如图2-2-42所示，鞋面的蝴蝶结是此款凉鞋的亮点，所以需要重点体现，如果没有拍摄到位，此款鞋子的亮点就被埋没了。而鞋跟细节和鞋底的拍摄，可以表现鞋跟高度、鞋底厚度、花纹和材质，能够让买家有更全面的了解。此外，颜色对鞋类商品来说，也是需要重点展现的细节，一般来说，同一款式不同颜色的鞋子都要拍摄。如果每种颜色单独拍摄工作量过大的话，可以把所有的相同款式不同颜色的鞋子摆成一定造型后，拍摄成一张展示图片。

图2-2-42 鞋类的拍摄

2. 饰品的拍摄

钻石、金银等饰品拍摄的最大难度在反光上，由于其自身材质的特点，它们能够将绝大部分甚至全部的照射光反射回去。因此拍摄这类饰品时，布光是最重要的一个环节，布光不当就会出现光线不均匀或是极大的明暗反差，并出现多而乱的耀斑。由于每一种首饰的质地和反光特点不同，因此在布光上也有差异。

（1）钻石首饰的拍摄

钻石首饰的特点在于钻石加工后形成了许多的切割面，这些切割面在光的照射下，折射出无数条光线，因此会让钻石闪闪发光。要拍出这种璀璨的效果，应选用补光的布光方法，来打出不同面的明度，不同棱边的高光，使各棱边产生清晰的光亮。但如果要完全消除首饰上的反光，可以采用帐篷式灯光照明，用无缝纸在布置的首饰顶上和周围架起一顶"帐篷"，然后在上面开个洞，以便把镜头伸入进去拍摄，但是洞不能过大，刚刚能伸进镜头和灯光即可。有时候灯光干脆就放在外面，对"帐篷"进行柔软的间接照明。"帐篷"式的布光，能使光线均匀，无论是正面的钻石还是侧面的钻石都能拍摄出闪耀的效果，能充分发挥钻石各个切割面的反射效果。

（2）金银首饰的拍摄

金银首饰要拍出其色泽，达到金光灿灿的效果。对金银首饰的拍摄，大多使用直射光。对首饰的补光需要使用各种小的反光板，包括金、银、黑、白反光板，在特定的角度进行补光，来凸显金银首饰表面造型的坚挺或圆润。

（3）宝石、水晶首饰的拍摄

宝石和水晶在切割方式上和钻石相似，但它们间的差异在于，前者更需要突出饰品的晶莹剔透，即宝石需要体现出宝石的色彩，水晶需要体现出水晶的透亮。对于多棱面的宝石，拍摄时应采用直射光，用光要软。所谓软光就是要柔和，如果用光太硬，可以采用添加扩散片或者是描图纸在聚光灯上，使光线软化。对宝石的补光，要打出各个面的亮度，不同棱边的高光，则不仅要使用反光板，还可以使用反光镜和凹面镜，它们可反射或聚集起富有层次的光，使各个棱面清晰明亮。

【小贴士】 饰品拍摄小特技

在饰品拍摄过程中，可以使用一些小特技，而使首饰更加熠熠生辉。如使用星光滤镜产生耀眼的光芒，活化画面；用多次曝光增加动感和神秘感。如拍摄透明的水晶，可以在黑色或有色而不透光的卡纸上挖一个比宝石略小的孔，放上宝石后，在卡纸底面投光，宝石会发出冰莹玉丽的光泽。

3. 数码及家电产品的拍摄

这类商品拍摄时要突出产品的功能性、科技性和时尚性，比如电脑、手机、小家电等此类商品。在背景选择方面；如果商品是深色的，可以考虑利用颜色较浅的背景；如果商品是浅色的，可以考虑利用颜色较深的背景来衬托。拍摄时应注意光线分布要均匀，角度以正面为主，同时为了体现商品特色，要注意细节拍摄，尤其是某些功能性按钮和设置，可以用相机的微距功能进行局部特写。如果商品有很多配件，也应该列举出来，放在一起或一一单独拍摄，以给客户一个整体的印象，从而激发购买的欲望，如图2-2-43所示。

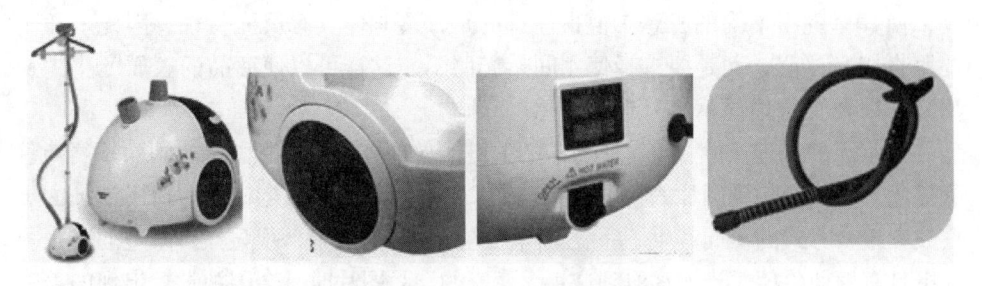

图 2-2-43　家电产品的拍摄

4. 食品的拍摄

拍摄食品的布光较少使用直射的硬光,而是使用带有一定方向性的柔光。柔光的柔软程度视食品的表面状况而定,若食品的表面较为粗糙,一般应使用光性稍硬的柔光;若食品的表面光滑,则要使用光性极软的柔光,这样,食品的质感能得到最佳表现。布光时,要注意光照亮度是否均匀,对暗部要作适当补光,以免明暗反差过大。在需要用轮廓光勾画食品外形时,轮廓光也不宜太强,并要在泛光灯前加装蜂巢,以控制光域,不干扰主光。

此外,食品通常用餐具来盛装,在选择餐具时要注意餐具的形状、纹样及色调是否与所拍食品协调,有一个重要原则,就是食品是主,餐具是宾,绝不能喧宾夺主。

如图 2-2-44 所示,这是一组巧克力的拍摄效果图,拍摄时需要注意以下几点。

图 2-2-44　食品的拍摄

①要干净、清爽。没有买家会喜欢带有脏东西或是看起来好像不新鲜的食品。

②若是袋装或盒装产品,除拍摄产品的外观外,还要拍摄一些包装上的说明文字,这比复制在页面中的产品说明更显价值与说服力,更能获得买家的信任。

③对于食品的 QS 认证标志和保质期限等细节,一定要拍摄清楚。

5. 化妆品的拍摄

化妆品的包装大多是透明的玻璃材质,这种材质最大的特色在于既有反光特性,又有透光特性,光线的入射角度越小,反射光量越多,但能显示透明质感的也恰是这种反光。拍摄时,为充分表现玻璃瓶晶莹剔透的质感,布光一般采用侧光、侧逆光和底部光为主,利用光线穿过透明体时因厚度不同而产生的光亮差别，使其呈现出不同的光感。值得注意的是，透光体具有反光特性，因此一般不要用直接光照明，而是要选择使用间接光照明，这样可以使商品的表面产生少量反光，以便更好地显示其外形和质感。

化妆品的合理摆放，也是拍摄中的关键，如何体现出层次关系、画面平衡与色彩搭配，直接影响到图片的视觉效果。图2-2-45所示的是相同的指甲油，由于摆放和组合方式的不同产生了完全不同的构图和陈列效果，很显然，左边的两张图片更具有商业价值。当顾客看到这4个卖家的商品图片时，会因视觉上出现的美感区别产生不同的感受，而这个感受将会直接影响到他们是否会购买这件商品。

图2-2-45 化妆品的拍摄

本节概要

内容提要与结构图

内容提要

- 好图的标准：主体突出、曝光准确、色彩还原、光比合理。
- 拍摄常见术语：光圈、快门、ISO、景深、白平衡、曝光补偿。
- 光圈：控制透光量的装置。
- 快门：镜头前用来控制光线进入时间长短的装置。
- ISO：相机的感光值。
- 景深：在镜头聚焦调节中，所能清晰成像的最远部分和最近部分之间的距离。
- 白平衡：数码相机对白色物体的还原。
- 曝光补偿：一种曝光控制方式，一般常见在±2-3EV左右。
- 布景材质：纸质、无纺布、植绒布、仿毛毡、有机板或玻璃。
- 拍摄环境：微型摄影棚、室内摄影棚、室外自然环境。

- 光源：主光、辅助光、轮廓光和背景光。
- 布光方式：正面两侧布光、两侧45°角布光、单侧45°角的不均衡布光、前后交叉布光、后方布光。
- 常见的服装拍摄环境：棚内拍摄、室内布景和室外街景。
- 服装拍摄的造型：摆拍、挂拍和穿拍。
- 服装拍摄的布光：棚内人工照明和室外自然光结合反光板补光。
- 图片处理：快速修正图片、给图片添加边框和水印、批量修正图片。
- 分类商品拍摄技巧：箱包配饰类的拍摄、饰品的拍摄、数码及家电产品的拍摄、食品的拍摄和化妆品的拍摄。

内容结构

本节的内容结构如图2-2-46所示。

```
商品图片拍摄与处理
├── 案例引入与分析
├── 相关知识
│   ├── 好图的标准
│   ├── 布景知识
│   └── 拍摄知识
├── 任务实施
│   ├── 商品的拍摄
│   └── "光影魔术手"处理商品图片
└── 知识拓展
    ├── 箱包配饰类的拍摄
    ├── 饰品的拍摄
    ├── 数码及家电产品的拍摄
    ├── 食品的拍摄
    └── 化妆品的拍摄
```

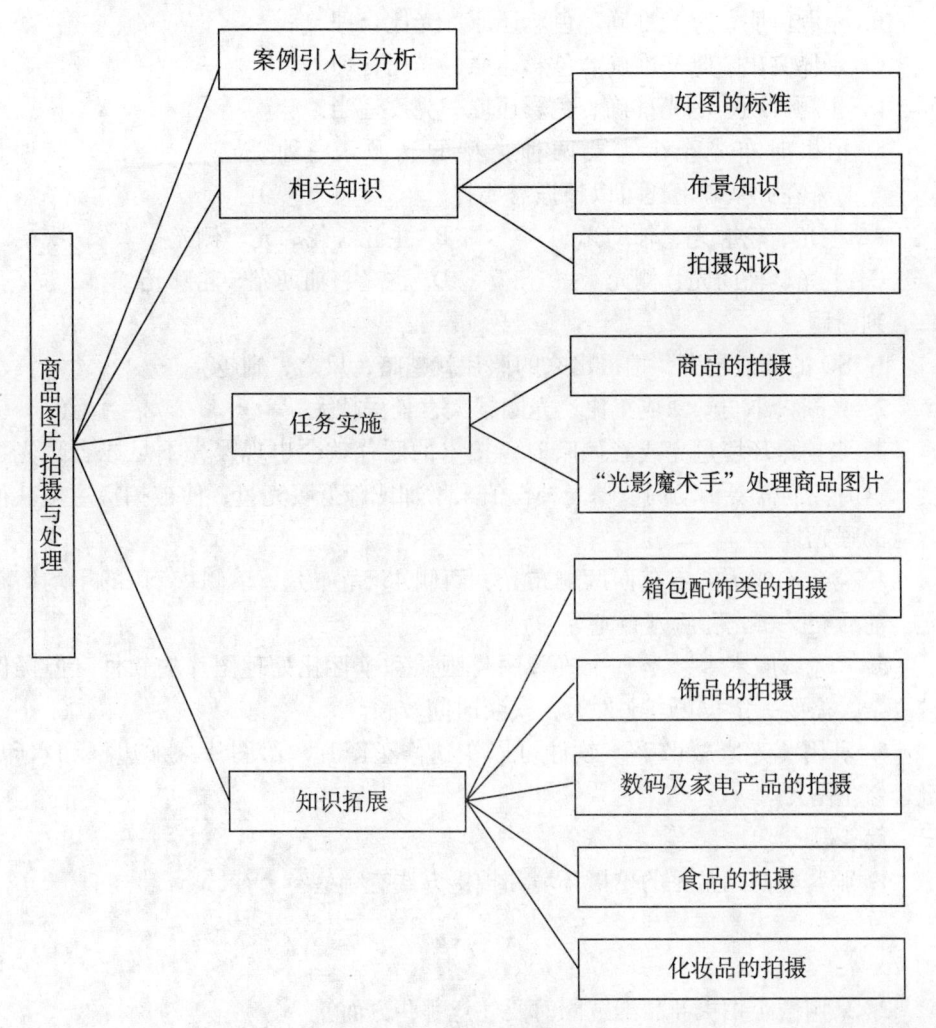

图2-2-46　内容结构

思考与练习

一、单项选择题

1. 三脚架在拍摄商品图片中的作用是( )。
   A. 稳定　　　　B. 高清晰度　　　C. 高亮度　　　D. 高色彩度
2. 若在拍摄时发现颜色不对，很可能是什么问题？( )。
   A. 白平衡　　　B. 焦距　　　　　C. 曝光度　　　D. 色度
3. 若商品图片色彩失真，我们可以用( )软件来调整。
   A. Snagit　　　B. 光影魔术手　　C. IE　　　　　D. Flash
4. 一张好图的标准是( )
   A. 主体突出、曝光准确、色彩还原、亮度适当
   B. 主题鲜明、曝光准确、色彩还原、光比合理
   C. 主体突出、曝光准确、色彩还原、光比合理
   D. 主题鲜明、曝光准确、色彩还原、亮度适当
5. 拍摄时布光至少需要两种类型的光源，一种是_____，另一种是_____，在此基础上还可以根据需要打_____( )。
   A. 主光、轮廓光、辅助光　　　　B. 主光、轮廓光、侧光
   C. 主光、辅助光、侧光　　　　　D. 主光、辅助光、轮廓光

二、判断题

1. ISO 的数值越大，拍摄出来的照片就越暗，反之，则越亮。　　　　( )
2. 光圈大小与景深成正比，光圈越大，景深越大。　　　　　　　　　( )
3. 当拍摄环境过亮或者偏暗时，拍出的照片就会出现曝光不足或者曝光过度，这时我们需要手动调节曝光补偿值来增加或降低曝光量，使被拍摄主体获得合适的曝光量。　　　　　　　　　　　　　　　　　　　　　　　　　( )
4. 常见布光方式有正面两侧布光、两侧45°角布光、单侧45°角的不均衡布光、前后交叉布光和后方布光等。　　　　　　　　　　　　　　　　( )
5. "光影魔术手"是一个改善图片画质和个性化处理图片的软件，但操作较复杂，需要一定技巧。文件大，安装时间较长。　　　　　　　　　( )
6. 利用"光影魔术手"软件可以快速修正图片、给图片添加边框和水印、批量修正图片等。　　　　　　　　　　　　　　　　　　　　　　　( )

三、简答题

1. 服装类商品常见的拍摄环境和拍摄方式有哪些？

2. 采用微距拍摄商品细节图时要注意哪些方面？

3. 偏色和过暗的问题应该用"光影魔术手"图像处理软件里的什么功能来进行色彩校正和亮度调节？

4. 什么是景深，其与光圈、焦距和物距的关系如何？

5. 怎样才是一张好的商品图片？

四、技能训练题

以 2~3 位同学组成一个学习团队，完成下列商品图片拍摄与处理任务。

任务要求：

1. 拍摄商品图片：能对商品进行合理摆放，使之具有美感；能对商品进行合理布光；能从多角度选取商品优势卖点，并拍摄其细节特征。

2. 美化处理商品图片：用"光影魔术手"将图片裁切到合适大小；调整图片的亮度和色彩；为图片添加边框和水印。

能力自评

■专业能力自评

	能/不能	熟练程度	任务名称
通过学习本模块，你			知道什么是一张好的商品图片
			能对商品进行正确取景、构图和布光，并选择商品最吸引眼球的摆放角度拍摄
			能从多角度选取商品的优势卖点拍摄其细节特征
			能用图片处理软件对图片进行尺寸调整、亮度和色彩调整、添加边框和水印、批量修正图片等
通过学习本模块，你还			

注："能/不能"栏填"能"或"不能"。如填"能"，则熟练程度一栏填"熟练""较熟练""不熟练但可以"。

■社会能力和方法能力自评

	社会能力和方法能力	提升情况
通过学习本模块，你的	启发和倾听他人想法的能力	
	口头表达能力	
	书面表达能力	
	与人沟通能力	
	团队协作精神	
	自学能力	
	问题发现与解决能力	
通过学习本模块，你的		

注："提升情况"一栏可填写"明显提升""有所提升""没有提升"。

■其他

1. 你学习本模块最大的收获是什么？你认为本模块最有价值的内容是什么？
2. 哪些内容（问题）你需要进一步了解或得到帮助？
3. 为使你的学习更有效，你对本模块的教学有何建议？

■能力自评说明

1. 专业能力自评中，每项均达到"能"和"较熟练"水平者，本模块专业能力过关。

2. 社会能力和方法能力自评中，"倾听能力""与人沟通能力""团队协作精神"和"问题发现与解决能力"4个项目达到"有所提升"水平者，本模块能力过关。

自评人（签名）：	教师（签名）：
年　月　日	年　月　日

任务3 网店装修

专业能力目标

知道网店装修的基本内容及其重要作用；能结合商品特色和目标顾客特点，为网店设计合适的店招、促销区、商品类目和商品描述模板；培养起网店设计的审美意识和能力。

社会能力目标

具有社会责任感、团结互助精神、主动参与和自我调整能力；能积极与人交流和合作。

方法能力目标

能对网店设计效果进行评判；能充分利用网络资源自学网店设计与装修相关知识与技能；在网店装修中能发现问题，并提出解决问题的对策。

3.1 案例引入与分析

1. 案例引入

给力的网店装修

如玉是个年轻的女孩子，当你第一眼看到她的店主照片时，是很难把她跟精明的商人画上等号的。可就是这个女孩子，每个月在网上销售化妆品的成绩都会美煞旁人。

如玉今年刚刚23岁，还有半年就要大学毕业了。"年轻就是资本"，这话用来讲如玉最合适不过了。年纪尚轻的她，精力旺盛，尝试过多种创业方法。虽然每次尝试都小有收获，但她自己总觉得没有什么前途。

半年前，她由于整日奔波在学业与创业之间，非常疲惫，因此，皮肤出了一点小问题——长起了"痘痘"。可别小看这几个"痘痘"，它们对于爱美的女孩子来说，简直如临大敌。皮肤一直非常好、从未关心过护肤品的她，开始特别留意去"痘"产品。

经过多方寻觅，她最终在一位老中医那里求得了良方，并顺利除"痘"。"久病成医"一点不假，现在的如玉，俨然半个除"痘"专家。不但可以准备分析长"痘"皮肤的特点，还能够"八九不离十"地说出病人的长"痘"原因。

有了这点本事，如玉就想到开一家专治"痘痘"的护肤品专卖店，既可以为广大爱美的兄弟姐妹解决烦恼，又有很大的销售市场，能赚钱，一举多得。

然而创意虽好，仍需资金。手里只有一万元钱的如玉，纵然有三头六臂也不可能做出无米之炊啊！思前想后，她打算开一个网上店铺，不但花钱少，销售面还可以扩展到全球各地。

说干就干，不到半个月，她就将那些自己使用起来非常有效果的治"痘"护肤品搬进小店，小店开张了。转眼一个月过去了，店里却没有一单生意，如玉虽说尝试过多次创业，可还从没碰到过如此不顺利的情况。

"货卖一张皮"，这句话虽然有些片面，但是如果没有良好的店铺形象和商品包装，再好的商品也很难卖得好。好胜的如玉开始寻找自己的不足，积极向一些成功的店主学习。她听从高手的建议，从装饰自己的店铺做起。

她首先为自己的店铺取了一个响亮的店名——植物语·悦容堂，然后为店铺精心设计了店招、店铺促销区、宝贝分类、宝贝描述模板等，在宝贝描述中还勇敢地上传了自己的照片作为宣传，不过她上传的店主照片跟别的店主照片不一样，并不是一张普通的美女照。原来，如玉认为自己现在的皮肤非常好，所以应该让皮肤自己说话，上传一张自己超级清晰的皮肤照片，再配以文字，说明自己治疗皮肤的真实经历，以情动人。

照片上传之后，她无瑕的皮肤吸引了大量眼球，再加上真情感人的文字描述，如玉获得了不小的成功。她的店也因此受到了更多"痘痘"患者的关注，尽管有些患者并不购买商品，只是向如玉进行咨询，如玉依然不厌其烦地跟他们讲解皮肤的护理常识（这些人后来成了如玉的潜在客户和口碑传播者），当有些问题自己不会解答时，她就向那位老中医虚心求教。

时间一长，如玉获得了"网上第一皮肤顾问"的美誉，她的店名声在外，生意自然也非常火暴。现在，小店刚刚开业不到半年，每个月就可以做到纯利润3 000元以上，令很多经营多年的老店主都羡慕不已，并纷纷仿效。

2. 任务分析

众所周知，广告效应对于一个产品来说是非常重要的，就像如玉的网店，从"无人问津"到"每月纯利润达3 000元以上"，网店的合理装修起到了关键作用。网店与实体店铺一样，适当的装修能给人好的印象，让客户感觉到你在用心经营，当然也会吸引他们在你的店铺驻足；如果你的产品和服务都很好，那么回头客自然也会多起来。但网店设计与装修是一项较为复杂的工作，既要有科学性，又要有艺术性，还必须将网店的商品特性和目标消费者特点紧密相连。那么到底什么是网店装修，网店装修有哪些作用，又该如何进行合理的网店装修呢？

3.2 相关知识

3.2.1 什么是网店装修

实体店铺越来越重视店铺的外在形象，形象的美观不但能够强化品牌知名度和美誉度，还能吸引更多的潜在客户。同样，网店的经营也需要一个很好的形象。网店装修就是在淘宝、有啊、拍拍等网店平台允许的结构范围内，通过文字、图片、色彩、动画、程序模板等让店铺更加丰富美观，从而吸引顾客，创造网店视觉销售力。网店装修需要掌握一定的软件知识和视觉营销知识，还需要具备一定的平面审美意识。

3.2.2 网店装修的作用

1. 促销活动，吸引新顾客（提高销售）

利用网店装修，可以在店铺里设计一些促销活动的页面或发布一些小型的广告。如图 2-3-1 所示，这是某家包包店制作的一系列大型的促销页面。

图 2-3-1　包包店促销页面

页面上的每款商品都标明了价格和产品的链接指向，并配有美女模特来搭配自己的产品。该家店铺每次活动都设立了主题，如"绚丽夏日五折秒杀""早秋新包热卖 ing"等。店家按季节来推广自己的新产品，有这样好的促销创意，当然该店铺的生意红红火火。

2. 美化店铺，吸引回头客（增加客源）

店面的装修有两种。一种是保持长期不变的店面，另一种是经常变化的店面。通常赞成的是店铺页面应该根据需要时常变化。

图 2-3-2～图 2-3-5 所示的是按季节来装修店面，如春季用绿色，夏季用粉色，秋季用橙色，冬季用蓝色的宝贝描述来衬托产品，能给客户以新颖的感觉。

图 2-3-2　春季绿色清新的店面装修

图 2-3-3　夏季粉色浪漫的店面装修

图 2-3-4　秋季橙色热情的店面装修

图 2-3-5　冬季蓝色冰清的店面装修

也可以根据每周、每月的每个时间段的优惠促销活动来对店铺进行局部的装修改版，如图 2-3-6 所示。

图 2-3-6 网店促销区域

这家店铺做了秒杀的广告（就是指在一定时间段内提供数量有限的商品供大家抢购），这样的促销活动，仅仅增加了一小块的装修页面，换回的是每天都有顾客在这个时段到此店铺访问。这样的做法，既稳定了老顾客，也增加了新顾客。

同一家店面，装修前和装修后给人的视觉冲击力是不一样的。前者的店面产品推广没有集中点，后者的店面无论从色彩的感觉，还是对某类产品的推广力度都相应加大了，这就是装修的作用。

【小贴士】

网店装修设计常更新，不但最能体现你的用心经营，也能给你的老买家们带来惊喜！试想一下每次到你店铺都能看到最新的活动信息，他们就会更加留意你的店铺，将你的店铺收藏或推荐给他们的朋友。

3.2.3　网店装修的一般流程

做家庭装修的时候，有的朋友喜欢现代简约风格，有的喜欢法国田园风格，有的喜欢唯美的地中海风格。网店装修也是如此，每个卖家的欣赏品位不同，对自己店面风格的想象和要求都不同。那么在装修前，我们一般要准备些什么呢？

1. 确定想要的装修类型

一般来说可以从3个方面来确定装修的类型。

（1）根据店铺的主营项目

行业是决定网店装修类型的首要前提。如果你的网店是卖儿童服装的，那么可以选择可爱、温馨一点的风格。让你的店铺跟你的产品相结合，才能更好地衬托出产品的特色，如图 2-3-7 所示。

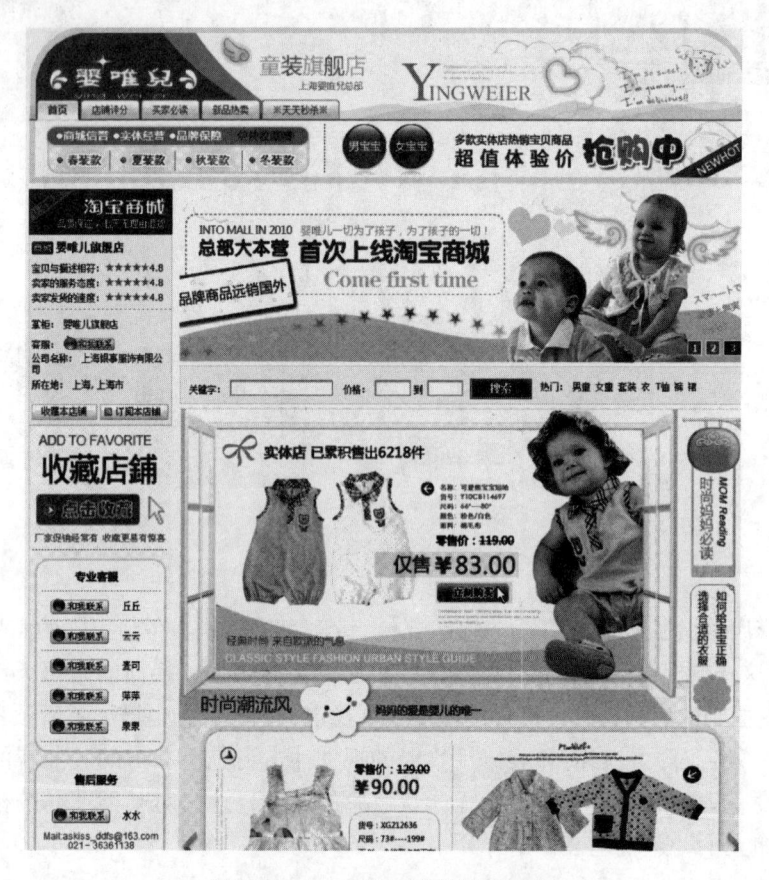

图 2-3-7 童装网店的装修风格

(2) 根据自己喜爱的风格

网店装修要适合自己的喜好。如同房屋装修可分不同类型不同风格，网店装修也是一样，其风格可以分为简约、豪华、唯美、喜庆、可爱、时尚等。

(3) 根据自己喜爱的颜色

很多卖家在选择店铺装修时，首先考虑的就是颜色。的确，店铺界面的颜色是网店装修里非常重要的因素。据调研，通常买家或卖家，对绿色比较钟情，其次是粉色、蓝色、红色、黑色……

当然你也可以选择自己喜欢的颜色或是特立独行的颜色，也许会有更好的效果。

2. 收集装修素材

确立好风格之后，就要开始寻找适合的素材。注意：所用的素材一定不要侵权，最好避免涉及明星肖像的素材。用自己的产品作为装修素材那是最好不过的。如果没有，可以通过在网络搜索引擎里输入"素材"作为关键字进行搜索，如图 2-3-8 所示。

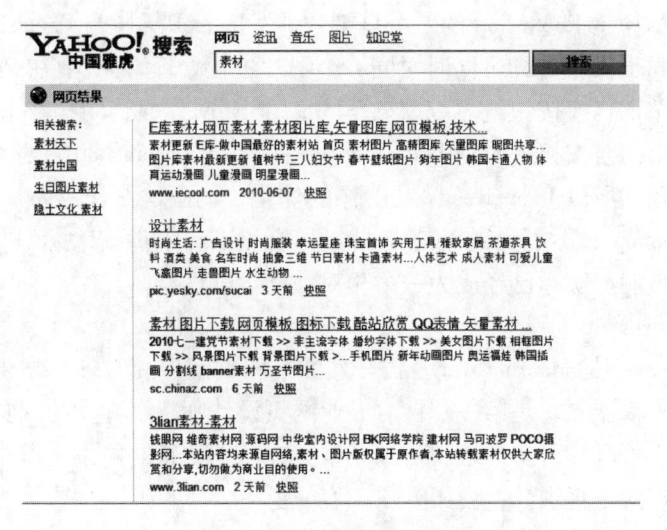

图 2-3-8 搜索装修素材

可以将图片存储到你电脑里的某个文件夹中，命名好后备用。此外，收集大量图片素材后要进行合理分类，这样在使用的时候就可以很快查找到。

3. 相册空间的准备

在网上开店，准备相册是必不可少的准备工作。因为在店铺管理中只支持基本图片的上传，而大部分商品说明、图片等相关信息需要放置在自己的网络空间中。

利用相册空间存储图片有多种方式，如使用 QQ 相册、网易相册、雅虎相册等免费相册空间，使用博客存储图片，租用图片空间或租用虚拟主机等。

3.2.4 常用装修工具介绍

1. Photoshop

Photoshop 是由 Adobe 公司开发的图形处理系列软件之一，主要应用于图像处理、广告设计、网页制作，是一款功能较强大的图像编辑软件。从功能来看，Photoshop 可分为图像编辑、图像合成、校色调色及特效制作 4 个部分。

图像编辑是图像处理的基础，Photoshop 可对图像做各种变换，如调整亮度、放大、缩小、旋转、倾斜、镜像等，也可进行复制、去斑、修补、修饰图像缺损等。

图像合成是将几幅图像通过图层操作、工具应用合成完整的一张图片，通常的产品需要利用此功能来做细节的组合的图片。

校色调色是 Photoshop 深具威力的功能之一，可方便快捷地对图像的颜色进行明暗、色彩的调整和校正，从而达到让人非常满意的效果。

2. ImageReady

ImageReady 是 Photoshop 的一个自带软件，ImageReady 与 Photoshop 之间可以进行图片的同步操作（即可同时对同一个图片进行处理）。只要在 Photoshop 中的工具箱底部按下切换按钮就可以跳转到 ImageReady 界面，同样在 ImageReady 中也可单击这个切换按钮进入到 Photoshop 中去。由于 Photoshop 自身无法完成 GIF 动态图的处理，所以 ImageReady 在图像的优化、动画的制作及 Web 图片的处理方面是 Photoshop 必不可少的补充工具。尽管 ImageReady 依附于 Photoshop 而存在，但其在功能上实际已经成为一个相对独立的软件。

3. Dreamweaver

Dreamweaver 是 Macromedia 公司开发的集网页制作和管理网站于一身的所见即所得网页编辑器。它是第一套针对专业网页设计师特别开发的视觉化网页开发工具，利用它可以轻而易举地制作漂亮精美、充满动感的网页。所见即所得网页编辑器的优点就是直观性，使用方便，容易上手。

网店装修代码是 HTML 代码，一般是用 Dreamweaver 软件来制作的，由于网店装修是利用精美图片把自己的网店进行装饰的，所以需要先设计好图片。一般可以采用 Photoshop 制作图片，然后将图片切割并导出，在导出的内容选项上选择导出格式为 HTML，这样就得到了一个与你的图像文件名相同的 HTML 文档，打开它就会看到自己刚刚制作的图像了。

此时页面上显示的图片都是从导出的 Images 文件夹中调用的，要使其他人看到图片，则还需把这些图片上传到网络相册空间上，最后利用 Dreamweaver 把图片地址替换成网络上的地址就可以了。

3.3 任务实施

在网络上一个店铺是否有自己独立的个性和味道是撇开产品本身而言的又一武器，如同现实中的店面，很多人不会走进一间什么装修都不做的店铺，网店亦是如此。如果店铺没有经过美化，空空荡荡的就会让人失去购物的欲望。所以，网店装修是提高宝贝附加值和店铺浏览量的重要手段。

这里主要针对淘宝旺铺来介绍如何装修美化店铺。一般要根据自己销售的产品形象来构思店铺装饰，然后准备素材（文字或图片）。下面主要从店招、店铺分类、促销区、宝贝描述模板 4 个方面来展开阐述。

3.3.1 旺铺店招设计

店招是一个店铺的门头，位于旺铺最顶部，是每个顾客第一眼能看到的地方，因此店招是店铺装修的重要环节，精心设计的店招往往能醒目地传达店名、品牌、经营特色等店铺信息，或者凸显店铺的独特风格。店招设计的具体步骤如下。

1. 进入装修页面

从卖家中心左侧栏找到"店铺装修"选项单击进入即可，如图2-3-9所示。

图2-3-9 进入装修页面

2. 装修店招

鼠标移到店招模块，单击"编辑"按钮，如图2-3-10所示。

图2-3-10 单击"编辑"按钮

方法一：打开的页面选中"显示背景"，单击"浏览"，选择做好的图片上传即可，如图2-3-11和图2-3-12所示。如果店招已经有一张背景图了，则单击"编辑"后页面显示的是"更换背景图"。

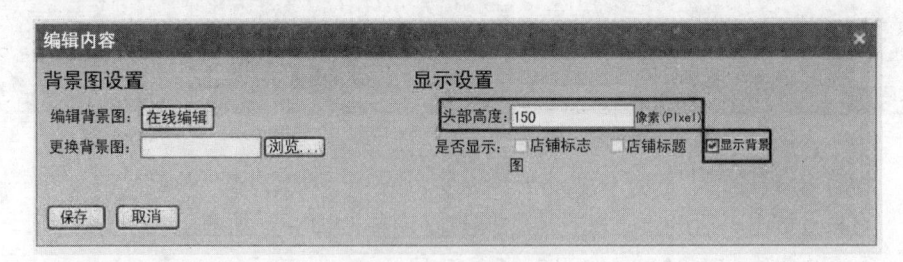

图2-3-11 背景浏览

图2-3-12 装修后的店招效果

注意：店招高度按照做好的图片大小来设置，同时必须在"显示背景"选项处打钩，才能显示上传的图片。

方法二：

①使用 banner maker 制作，单击"在线编辑"按钮，如图 2-3-13 所示。

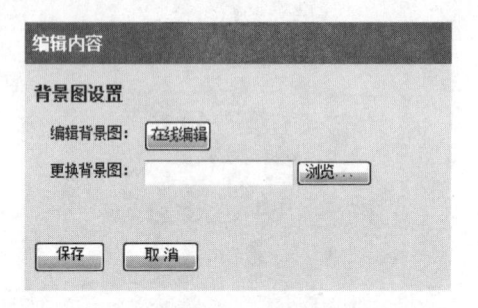

图 2-3-13　单击"在线编辑"按钮

②在弹出的框中选择"免费店招"命令，如图 2-3-14 所示。

图 2-3-14　选择免费店招

③挑选喜欢的店招后单击"开始制作"按钮，便可进入修改店名，如图 2-3-15 所示。

图 2-3-15　开始制作

④选中想要更改的文本框，在右侧红框内修改即可，如图 2-3-16 所示。
⑤更改完毕记得保存，如图 2-3-17 所示。
⑥保存完毕后，单击"确定保存设计"按钮并输出，如图 2-3-18 所示。

图 2-3-16 修改文字

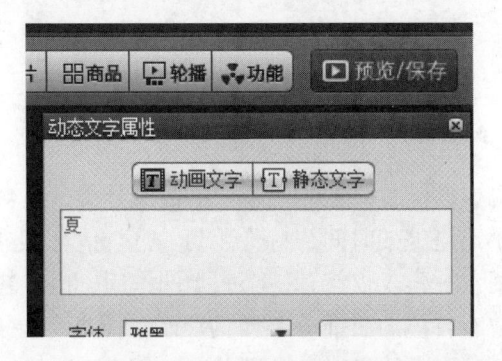

图 2-3-17 预览/保存

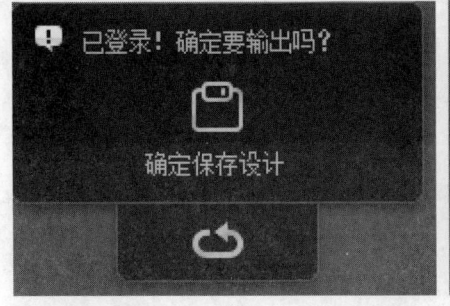

图 2-3-18 确定保存

⑦单击"应用到店招"按钮即可，如图 2-3-19 所示。

图 2-3-19 应用到店招

⑧单击"应用到店招"按钮后，页面会自动切换回装修页面后台，此时单击"发布"按钮就可以了，如图2-3-20所示。

图2-3-20 装修后的效果

3.3.2 店铺分类制作

店铺分类就是淘宝店铺首页左侧边栏中的商品分类，是对店铺中的商品按产品类别、颜色、大小或是上架时间、特价活动、打折信息等进行的产品归类。店铺分类的装修很重要，它不仅仅起到一个归类的作用，也有装饰和宣传的作用。

下面是几个比较有特色的店铺分类样例展示，图2-3-21所示的为按品牌分类，图2-3-22所示的为按产品类别分类；图2-3-23所示的为按活动分类法。

图2-3-21 店铺分类1 图2-3-22 店铺分类2 图2-3-23 店铺分类3

1. 店铺分类制作要求

淘宝为店铺分类提供了文字和图片链接两种方式。如果使用文字分类，导航颜色、大小都是不能变的。如果想让自己的店铺分类与众不同，就需要将每项店铺类目制作成图片。图片的宽度不要超过 160 像素，高度没有特别的要求，只要合适即可。

一般来说，若店铺商品分类较少，就不必设置子分类，而直接设置几个大一点的图片分类。若店铺分类的个数较多，则建议分类图片的高度尽量低一些，因为分类过多，会把页面拖动得非常长，且显示速度较慢，从而影响网页的打开速度。

2. 店铺分类的制作步骤

通过店铺分类，不仅可以很方便地用各种图片（包括动态图片）来展示网店的商品分类，而且还可以通过图片及其图片上的文字来表达想表达的任何内容（例如：欢迎光临、营业时间等）。跟店招和促销区的装修相比，店铺分类的装修具有更大的自主性和灵活性，是旺铺装修的重要亮点之一。

（1）用漂亮的栏目图片代替呆板的文字分类

栏目图片的制作：会用 PS 软件的店家制作这样的图片并不是件难事，不会使用 PS 软件的店家可以到店铺装修类的网店定制。图片素材可以自制，也可以到网上搜索，如图 2 - 3 - 24 所示。

图 2 - 3 - 24　栏目图片

栏目图片的安装步骤如下。

①将做好的图片上传到网络相册空间，目的是获取图片地址。

②登录店铺后选择"店铺管理"→"宝贝分类管理"命令，进到了宝贝分类页面。

③单击每个分类后面的 添加图片 图标，在出来的"图片地址"输入框中粘贴图片地址，确认即可。

（2）在店铺分类中加入其他装饰图片

装饰图片的来源如下。

①可以到网上搜索一些店主自己喜欢的装饰图片。例如挂件、饰物、卡通、

商品、人物等图片（宽度不超过160像素，高度不限）。

②还可以专门定制"欢迎光临""营业时间""特价商品"等广告图片或者是大栏目（一级栏目）图片，这些图片不但有一定的广告功能，而且更能美化店铺，如图2-3-25所示。

图2-3-25 装饰图片

装饰图片的安装步骤如下。

①将做好的图片上传到网络相册空间，目的是获取图片。

②登录店铺后选择"店铺管理"→"宝贝分类管理"命令，进到了宝贝分类页面。

③单击"添加新分类"按钮，在宝贝分类页面最下面的"新分类名称"输入框中输入"欢迎光临"，排序选择"最上面"（也可以是其他位置）。

④单击刚刚添加的"欢迎光临"这个分类后面的 添加图片 ，在出来的"分类图片地址"输入框中粘贴图片地址，确认即可。

3. 旺铺促销区设计

淘宝旺铺的结构是由一个个模块组成的，模块是旺铺结构的最小单位，旺铺可以自定义多个模块，如图2-3-26所示。促销区其实就是淘宝旺铺的一个自定义模块，在这个模块里可以填写文字，插入图片，还可以在这里编辑HTML文件，使用网页代码。

旺铺促销区的制作步骤如下。

（1）使用Photoshop制作促销区

图 2-3-26　旺铺模块结构

使用 Photoshop 制作促销区的一般思路是先准备好素材，然后在建立的 Photoshop 文档里进行布局设计，在头脑里构思出促销区的大致画面。

①在 Photoshop 中新建一个文件，如图 2-3-27 所示，大小为 750×650 的画布（宽度 750 像素为淘宝目前限定的右侧模块最大宽度，高度则不限制，可以根据自己设计的需要来灵活设置）。

图 2-3-27　新建文件

②选择工具栏中的"矩形工具"，绘制形状 1，并利用浅蓝色参考线来设计构图，规划版面各对象的精确位置，如图 2-3-28 所示。

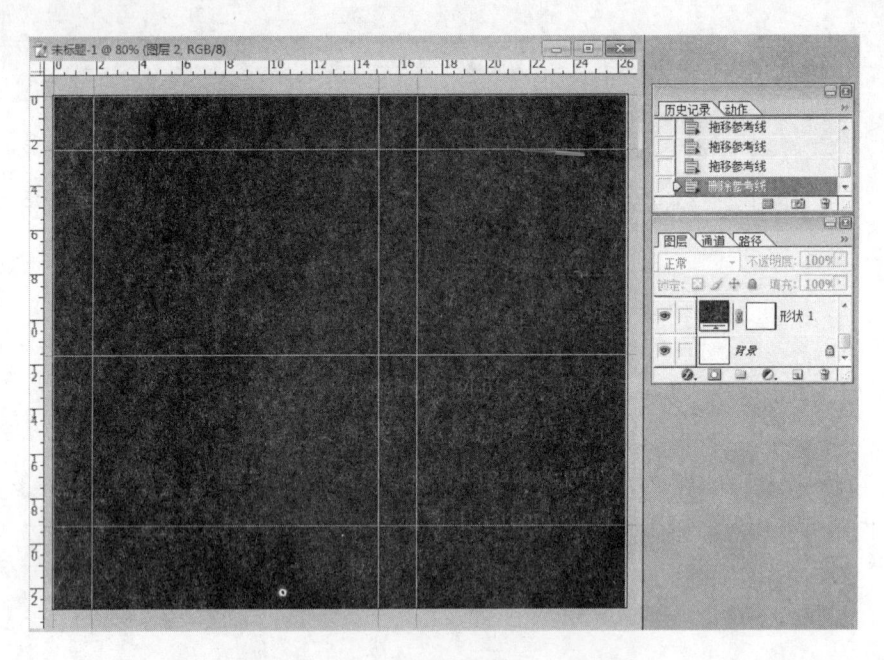

图 2-3-28　用"矩形工具"绘形状 1

③选择工具栏中的"矩形工具"　，绘制形状 2，如图 2-3-29 所示。

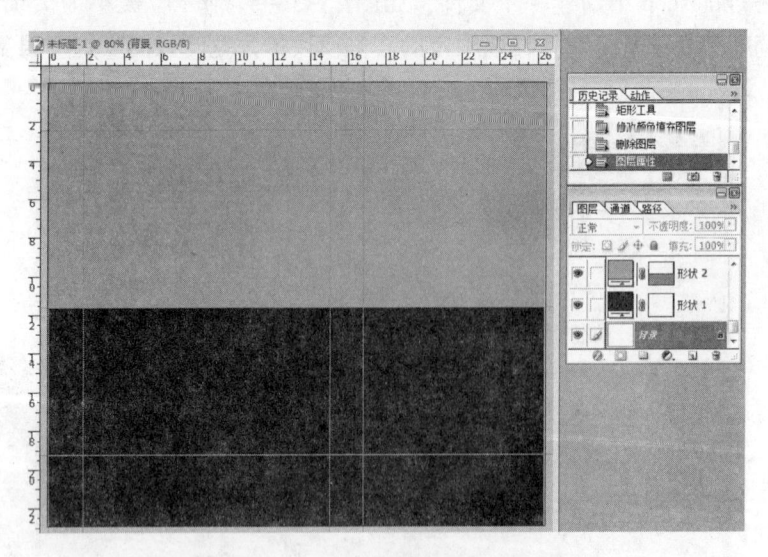

图 2-3-29　用"矩形工具"绘形状 2

④选择工具栏中的"钢笔"工具　，增加锚点，并调整锚点位置和方向线，形成的效果如图 2-3-30 和图 2-3-31 所示。

⑤放入准备好的素材图片，如图 2-3-32 所示。

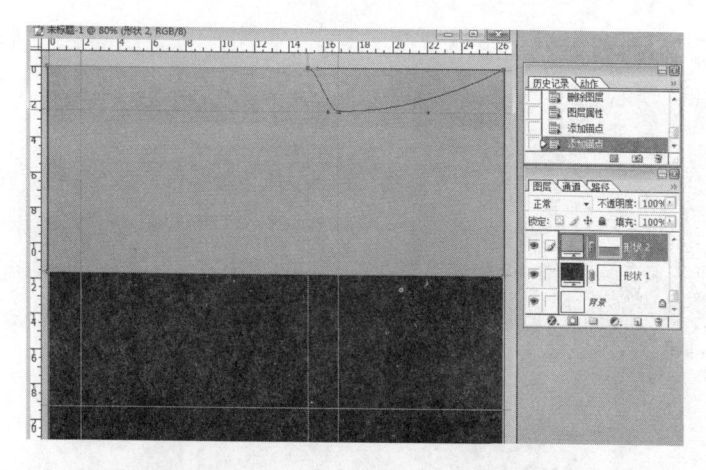

图 2-3-30 用"钢笔"工具增加锚点

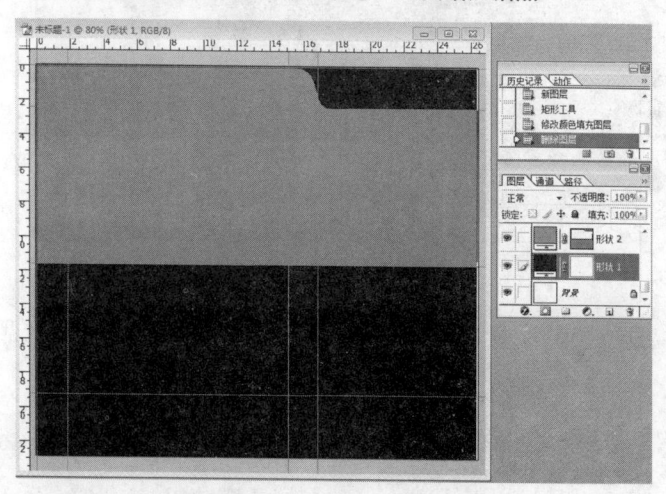

图 2-3-31 调整锚点后的效果

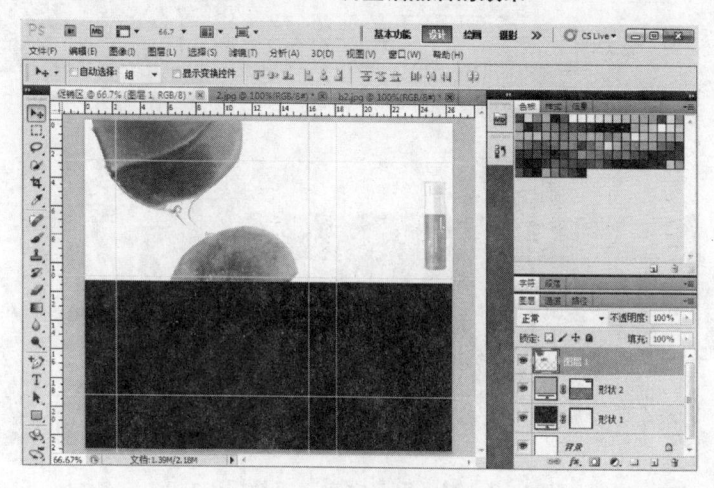

图 2-3-32 插入素材图

⑥使用图层面板上的"图层蒙版" ,将图片放置到需要的曲线形状中,如图2-3-33所示。

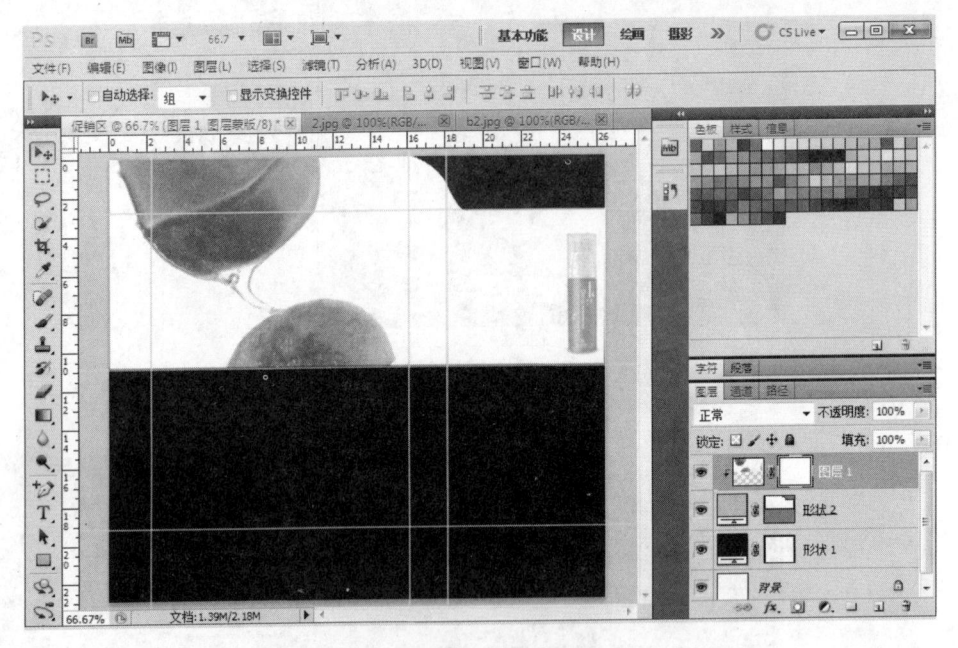

图2-3-33 使用图层蒙版

⑦选择工具栏中的"文字"工具 T ,写上相应的店铺名、产品宣传语和店铺公告,如图2-3-34所示。

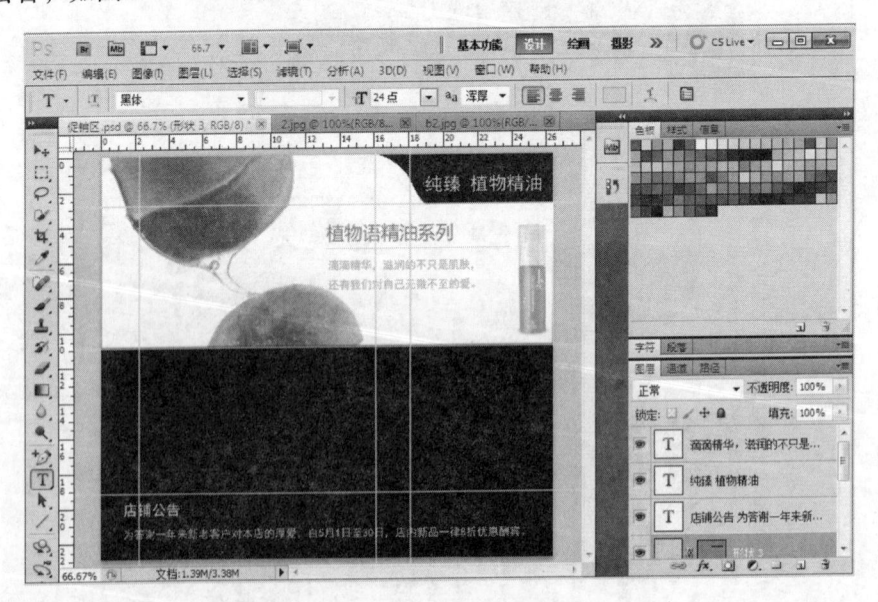

图2-3-34 用"文字"工具插入文字

⑧放上店铺热销商品图片，如图 2-3-35 所示。

图 2-3-35　插入店铺热销商品图

(2) 导出为 HTML 网页

页面在 Photoshop 里面设计好之后，就要将其切片，然后才能生成网页。切片工具是切割图像时经常用到的，目的是将较大的图片分割为多张小图，使用分割好的小图片有利于提高网页的浏览速度。

①选择工具栏的中"切片"工具 ，根据设计功能区域的位置来切片，使用鼠标单击页面上某一处，然后拖曳鼠标便可在大图上切出一张张小图片，如图 2-3-36 所示。

图 2-3-36　用"切片"工具切片

②切完图后，将促销区存储成网页，通过"文件"→"存储为 Web 所用格式"将文件输出，如图 2-3-37 和图 2-3-38 所示。

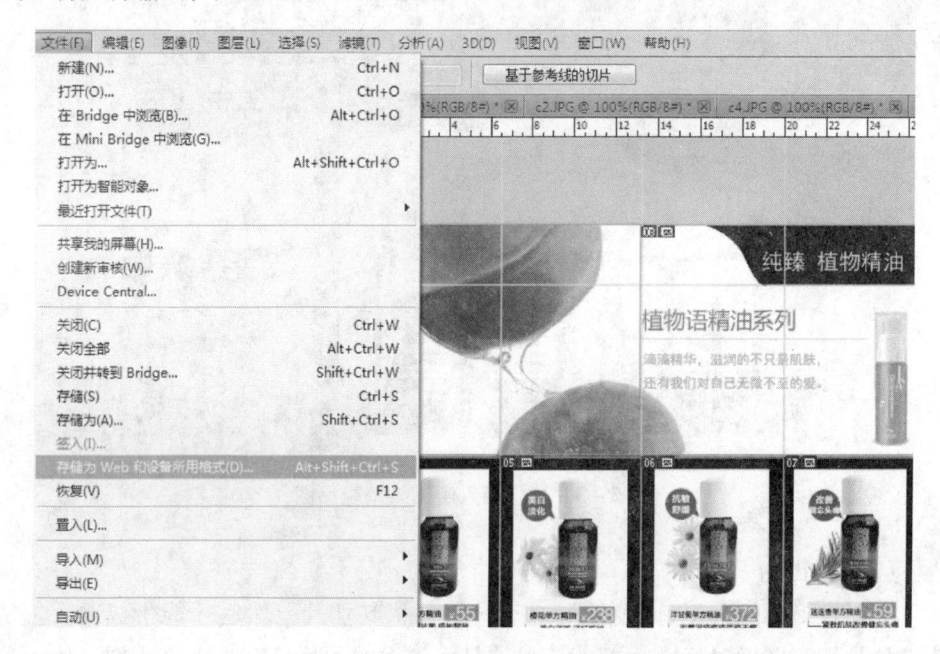

图 2-3-37　将促销区存储成网页

图 2-3-38　存储为 Web 所用格式

③存储时要为文件命名，保存类型一定要选择"HTML 和图像"，如图 2-3-39 所示。

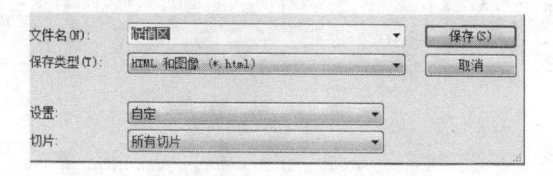

图 2-3-39　保存类型选择为"HTML 和图像"

④输出的网页会有两个文件，一个是 .html 格式的文件，一个是名为 images 的文件夹。这样就完成了在 Photoshop 里制作促销区的第一步。

(3) 使用 Dreamweaver 生成网页代码

接下来利用 Dreamweaver 软件来制作网页，并生成适合在淘宝网上使用的网页代码。

1) 新建立表格

①首先打开已经生成的网页，如图 2-3-40 所示。

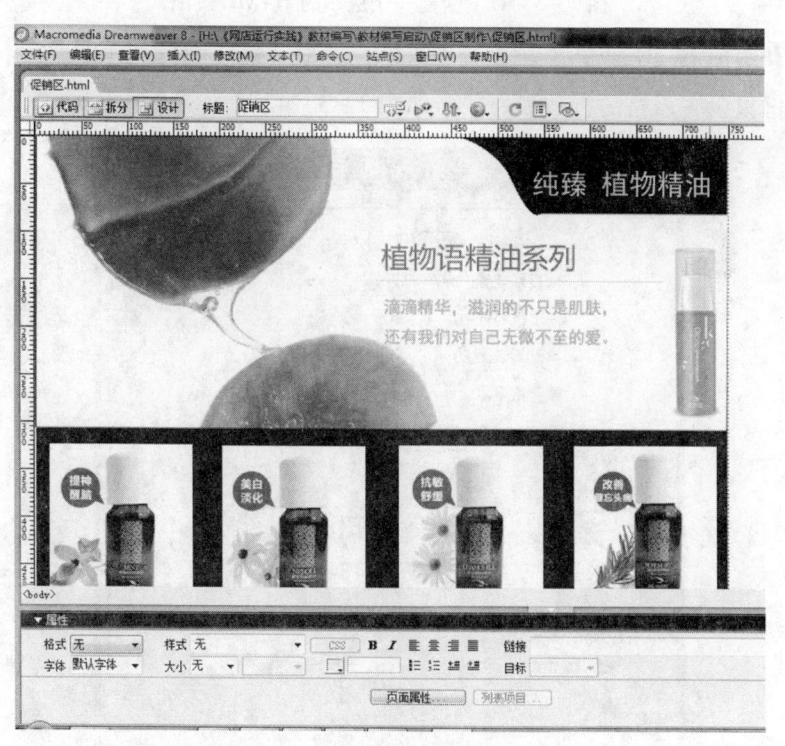

图 2-3-40　打开生成的网页

②然后新建一个空白的 HTML 页面，如图 2-3-41 所示。

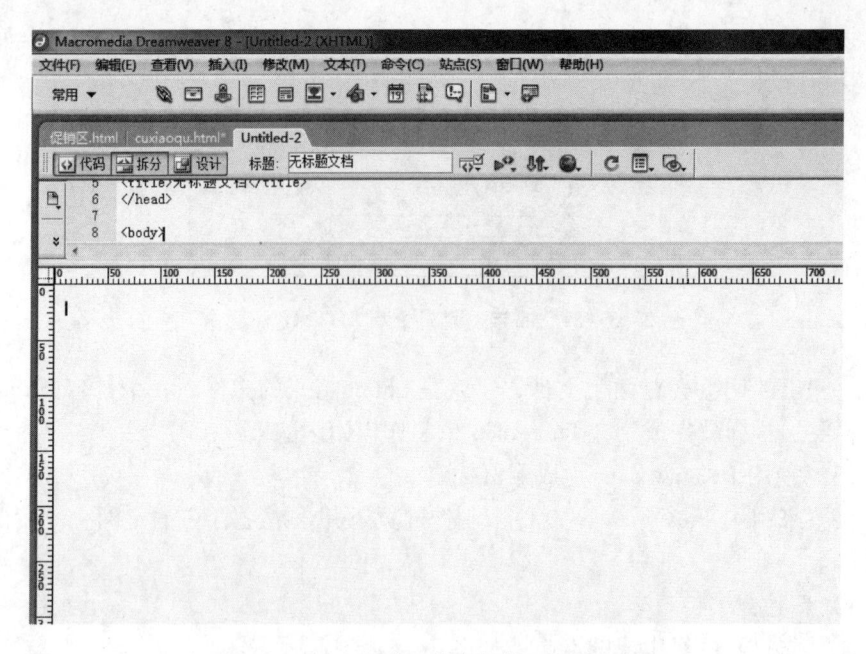

图 2 – 3 – 41　新建一个空白的 HTML 页面

③在空白 HTML 页面上建立一个表格，单击"插入表格"按钮 ⊞，在弹出的对话框里设置表格的行数和列数，如图 2 – 3 – 42 所示。

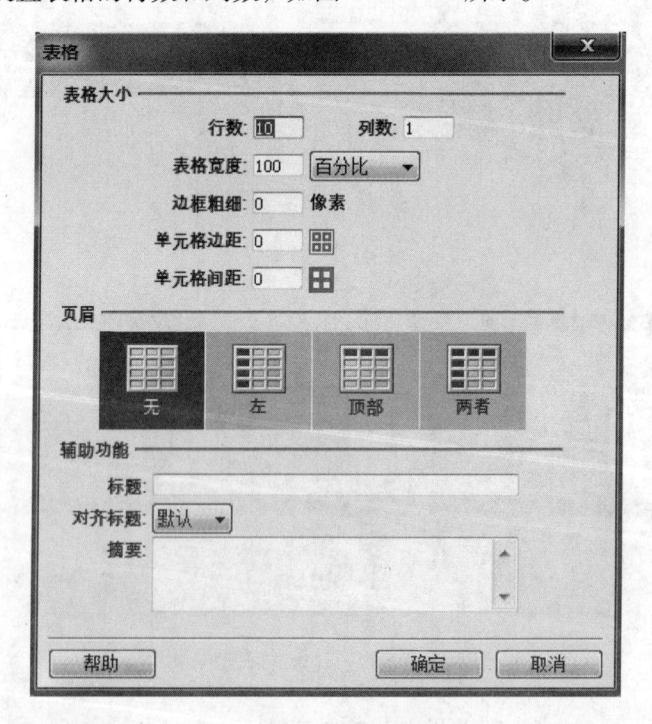

图 2 – 3 – 42　插入表格

④这里可以先多建几行，最后再调整，如图2-3-43所示。

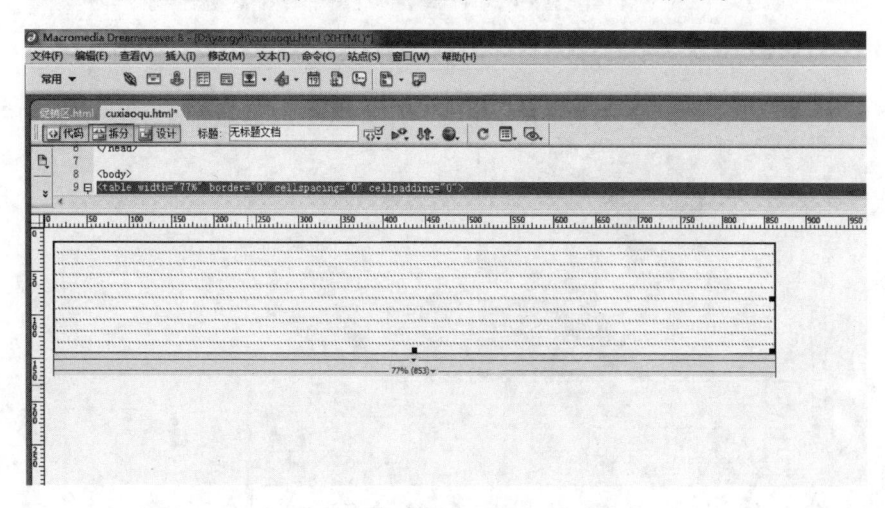

图2-3-43　页面建立表格后的效果

2）插入图片

①切换到第一步打开的切片网页，从第一行开始复制网页上的图片到新建的表格内，如果一行有多个图片的，需要建立表格分别插入图片。比如这里第一行单元格需要添加一个一行两列的表格；第二行单元格需要添加一行四列的表格，如图2-3-44和图2-3-45所示。

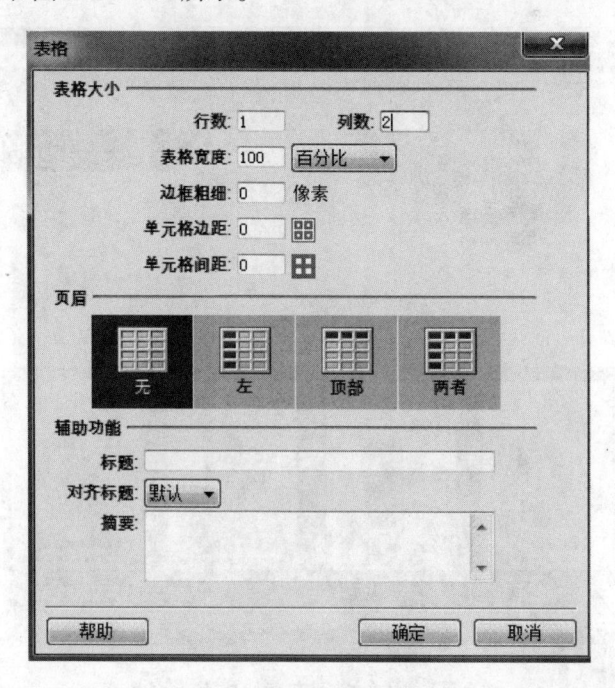

图2-3-44　添加表格

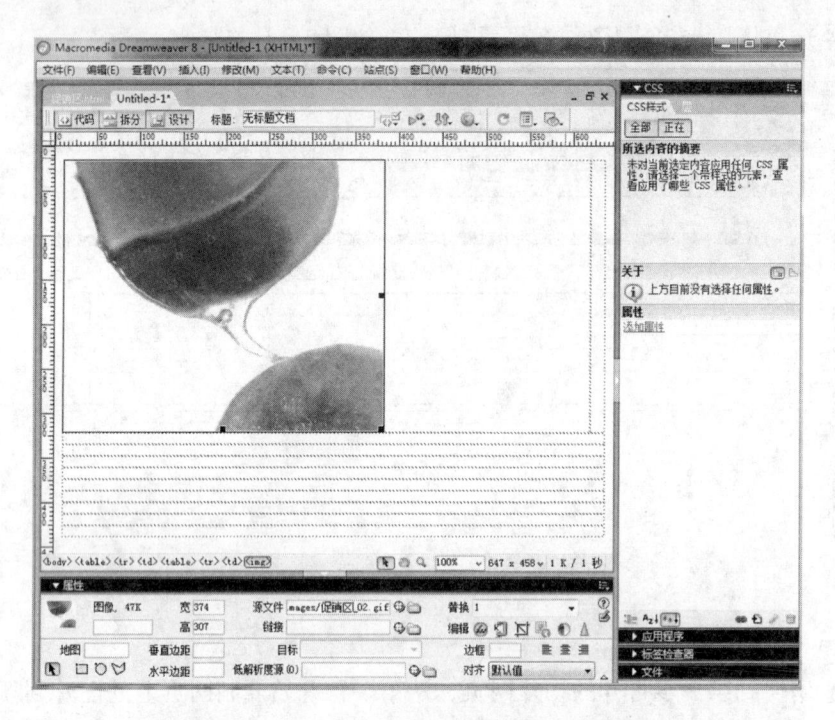

图 2-3-45 复制网页上的图片到新建表格

②分别在表格内贴上图片，注意这些图片与建立的表格尺寸是一样的，如图 2-3-46 所示。图片都贴完之后要删除多余的行数。

图 2-3-46 分别在表格内贴上图片

③接下来要把促销区用到的图片上传到图片空间,如图2-3-47所示。再用图片空间内的图片地址替换Dreamweaver内的图片路径,如图2-3-48所示。

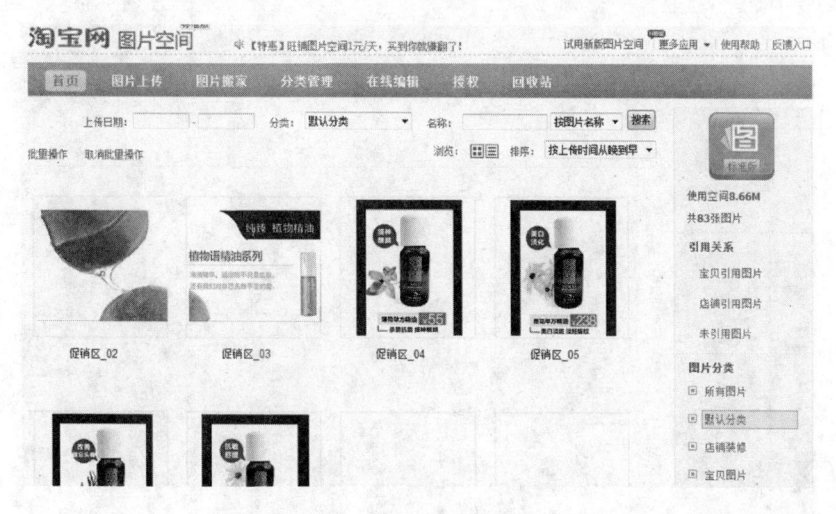

图2-3-47 把图片上传到图片空间

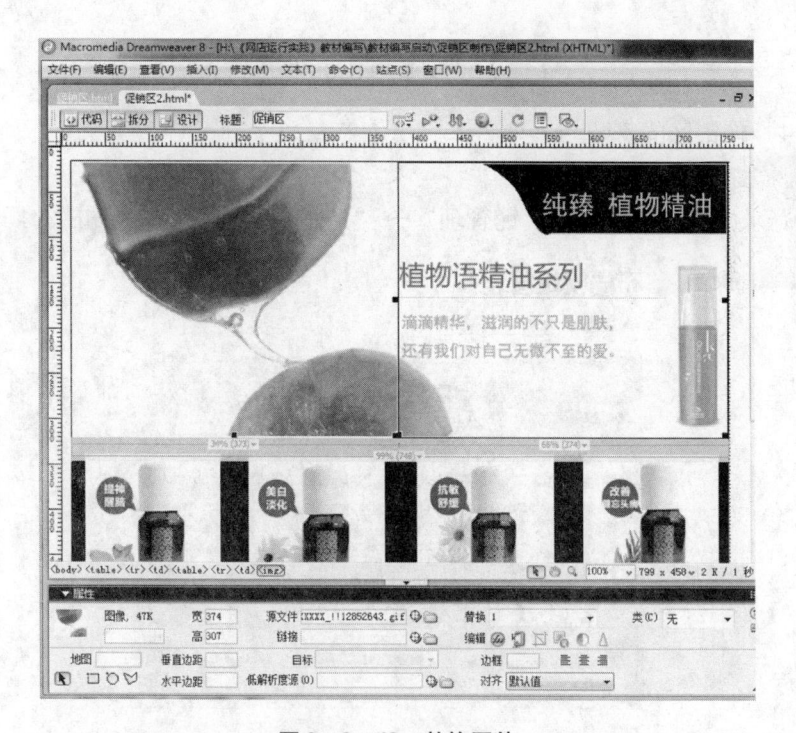

图2-3-48 替换图片

④替换完图片路径后,可以把网页切换到代码视图,如图2-3-49所示。通过Ctrl+A全选代码,Ctrl+C复制代码。

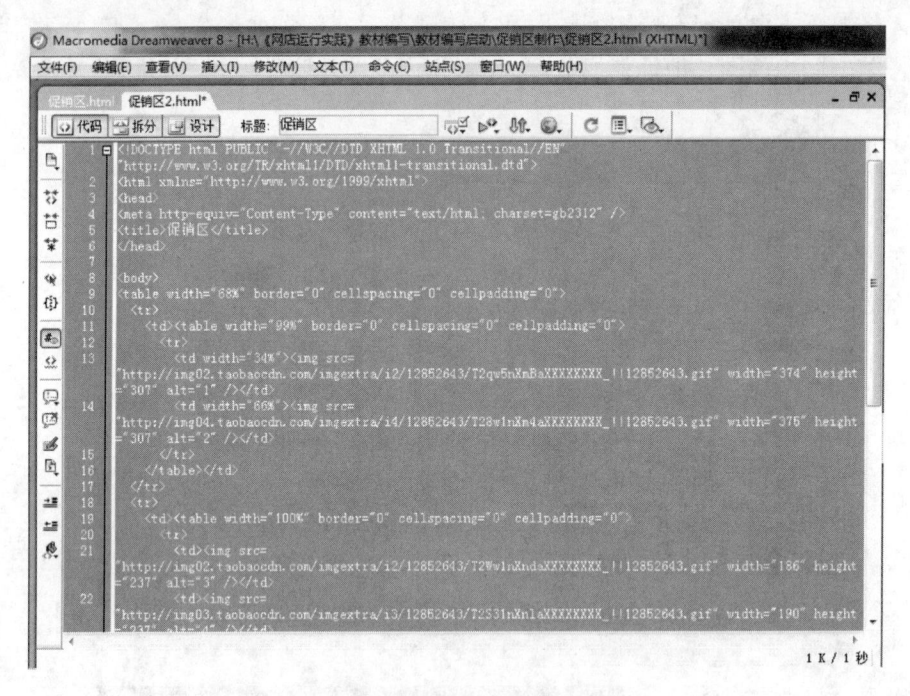

图 2 - 3 - 49　替换图片后的效果

(4) 促销区的安装

1) 添加一个自定义内容区

①登录淘宝网,选择"店铺管理"→"店铺装修"命令,单击"布局管理",

图 2 - 3 - 50　布局管理

出现页面如图2-3-50所示。单击右侧"添加模块"按钮,添加一个"自定义内容区",并把这个"自定义内容区"用鼠标拖曳到"掌柜推荐宝贝"上面,如图2-3-51所示。添加完后,单击"保存"按钮。

图2-3-51 添加一个"自定义内容区"

②在可视化编辑区的"掌柜推荐宝贝"上面,就会新增加一个"自定义内容区",如图2-3-52所示。

图2-3-52 新增加的"自定义内容区"

2)编辑源文件,粘贴代码。

单击右上角的"编辑"按钮,进入到淘宝旺铺在线编辑器,然后将制作的代码粘贴进去就可以了,如图2-3-53所示。

图 2-3-53　粘贴代码

4. 商品描述模板设计

买家第一眼直观接触到网店商品就是通过宝贝描述，商品描述模板就是为了展示店铺商品而设计的，包含宝贝展示、宝贝描述、买家必读、联系我们和邮资说明等，好的宝贝描述能衬托出产品，版块划分清晰，内容详细，可以对商品起到装饰和衬托的作用，能够提高商品的人气，当然这样的产品介绍方式也让大家看得舒心买得安心。

（1）商品描述模板的制作要求

一般来说，一个商品描述模板的装修分为 3 大部分，就好像人的身体结构一样。

头部：放置店铺名字、广告语，是装饰商品描述的最重要部分。

身体：一般分为产品展示、产品介绍、买家须知、邮资说明、联系方式 5 部分，基本可囊括网上交易所需要交代和注意的事项。

脚：模板设计的版权说明区，可以是提醒买们家收藏本店、欢迎下次光临等信息。

淘宝旺铺的商品描述页面，若设置为显示侧边栏，那么模板宽度要限制在 720 像素以内，即为窄版宝贝描述。其优势是当买家浏览宝贝描述页面时，左侧的店铺分类就会出现在描述页面上，会吸引买家点击从而增加买家在店铺循环浏览商品的黏度，从而提高成交几率，如图 2-3-54 所示。若设置为关闭侧边栏，那么模板宽度要限制在 900 像素以内，即为宽版宝贝描述。其优势是可以最大宽度显示商品图片，如图 2-3-55 所示。

图 2-3-54　窄版宝贝描述页　　　　　图 2-3-55　宽版宝贝描述页

（2）商品描述模板的制作步骤

一般来说宝贝描述分为简约型和功能型，简约型的特点是模板图片少，浏览速度快，使用方便，不需要经常修改分类推荐图片等，而功能型则是模板布局合理，有利于加大推荐商品的力度、吸引顾客点击、提高浏览量。

下面介绍宝贝描述的使用方法。

首先打开宝贝描述的代码，自己制作的或是购买的，一般来说是个.txt 的文件。

然后找到宝贝编辑器的入口，如果是修改以前登录的商品，那么可以从这里进入，如图 2-3-56 所示。

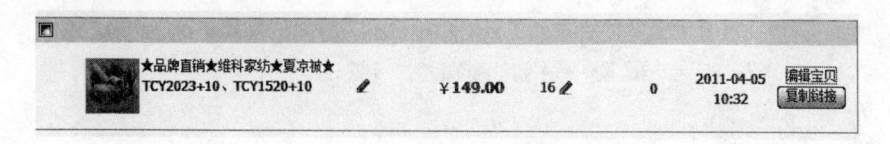

图 2-3-56　宝贝编辑

如果是新登商品，单击"我要卖"后就能看到宝贝描述的编辑框，如图 2-3-57所示。

图 2-3-57　宝贝描述编辑框

①首先要单击"编辑源文件"按钮，如图2-3-58所示。

图2-3-58 第1步

②然后把复制好的代码全部粘贴到如图2-3-59所示的框里，且框里以前的文字代码等最好全部清除干净。

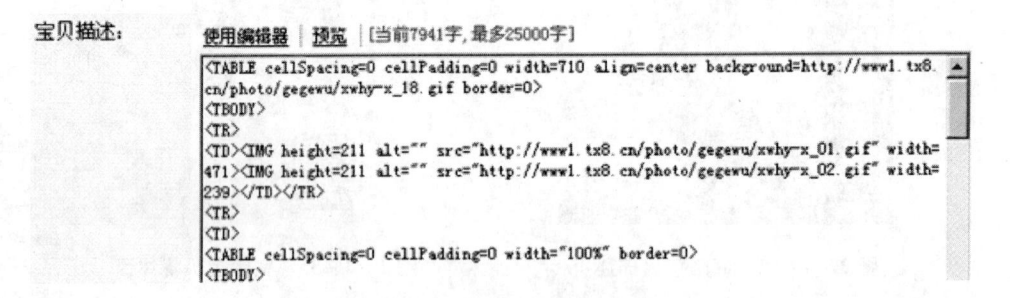

图2-3-59 第2步

③可以单击"使用编辑器"按钮，预览一下刚粘贴进去的模板，如图2-3-60所示。

图2-3-60 第3步

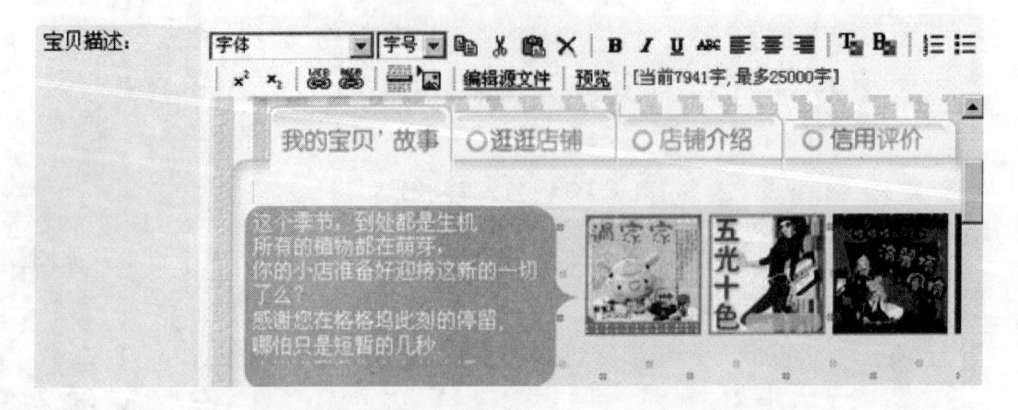

预览效果如图2-3-61所示。

图2-3-61 第4步

④首先改文字，可以更改模板上的文字，把它变成适合自己店铺的风格，特别注意不要删除模板里的任何文字图片等，选择替换的方式覆盖更改，如图 2-3-62 所示。

图 2-3-62　第 5 步

双击文字框，直到出现这样的方框的时候，就可以编辑里面的文字了。

⑤选黑里面的文字，然后打上或复制你自己想写的文字，特别注意，淘宝的提示不能从 Word 文件里面把文字直接粘贴过来，如图 2-3-63 所示。

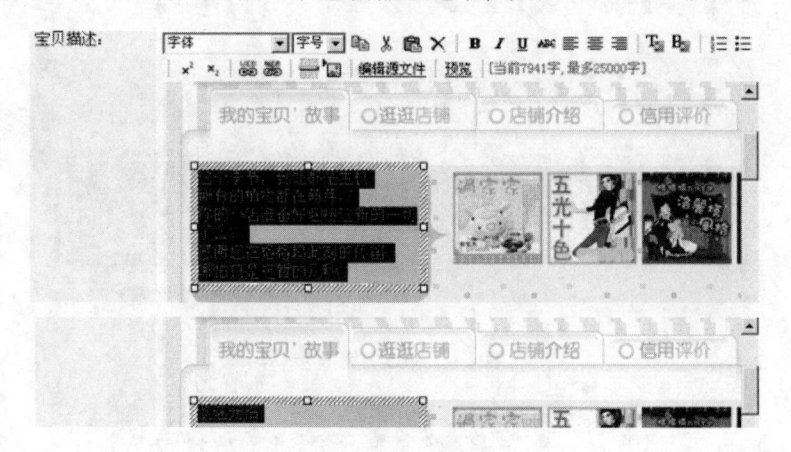

图 2-3-63　第 6 步

⑥接下来更改推荐的小图片，大家可以在出售中的商品里面，选择其中一张橱窗图，如图 2-3-64 所示。

⑦选中模板里面的小图片，用覆盖的方式粘贴刚刚复制的小图，如图 2-3-65 所示。

⑧更改模板里面展示图片，选中写有贴图两字，或选中商品照片横条下面的位置，然后单击"插入图片"按钮，如图 2-3-66 所示。

⑨在弹出的对话框里面粘贴图片地址，如图 2-3-67 所示。

⑩更改描述文字和更改公告文字的方法一样，双击文字框，就可以在里面打字。并且可以更改文字大小、颜色等，如图2-3-68所示。

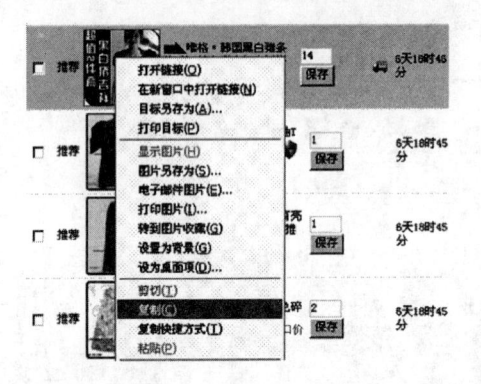

图2-3-64 第7步

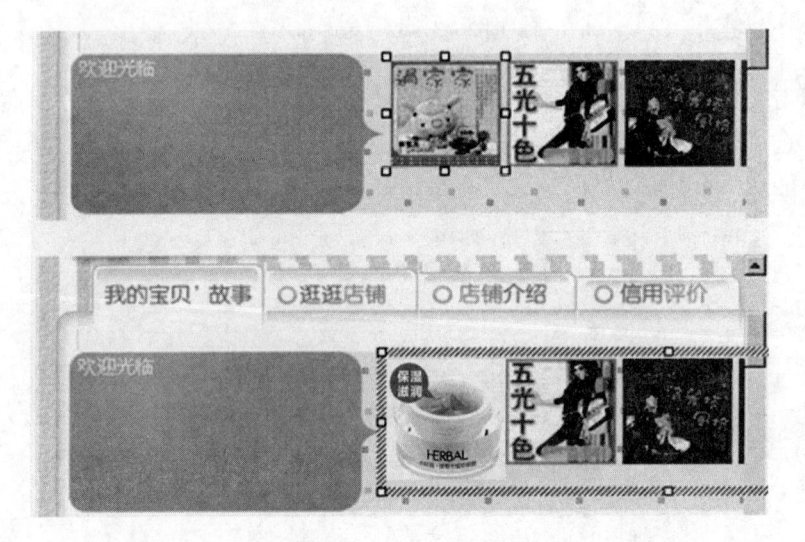

图2-3-65 第8步

图2-3-66 第9步

图 2-3-67　第 10 步　　　　　图 2-3-68　第 11 步

⑪最后要讲的就是如何给图片或文字加链接。比如模板上面有的逛逛店铺、店铺介绍等按钮，单击它，然后单击编辑器上的 Web 按钮，在弹出的对话框里面加入链接地址，如图 2-3-69 所示。

⑫最后就是预览和确定，这样一个宝贝描述模板就编辑完毕了，如图 2-3-70 所示。

图 2-3-69　第 12 步　　　　　图 2-3-70　第 13 步

3.4　知识与技能拓展

3.4.1　用视觉营销打造网店引力"磁场"

1. 什么是视觉营销

视觉营销（Visual Merchandise Display，VMD）是一种新的市场营销手段，最早应用于服饰行业终端卖场，通过服饰商品的陈列和形象化展示，对顾客的视觉造成强劲攻势，实现与顾客的沟通，以此向顾客传达商品信息、服务理念和品牌文化，达到促进商品销售、树立品牌形象的目的。近几年随着互联网技术和电子商务的快速发展，网店销售日益兴盛，为了能吸引客户眼球，促进销售，网店的装修与商品陈列也开始关注视觉营销。在网络环境下，把视觉营销定义为利用色彩、图像、文字等造成的视觉冲击力来吸引潜在顾客的关注，由此增加产品和店铺的吸引力，从而达到营销制胜的效果。

2. 视觉营销的作用

众所周知，视觉在人类所有感觉中占主导地位，人类对外部信息的感受有83%通过视觉来传达，视觉给人的知觉、注意与兴趣等心理现象提供了最广泛、最重要的素材。营销学中著名的 AIDA 模式——引起顾客注意（Attention）、唤起顾客兴趣（Interest）、激起顾客购买欲望（Desire），促成顾客采取购买行为（Action），就是一种建立在人类心理现象基础上的推销模式。其第一个步骤——引起顾客注意（Attention）主要建立在对顾客视觉冲击的基础上，通过视觉冲击，以引起顾客的关注，继而促使顾客对推销的商品抱有积极肯定的态度，激发顾客对商品产生强烈的拥有愿望，即产生较为明确的购买动机，最后运用一定的成交技巧来促使顾客进行实际购买。可见，视觉是一种影响消费者行为的重要先决因素。

网店视觉营销的根本目的在于塑造网络店铺的良好形象和促进销售。当前互联网上店铺林立，网货非常丰富，顾客的选择余地很大，而且"货比三家"只需点几下鼠标即可，这些都容易造成顾客的注意力不会轻易集中在一件商品或一个网店上，这对卖家来说是一个不小的挑战。那么视觉营销在网店装修与商品展示中的运用，则旨在形成一个网店引力"磁场"，从而吸引潜在客户的关注，唤起其兴趣与购买欲，不但延长客户的网店停留时间，更能促进销售，并在客户心目中树立起良好的店铺形象。

3. 运用视觉营销打造网店引力"磁场"

网店不同于实体店铺，从目前的网络技术发展水平来看，客户对网上商品主要还是通过文字描述和图片展示来了解，而不能像在实体店铺里一样与商品进行"亲密接触"。因此网店的引力"磁场"主要通过色彩、图像、文字、布局在店铺"装修"和商品描述中的合理运用来打造。而店铺"装修"主要涉及色彩、店铺招牌、商品分类、促销设置等重要内容，商品描述主要是关于内容和布局。

（1）视觉营销在店铺"装修"中的运用

色彩在网店视觉形象传递中起着关键作用。因为色彩是有语言的，能唤起人类的心灵感知，例如红色代表着热情奔放，粉色代表着温柔甜美，绿色代表着清新活力，所以在确定网店主题色调时，应该要与商品特性相符合，或者与目标消费群体的特性相符合。如果网店主营 18~30 岁的女性时尚服饰，那么比较适合的主题色就应选偏粉色、红色的柔和浪漫色系，如果网店主营手机、MP4 等数码类产品，那么蓝色、黑色或灰色系往往会给顾客理智、高贵、沉稳的感觉。

店铺招牌就是显示在网店最上面的横幅，它通常也会显示在每个商品页面的最上面，是传达店铺信息、展示店铺形象的最重要部分。如果招牌设置合理，既能"传情达意"，又让客户"赏心悦目"，就会给客户留下美好的第一印象，才有可能让客户继续停留在网店里浏览、选择商品。反之，可能会给客户不专业的感觉，从而会降低客户对店铺和商品的信任度，结果导致客户不敢轻易下单。因此店铺招牌要真正发挥招揽顾客的作用，在设置时需要遵循"明了、美观、统一"原则。明了就是要把主营商品用文字、图像明确地告知给顾客，而不是过于含蓄或故弄玄虚；美观主要指图片、色彩、文字的搭配要合理，要符合大众审美观；统一就是招牌要与整个网店的风格一致。

商品分类，顾名思义就是把网店里的商品按一定标准进行分类，就像超市里有食品区、日用品区、家电区一样，对网店来说，合理的分类一方面便于顾客查找，另一方面有利于卖家促销。合理分类的主要原则是标准统一，例如女性饰品店，可按商品属性如发夹、项链、戒指等来分类；化妆品店可按使用效果如美白系列、祛痘系列、抗皱系列等来分类。此外，在分类排列时，可把新品、特价等较易引起顾客兴趣的重要信息放在相对上面的位置，这样容易受到顾客的关注。

网店促销是指以免费、低价或包邮等形式出现的商品促销活动，对有效提升人气、推广商品、拉动销售有一定促进作用。但在现实中，卖家的商品促销活动没有有效投射给客户的现象却并不少见。究其原因，主要还是在于"卖点"不够凸显，没有吸引客户的眼球。因此，为了能让客户即时了解到网店的促销活动，可以运用强烈的对比色或突兀的字体在网店首页最引人注目的区域把客户利益"呐喊"出来。

（2）视觉营销在商品描述中的运用

完整的商品描述通常包括介绍商品的文字、商品图片、售后服务、交易条款、联系方式等内容。在网络上，商品描述是客户详细了解一件商品的最主要方式，因为网店与实体店铺不同，在实体店里，客户若对某件商品感兴趣，他可以用眼睛去看，用手去摸，用鼻子去闻……而网店里的商品具有虚拟性。因此，为了能全面地传达商品信息，商品描述在内容上应尽可能详细，在表现手段上除了常用的文字、图片，还可用声音、视频等。此外，内容的合理布局也很重要，根据对大部分客户思维习惯的调研分析，较容易接受的布局方式是：先是用一段简短的文字来描述商品的品名、性能及相关属性等，然后是一张产品的整体图片，接着是细节图片，细节图片可以多张，但展示的是必要的、不同的信息，其主要作用在于帮助客户从不同的局部来进一步了解产品。例如饰品类，可以从大小、尺寸、厚度、色泽、质地、细节做工、搭配效果等角度来展示；鞋类，可以从大小、尺寸、质地、细节做工、鞋跟高度、上脚效果等角度来展示；箱包类，可以从大小、尺寸、质地、细节做工、搭配效果、内衬展示、五金配件等角度来展示。细节图忌讳相同角度的多张堆砌，因为这样既不能传达更丰富的信息，又容易影响网页运行速度。除了细节图片，售后服务、交易条款、联系方式、注意事项等信息也应详细描述，这有助于树立店铺的专业、诚信形象，从而增强客户的信任感。

3.4.2 优秀网店评析

当今网店的样式和风格非常丰富,有简洁清爽的、有个性张扬的,也有鲜艳靓丽的。不同样式风格的店铺装修,表现出不同的商品性质。网店装修是个人设计的艺术体现,也是店铺经营的一种手段。能将网店装修得符合商品特色、吸引顾客眼光,商品交易量就会不断提高。因此,加强网店装修是做好网店运营的重要条件。下面通过具体的案例分析,使读者加深对网店装修的认识。

1. 女性服饰类网店评析

经营女性商品的店铺,在装修颜色上一般都选择红色、粉色、紫色等表现女性特点的色彩。风格也更突出女性柔美的特点,使用一些卡通、时尚女郎、明星等图片元素进行设计和制作。

图 2-3-71 所示的服饰店铺,色彩运用上以淡粉色系为主,局部以其他色彩为点缀。整个店铺的商品类目划分比较有条理,首页上推广商品的地方也比较多。店主的精心设计凸显了女性服装的时尚和潮流,更好地展现商品的特点和品质。店铺的首页整体风格靓丽、活泼、色彩丰富。

图 2-3-71 服饰店铺

2. 化妆品类网店评析

化妆品网店往往受到很多买家的喜爱。因为网店上的商品价格便宜、购买方便，特别是一些信用度高的卖家，更被买家所追捧。在设计化妆品网店时要突出清爽、自然、环保的特点。因此，使用蓝色、绿色、粉色作为主色调都是不错的选择。化妆品网店的设计可以收集一些化妆品图片、美女脸部特写，以及一些自然、花朵等素材。

图 2-3-72 所示的化妆品店铺使用了清爽的绿色和蓝色为主调，带给人温馨、自然的感受，很好地突出了所售商品的品质与特点。

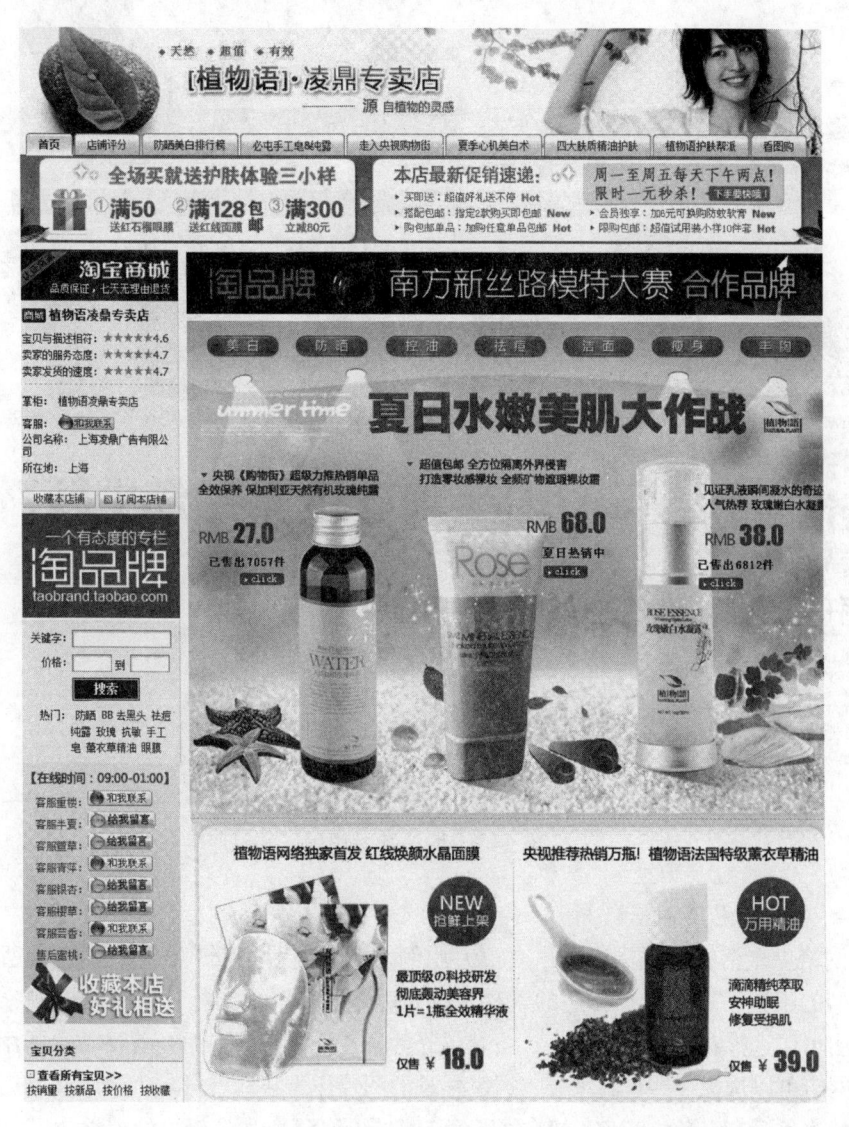

图 2-3-72 化妆品店铺

3. 男性商品类网店评析

男性商品无论是衣服鞋帽还是箱包饰品，都要体现出男性品位、修养、气质，网店装修要突出健康、活力的特点。设计风格要简洁、直接，使用黑灰色、蓝色、绿色都是不错的选择。

图 2-3-73 所示的是一个销售男装的店铺，设计风格比较简洁，使用灰色为主色调，展示出男性冷静、深沉的特点。在店铺招牌中加入了模特图片，展示男性潇洒的风采。

图 2-3-73　男装店铺

4. 生活家居类网店评析

网络上生活家居类网店也占有很大比例，产品类型比较丰富。根据店铺所售产品类型的不同，可以选择合适的素材对网店进行装修，比如经营田园风格的家居饰品网店可以选择花园、蓝天白云、自然风光等图片作为背景；而经营日常生活用品的家居网店可以选择一些具有家装、居家感觉的图片作为装修素材。生活用品网店通常使用的主色调有绿色、黄色、橙色、粉色等，能带给人舒服、轻松的视觉效果。

图 2-3-74 所示的家居饰品店，使用了柔和的粉红作为主色调，装饰了大

量的花边、花朵素材，与店铺主题完美结合，体现了商品特色。

图 2-3-74　家居饰品店铺

本节概要

内容提要与结构图

内容提要

- 网店装修作用：促销活动，吸引新顾客（提高销售）和美化店铺，吸引回头客（增加客源）。
- 网店装修的一般流程：确定想要的装修类型；收集装修素材；相册空间的准备。
- 网店装修包括：店招、促销区、分类导航和商品描述页的设计。

- 商品类目，就是店铺首页左侧边栏中的商品类别。
- 商品描述可分为简约型和功能型。
- 视觉营销：利用色彩、图像、文字等造成的视觉冲击力来吸引潜在顾客的关注，由此增加产品和店铺的吸引力，从而达到营销制胜的效果。
- 运用视觉营销打造网店引力"磁场"：视觉营销在店铺"装修"中的运用；视觉营销在商品描述中的运用。
- 优秀网店评析：女性服饰类网店评析；化妆品类网店评析；男性商品类网店评析；生活家居类网店评析。

内容结构

本节的内容结构如图 2-3-75 所示。

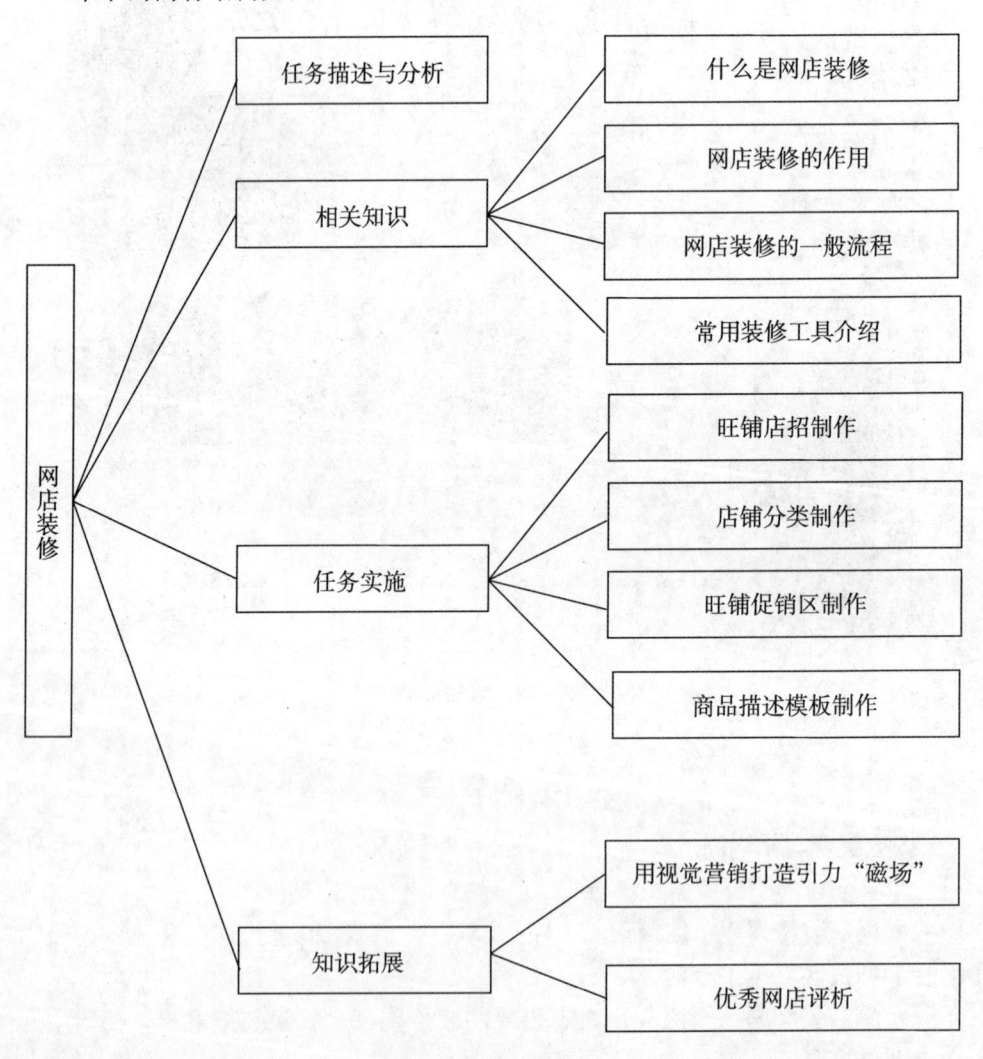

图 2-3-75　内容结构

思考与练习

一、单项选择题

1. 我们可从哪些方面来选择店铺风格呢？（　　）。
   A. 自己的喜好　　　　　　　　B. 根据自己店铺主营项目
   C. 从客户的角度出发　　　　　D. 以上都是
2. 普通店铺装修包括（　　）。
   A. 店标　　　　B. 公告　　　　C. 宝贝分类　　　D. 以上都是
3. 店标图片格式支持哪种？（　　）。
   A. gif　　　　B. jpg　　　　C. bmp　　　　D. 以上都是
4. 宝贝描述通常可分为（　　）。
   A. 简约型　　　B. 功能型　　　C. 豪华型　　　D. A 和 B 都是
5. 网店店标的尺寸一般是（　　）。
   A. 100 像素×100 像素　　　　　B. 100 像素×120 像素
   C. 120 像素×120 像素　　　　　D. 80 像素×80 像素

二、判断题

1. 店铺公告对店铺宣传起着很直观的作用。（　　）
2. 店标是店铺形象的代言。（　　）
3. 宝贝分类有助于方便买家挑选商品。（　　）
4. 装修素材可以随意使用，不涉及侵权问题。（　　）
5. 装修图片需要上传到相册空间才能使用。（　　）
6. 常用网店装修软件有 Photoshop 和光影魔术手。（　　）

三、简答题

1. 什么是店铺装修？

2. 店铺装修的主要目的是什么？

四、技能训练题

以 2~3 位同学组成一个学习团队，通过淘宝大学（http：//daxue.taobao.com）网站自学相关知识，完成下列网店装修相关任务。

任务要求：

根据所经营的商品和面向的消费群的特点，对网店的店名、店招、促销区、分类、宝贝描述和店铺介绍等进行设计与制作，使网店增强对客户的吸引力。

能力自评

■ 专业能力自评

	能/不能	熟练程度	任务名称
通过学习本模块，你			了解网店装修的基本内容及其重要作用
			能结合商品特色和目标顾客特点，为网店设计合适的店招、促销区、商品类目和商品描述模板
			培养网店设计的审美意识和评判能力
通过学习本模块，你还			

注："能/不能"栏填"能"或"不能"。如填"能"，则熟练程度一栏填"熟练""较熟练""不熟练但可以"。

■ 社会能力和方法能力自评

	社会能力和方法能力	提升情况
通过学习本模块，你的	启发和倾听他人想法的能力	
	口头表达能力	
	书面表达能力	
	与人沟通能力	
	团队协作精神	
	自学能力	
	问题发现与解决能力	
通过学习本模块，你的		

注："提升情况"一栏可填写"明显提升""有所提升""没有提升"。

■ 其他
1. 你学习本模块最大的收获是什么？你认为本模块最有价值的内容是什么？
2. 哪些内容（问题）你需要进一步了解或得到帮助？
3. 为使你的学习更有效，你对本模块的教学有何建议？

■能力自评说明

1. 专业能力自评中,每项均达到"能"和"较熟练"水平者,本模块专业能力过关。

2. 社会能力和方法能力自评中,"倾听能力""与人沟通能力""团队协作精神"和"问题发现与解决能力"4个项目达到"有所提升"水平者,本模块能力过关。

自评人(签名):	教师(签名):
年 月 日	年 月 日

项目三

网店的运营

任务1　网店客户服务与管理

专业能力目标

知道网店客服的基本职责及其对网店运营的作用；知道要成为一名合格的网店客服，应该练好的基本功；知道不同类型网店客户的特点，掌握基本的应对策略；熟悉在线接待客户的基本流程，掌握并熟练运用每一步流程相应的沟通技巧；当客户给予网店中差评时，能够与客户良好沟通，妥善处理中差评。

社会能力目标

能积极与客户沟通，在实际操练中发展自己承受各类压力、能主动把握并调节自己情绪的良好心理素质，热情主动"客户至上"的服务观念，以及良好的人际关系协调能力和高效沟通技巧。

方法能力目标

通过客服实践，不断积累经验，掌握与客户沟通的基本技巧，能灵活处理各类客户售后投诉，并能妥善解决客户给予网店的中差评。

1.1　案例引入与分析

1. 案例引入

一名金牌客服的成长经历

莎莎是网店"吉吉鞋坊"的一名金牌客服，有着6年的客户服务工作经历，谈起自己从一名什么都不懂的小客服到现在成为金牌客服的成长过程，她说："经历了很多，碰到了各色各样的买家，也曾经委屈掉过泪，但要感谢这些经历，让我学到更多、学得更快，现在我虽不与买家见面，但通过聊天就能基本猜出买家心里在想什么或需要什么。"

这是莎莎刚入职时遇到的一件事，她现在还记忆犹新。有次，一位女士在"吉吉鞋坊"看中了一款男鞋，莎莎急于促成这笔交易，就以会员积分优惠等来试图吸引这位客人，但最后她仍然说要考虑一下。过了一段时间，又有一位先生来问同一双鞋子。原来这是那位女士的老公，但鞋子已缺货了。这位先生得知后立即发飙，旺旺信息飞来："之前我老婆问了都有货，我正等着穿呢。"这时电话也响了，正是这位先生，电话里传来恶骂："怎么搞的，你们店里这么少货，还有没有信用？少货就不要开店啊。"接着又换老婆来骂，还威胁说要给差评和投诉。

听到夫妻俩轮番攻击，莎莎当时备受委屈，几乎要哭了，但始终没有回骂过去，只是表示会尽快跟进。她清楚记得，这个单花了两天才做完。

后来，她又遇到一位难缠的客户，不过这次她已能坦然应对了。有位上海买家看中了一款新到的男鞋，经过讨价还价，莎莎还是占了优势，把价格稳住了。买家以200元拍下鞋子。想不到没过几天，买家发来信息，说他发现鞋子是坏的，要求退换。退换件的邮费是由卖方承担的，假如退换，公司就要出30元的邮递费，还有可能要收回一双坏鞋。莎莎知道发货时自己已仔细检查过鞋子是没问题的，所以不能确定是不是鞋子真的坏了。她心想，如果选择让顾客拍照，说不定鞋子上就真的多一个洞了。

莎莎马上明白这位买家的心理了，其实他只是想通过这样的方式逼客服变相减价。于是她和这位顾客谈判，说服他留住鞋子，可以按"打折价"给他。最后，莎莎和这位客人说定，退回20元给他。

说起最近发生的一件事，莎莎显得有些得意。有次，一个女生咨询一双男鞋的款式面料，莎莎立刻想到这位小姐是给男朋友买鞋子的。

"要什么码数的呢？"

"39码的。"

这时莎莎其实已通过码数知道了她男朋友的大致身高，从而也知道了她男朋友应该是比较瘦的。通过这名女生网上聊天的语气，莎莎还知道她是开朗和喜欢做主的女生。根据"互补原则"，她男朋友应该是比较听女朋友管教的。

"我猜你男朋友是戴眼镜的。"

"你怎么知道呢？"

这名女生还给莎莎发了一张照片，里面有5个同样穿着伴娘装的同龄女生，让她猜是谁。莎莎想，一个开朗、喜欢做主的女生应该是站在显眼位置而且穿着时尚、惹人注目的，于是立即猜出了谁是这个女孩。这么一来，这个女孩便觉得她和莎莎"太有缘分"了，距离一下拉近了很多。后来，莎莎不仅让这位女生买了双鞋子给她男朋友，还帮她选了一件女装。

2. 任务分析

客户是网店的生存之本，营运之基，力量之源。有客户才有市场。没有客户，网店便失去利润的源泉，从而失去存在的意义。因此网店运营必须强调"客户导向"，只有深入掌握客户消费心理，快速响应并满足客户多变性、个性化的需求，网店才能在激烈的市场竞争中得以生存和发展。客服在网店里兼具着"形象代言""咨询顾问""销售员""调解员"和"管理员"等多重身份，活动范围涵盖所有与客户接触或相互作用的各方面，目的旨在满足客户需要，对网店留住客户、发展客户和管理客户有着重要作用。

从上述案例莎莎的成长过程来看，要从一位网店客服新手快速成长为经验丰富的金牌客服，需要知道网店客服的工作职责和重要作用，一个好的网店客服必备的基本功，掌握客户接待与沟通的基本技能，能对常见交易纠纷进行妥善处理等。

1.2 相关知识

1.2.1 网店客服的含义和作用

网店客服就是专门负责招呼买家，回答买家咨询，向买家介绍商品，为买家提供良好售后服务的人。一般一些规模较小的网店，客服往往是一人身兼数职，工作没有细分。而一些规模较大，日交易量较高的网店，为更好地帮助客户答疑、促成交易或做好售后服务，会对客服做细致的分工，例如有通过阿里旺旺或QQ等及时通信工具、电话来解答买家问题的客服，有专门帮助买家更好地挑选商品的导购客服，有专门处理客户投诉的客服，有专门负责客户退换货的客服等。

一个有着专业知识和良好沟通技巧的客服，可以给客户提供更多的购物建议，更完善地解答客户的疑问，更快速地对买家售后问题给予反馈，从而更好地服务于客户，只有更好地服务于客户，才能为网店获得更多的发展机会。总而言之，网店客服在店铺推广、产品销售、售后客户维护和管理方面都起着非常重要的作用，具体表现有如下几个方面。

1. 塑造店铺形象

对于一个网上店铺而言，客户看到的商品都是一张张的图片，既看不到卖家本人，也看不到产品本身，无法了解各种实际情况，因此往往会产生距离感和怀疑感。这时客服就显得尤为重要了。客户通过与客服在网上的交流，可以逐步了解商家的服务、态度以及其他，客服的一个笑脸（阿里旺旺或QQ的表情符号）或者一个亲切的问候，都能让客户真实地感觉到他不是在跟冷冰冰的电脑打交道，而是跟一个善解人意的人在沟通，这样会帮助客户放弃初始的戒备，从而在客户心目中逐步树立起店铺的良好形象。

2. 提高成交率

现在很多客户都会在下单之前针对不太清楚的内容询问卖家，或者询问优惠措施等。客服在线能够及时回复客户的疑问，可以让客户及时了解需要的内容，从而立即达成交易。

有时客户不一定对产品本身有什么疑问，仅仅是想确认一下商品是否与事实相符，此时客服的及时确认回复就可以打消客户的很多顾虑，促成交易。也有时客户拍下商品，但并不是急着要，因此没有及时付款，这时在线客服可以适时跟进，通过向买家询问汇款方式等督促买家及时付款。

对于一个犹豫不决的客户，一个有着专业知识和良好销售技巧的客服，可以帮助买家选择合适的商品，促成客户的购买行为，从而提高成交率。

3. 提高客户回头率

当买家在客服的良好服务下，完成了一次满意的交易后，买家不仅了解了卖家的商品质量与物流，也对卖家的服务品质有了切身体会。当买家需要再次购买同类商品时，往往会倾向于选择他所熟悉和了解的卖家，从而提高了客户再次购买的几率。

1.2.2 网店客服必备的基本功

要成为一位合格的网店客服，需要练好 3 个基本功：良好的素质、专业的知识和高效的沟通技巧。

1. 良好的素质

一个合格的网店客服，应该具备一些良好的基本素质，如良好的心理素质、品格素质、技能素质以及其他综合素质等。

（1）心理素质

网店客服首先应该具备良好的心理素质，因为在客户服务的过程中，承受着各种压力、挫折，没有良好的心理素质是不行的，具体如下。

①"处变不惊"的应变力。

②挫折打击的承受能力。

③情绪的自我掌控及调节能力。

④满负荷情感付出的支持能力。

⑤积极进取、永不言败的良好心态。

（2）品格素质

①忍耐与宽容是优秀网店客服人员的一种美德。

②热爱企业、热爱岗位：一名优秀的网店客服人员应该对其所从事的客户服务岗位充满热爱，忠诚于企业的事业，兢兢业业地做好每件事。

③要有谦和的态度：一定要有一个谦和的态度，谦和的服务态度是能够赢得顾客对服务满意度的重要保证。

④不轻易承诺：说了就要做到，言必信，行必果。

⑤谦虚是做好网店客服工作的要素之一。

⑥拥有博爱之心，真诚对待每一个人。

⑦要勇于承担责任。

⑧要有强烈的集体荣誉感。

⑨热情主动的服务态度：客户服务人员还应具备对客户热情主动的服务态度，充满了激情，让每位客户感受到你的服务，在接受你的同时接受你的产品。

⑩要有良好的自控力：自控力就是控制好自己的情绪，客户服务是一项服务工作，客服人员首先自己要有一个好心态，这样才会影响并带动与客户的良性互动。网店客户形形色色，有容易沟通的，也有不容易沟通的，遇到不容易沟通的，客服就要学会控制好自己的情绪，耐心地解答，有技巧地应对。

(3) 技能素质

①良好的文字语言表达能力。

②高超的语言沟通技巧和谈判技巧：优秀的客服应具备高超的语言沟通技巧及谈判技巧，只有具备这样的素质，才能让客户接受你的产品并在与客户的价格交锋中取胜。

③丰富的专业知识：对于自己所经营的产品具有一定的专业知识，如果你自己对自己的产品都不了解，又如何保证第一时间回答顾客对产品的疑问呢？

④丰富的行业知识及经验。

⑤熟练的专业技能。

⑥思维敏捷，具备对客户心理活动的洞察力。

⑦敏锐的观察力和洞察力：网店客服人员应该具备敏锐的观察力和洞察力，只有这样才能清楚地知道客户购买心理的变化。了解了客户的心理，才可以有针对性地对其进行诱导。

⑧具备良好的人际关系沟通能力：良好的沟通是促成买家掏钱的重要步骤之一，和买家在销售的整个过程中保持良好的沟通是保证交易顺利的关键。不管是交易前还是交易后，都要与买家保持良好的沟通，这样不但可以顺利地完成交易，还有可能将新买家吸收为回头客，成为自己的老顾客。

⑨具备专业的客户服务电话接听技巧：网店客服不单单是要掌握网上即时通信工具，很多时候电话沟通也是必不可少的。

⑩良好的倾听能力。

(4) 综合素质

①要具有"客户至上"的服务观念。

②要具有工作的独立处理能力。

③要有对各种问题的分析解决能力。

④要有人际关系的协调能力。

2. 专业的知识

(1) 商品知识

1) 商品的专业知识

客服应当对商品的种类、材质、尺寸、用途、注意事项等都有一定的了解，最好还应当了解行业的有关知识。同时对商品的使用方法、洗涤方法、修理方法等也要有一个基础的了解。

2）商品的周边知识

不同的商品可能会适合部分人群，比如化妆品，有一个皮肤性质的问题，不同的皮肤性质在选择化妆品上会有很大的差别；再比如内衣，不同的年龄、不同的生活习惯都会有不同的需要；还比如玩具，有些玩具不适合太小的婴儿，有些玩具不适合太大的儿童等。这些情况都需要客服有基本的了解。

此外，对同类的其他商品也要有基本的了解，这样我们在回复客户关于不同类商品的差异的时候，就可以更好地回复和解答。

（2）网站交易规则

1）一般交易规则

网店客服应该把自己放在一个商家的角度来了解网店的交易规则，更好地把握自己的交易尺度。有时候，顾客可能第一次在网上交易，不知道该如何进行操作，这时客服除了要指点顾客去查看网店的交易规则，在一些细节上还需要一步步地指导顾客如何操作。

此外，客服还要学会查看交易详情，了解如何付款、修改价格、关闭交易、申请退款等。

2）第三方支付平台规则

了解支付宝及其他第三方支付平台的操作规则和流程，可以指导客户通过第三方支付平台完成交易，查看交易的状况，更改现在的交易状况等。

（3）物流知识

1）了解不同的物流及其运作方式

邮寄：邮寄分为平邮（国内普通包裹）、快邮（国内快递包裹）和EMS。

快递：快递分为航空快递包裹和汽运快递包裹。

货运：货运分为汽运和铁路运输等。

最好还应了解国际邮包（包括空运、空运水陆路、水路）。

2）了解不同物流的其他重要信息

价格：如何计价，以及报价的还价空间还有多大等问题。

速度：不同物流方式的货物到达情况。

联系方式：在手边准备一份各个物流公司的电话，同时了解如何查询各个物流方式的网点情况。

查询办理：不同物流方式应如何办理查询的问题。

不同物流方式的包裹撤回、地址更改、状态查询、保价、问题件退回、代收货款、索赔的处理等信息。

常用网址和信息的掌握：快递公司联系方式、邮政编码、邮费查询、汇款方式等。

3. 高效的沟通技巧

网购因为看不到实物，所以给人感觉就比较虚幻，为了促成交易，客服必将扮演重要角色，因此客服沟通交谈技巧的运用对促成订单至关重要。

(1) 态度方面

1) 树立端正、积极的态度

树立端正、积极的态度对网店客服人员来说尤为重要。尤其是当售出的商品，有了问题的时候，不管是顾客的错还是快递公司的问题，都应该及时解决，不能回避、推脱。积极主动与客户进行沟通，尽快了解情况，尽量让顾客觉得他是受尊重、受重视的，并尽快提出解决办法。除了与顾客之间的金钱交易之外，还应该让顾客感觉到购物的满足和乐趣。

2) 要有足够的耐心与热情

我们常常会遇到一些喜欢打破沙锅问到底的顾客，这时就需要客服有足够的耐心和热情，细心地回复，从而会让顾客产生信任感。此时客服决不可表现出不耐烦，即使客户没有购买也要说声"欢迎下次光临"。如果客服的服务够好，这次不成也许还有下次。砍价的客户也是客服经常会遇到的，砍价是买家的天性，可以理解。在彼此能够接受的范围内可以适当地让一点，如果确实不行也应该婉转地回绝，比如说"真的很抱歉，没能让您满意，我会争取努力改进"或者引导买家换个角度来看这件商品让其感觉货有所值，就不会太在意价格了，也可以建议顾客先货比三家。总之要让顾客感觉你是热情真诚的，千万不可说出"我这里不还价"或"没有"等过于硬性的话语。

(2) 表情方面

微笑是对顾客最好的欢迎，微笑是生命的一种呈现，也是工作成功的象征。所以当迎接顾客时，哪怕只是一声轻轻的问候也要送上一个真诚的微笑，虽说网上与客户交流看不见对方，但只要你是微笑的，客户在言语之间是可以感受得到的。此外，多用些旺旺表情，也能收到很好的效果。无论旺旺的哪一种表情都会将自己的情感讯号传达给对方，比如："欢迎光临！""感谢您的惠顾！"等，都应该热情地送上一个微笑，加与不加给人的感受是完全不同的。不要让冰冷的字体语言遮住你迷人的微笑。

(3) 礼貌方面

俗话说"良言一句三冬暖，恶语伤人六月寒"，一句"欢迎光临"或"谢谢惠顾"，短短的几个字，却能够让顾客听起来非常舒服，产生意想不到的效果。

礼貌待客，让顾客真正感受到"上帝"的尊重。顾客来了，先来一句"欢迎光临，请多多关照。"或"欢迎光临，请问有什么可以为您效劳的吗？"诚心致意地"说"出来，会让人有一种十分亲切的感觉，还可以培养一下感情，这样顾客本能的一种抵触心理就会减弱或者消失。

有时顾客只是随便到店里看看，也要诚心地感谢人家说声："感谢光临本店。"对于彬彬有礼、礼貌非凡的网店客服,谁都不会把他拒之门外的。诚心致谢是一种心理投资,不需要很大代价,但可以收到非常好的效果。

沟通过程中其实最关键的不是你说的话,而是你如何说话。让我们看下面小细节的例子,来感受一下不同说法的效果:"您"和"MM您"比较,前者正规客气,后者比较亲切。"不行"和"真的不好意思哦";"嗯"和"好的没问题:)"都是前者生硬,后者比较有人情味。"不接受见面交易"和"不好意思我平时很忙,可能没有时间和你见面交易,请你理解哦"相信大家都会以为后一种语气更能让人接受。多采用礼貌的态度、谦和的语气,就能顺利地与客户建立起良好的沟通。

(4)语言文字方面

1)少用"我"字

少用"我"字,多使用"您"或者"咱们"这样的字眼:让顾客感觉我们在全心全意地为他(她)考虑问题。

2)常用规范用语:

"请"是一个非常重要的礼貌用语。

"欢迎光临""认识您很高兴""希望在这里能找到您满意的DD"。

"您好""请问""麻烦""请稍等""不好意思""非常抱歉""多谢支持"……

平时要注意提高修炼自己的内功,同样一件事不同的表达方式就会表达出不同的意思。很多交易中的误会和纠纷就是因为语言表述不当而引起的。

3)在客户服务的语言表达中,应尽量避免使用负面语言。

这一点非常关键。客户服务语言中不应有负面语言。什么是负面语言?比如说,我不能、我不会、我不愿意、我不可以等,这些都叫负面语言。

①在客户服务的语言中,没有"我不能":当你说"我不能"的时候,客户的注意力就不会集中在你所能给予的事情上,他会集中在"为什么不能""凭什么不能"上面。

正确方法:"看看我们能够帮你做什么",这样就避开了跟客户说不行,不可以。

②在客户服务的语言中,没有"我不会做":你说"我不会做",客户会产生负面感觉,认为你在抵抗;而我们希望客户的注意力集中在你讲的话上,而不是注意力的转移。

正确方法:"我们能为你做的是……"

③在客户服务的语言中,没有"这不是我应该做的":客户会认为他不配提出某种要求,从而不再听你解释。

正确方法:"我很愿意为你做"。

④在客户服务的语言中,没有"我想我做不了":当你说"不"时,与客户

的沟通会马上处于一种消极气氛中,为什么要客户把注意力集中在你或你的公司不能做什么,或者不想做什么呢?

正确方法:告诉客户你能做什么,并且非常愿意帮助他们。

⑤在客户服务的语言中,没有"但是":你受过这样的赞美吗?——"你穿的这件衣服真好看!但是……",不论你前面讲得多好,如果后面出现了"但是",就等于将前面对客户所说的话进行否定。

正确方法:只要不说"但是",说什么都行!

⑥在客户服务的语言中,有一个"因为":要让客户接受你的建议,应该告诉他理由,不能满足客户的要求时,要告诉他原因。

(5)旺旺方面

1)旺旺沟通的语气和旺旺表情的活用

在旺旺上和顾客对话,应该尽量使用活泼生动的语气,不要让顾客感觉到你在怠慢他。虽然很多顾客会想"哦,她很忙,所以不理我",但是顾客心理还是觉得被疏忽了。这时如果实在很忙,不妨客气地告诉顾客"对不起,我现在比较忙,我可能会回复得慢一点,请理解",这样,顾客才能理解并且体谅你。尽量使用完整客气的语句来表达,比如说告诉顾客不讲价,应该尽量避免直截了当地说:"不讲价",而是礼貌而客气地表达这个意思"对不起,我们店商品不讲价",可以的话,还可以稍微解释一下原因。

如果遇到没有合适语言来回复顾客留言的时候,与其用"呵呵""哈哈"等语气词,不妨使用一下旺旺的表情。一个生动的表情能让顾客直接体会到你的心情。

2)旺旺使用技巧

可以通过设置快速回复来提前把常用的句子保存起来,这样在忙乱时可以快速回复顾客。比如欢迎词、不讲价的解释、"请稍等"等,可以给我们节约大量的时间。在日常回复中,发现哪些问题是顾客问得比较多的,也可以把回答内容保存起来,达到事半功倍的效果。

通过旺旺的状态设置,可以给店铺做宣传,比如在状态设置中写一些优惠措施、节假日提醒、推荐商品等。

如果暂时不在座位上,可以设置"自动回复",不至于让顾客觉得自己好像没人答理。也可以在自动回复中加上一些自己的话语,都能起到不错的效果。

(6)其他方面

1)坚守诚信

网络购物虽然方便快捷,但唯一的缺陷就是看不到摸不着。顾客面对网上商品难免会有疑虑和戒心,所以对顾客必须要用一颗诚挚的心,像对待朋友一样对待顾客,包括诚实地解答顾客的疑问,诚实地告诉顾客商品的优缺点,诚实地向顾客推荐适合她的商品。

坚守诚信还表现在一旦答应顾客的要求,就应该切实地履行自己的承诺,哪怕自己吃点亏，也不能出尔反尔。

2）凡事留有余地

在与顾客交流中，不要用"肯定，保证，绝对"等字样，这不等于你售出的产品是次品，也不表示你对买家不负责任，而是不让顾客有失望的感觉。因为每个人在购买商品时都会有一种期望，如果你保证不了顾客的期望，最后就会变成顾客的失望。比如卖化妆品的，本身每个人的肤质就不同，你敢百分百保证你售出的产品在几天或一个月内一定能达到顾客想象的效果吗？还有出售出去的货品在路程中，能保证快递公司不误期吗？不会被丢失吗？不会被损坏吗？为了不要让顾客失望，最好不要轻易说保证。如果用，最好用尽量、争取、努力等词语，效果会更好。多给顾客一点真诚，也给自己留有一点余地。

3）多虚心请教，多倾听顾客声音

当顾客上门时我们并不能马上判断出顾客的来意与其所需要的物品，所以需要先问清楚顾客的意图，需要什么商品，是送人还是自用，送给什么样的人等。了解清楚了顾客的情况，准确地对其进行定位，才能做到只介绍对的不介绍贵的，以客为尊，满足顾客需求。

当顾客表现出犹豫不决或者不明白的时候，也应该先问清楚顾客困惑的内容是什么，是哪个问题不清楚，如果顾客表述也不清楚，可以把自己的理解告诉顾客，问问是不是理解对了，然后针对顾客的疑惑给予解答。

4）做个专业卖家，给顾客准确地推介

不是所有的顾客对我们的产品都了解和熟悉。当有些顾客对我们的产品不了解而来咨询时，就要为顾客耐心解答，不能顾客一问三不知，这样会让顾客感觉没有信任感，没有谁会愿意在这样的店里买东西的。

5）表达不同意见时尊重对方立场

当顾客表达不同的意见时，要力求体谅和理解顾客，表现出"我理解您现在的心情，目前……"或者"我也是这么想的，不过……"来表达，这样顾客能觉得你在体会他的想法，能够站在她的角度思考问题，同样，她也会试图站在你的角度来考虑。

6）保持相同的谈话方式

对于不同的顾客，应该尽量用和他们相同的谈话方式来交谈。如果对方是位年轻的妈妈，来给孩子选商品，应该站在母亲的立场，考虑孩子的需要，用比较成熟的语气来表述，这样更能得到顾客的信赖。如果你自己表现得更像个孩子，顾客会对你的推荐表示怀疑。

如果你常常使用网络语言，但是在和顾客交流的时候，有时候她对你使用的网络语言不理解，会感觉和你有交流的障碍，有的人也不太喜欢太年轻态的语言。所以建议大家在和顾客交流时，要根据顾客情况恰当地使用网络语言。

7）经常对顾客表示感谢

当顾客及时地完成付款，或者很痛快地达成交易，都应该衷心地对顾客表示感谢，谢谢她这么配合我们的工作，谢谢她为我们节约了时间，谢谢她给我们一个愉快的交易过程。

8）坚持自己的原则

在销售过程中，经常会遇到讨价还价的顾客，这时应当坚持自己的原则。

如果商家在定制价格时已经决定不再议价，那么我们就应该向要求议价的顾客明确表示这个原则。比如说邮费，如果顾客没有符合包邮条件，而给某位顾客包了邮，钱是小事，但后果会很严重，具体表现为如下方面。

①其他顾客会觉得不公平，使店铺失去纪律性。

②给顾客留下经营管理不正规的印象，从而小看你的店铺。

③给顾客留下价格产品不成正比的感觉，否则为什么你还有包邮的利润空间呢？

④顾客下次来购物还会要求和这次一样的特殊待遇，或进行更多的议价，这样你需要投入更多的时间成本来应对。在现在快节奏的社会，时间就是金钱，珍惜顾客的时间也珍惜自己的时间，才是负责的态度。

1.2.3 网店客户类型分析

充分了解网店客户的特点和基本类型，掌握基本的应对策略，有助于提高网店客服的服务质量和服务效率。通常从不同角度能对网店客户作不同分类，相应的应对策略也不同。

1. 按客户的性格特征来分

（1）友善型客户

特点：性格随和，对自己以外的人和事没有过高的要求，具备理解、宽容、真诚、信任等美德，通常是商家的忠诚客户。

策略：提供最好的服务，不能因为对方的宽容和理解而放松对自己的要求。

（2）独断型客户

特点：异常自信，有很强的决断力，感情强烈，不善于理解别人；对自己的任何付出一定要求有回报；不能容忍欺骗、被怀疑、怠慢、不被尊重等行为；对自己的想法和要求一定需要被认可，不容易接受别人的意见和建议；通常是投诉较多的客户。

策略：小心应对，尽可能满足其要求，让其有被尊重的感觉。

（3）分析型客户

特点：情感细腻，容易被伤害，有很强的逻辑思维能力；懂道理，也讲道理。对公正的处理和合理的解释可以接受，但不愿意接受任何不公正的待遇；善于运用法律手段保护自己，但从不轻易威胁对方。

策略：真诚对待，遇到问题要及时做出合理的解释，争取对方的理解。

（4）自我型客户

特点：以自我为中心，缺乏同情心，从不习惯站在他人的立场上考虑问题；绝对不能容忍自己的利益受到任何伤害；有较强的报复心理；性格敏感多疑；时常"以小人之心度君子之腹"。

策略：学会控制自己的情绪，以礼相待，对自己的过失真诚道歉。

2. 按消费者购买行为来分

（1）交际型

特点：喜欢聊天，购买前会先向卖家细致了解商品质量、性能、折扣优惠、促销信息，甚至更广泛的话题，聊得愉快了就到店里购买东西，往往交易成了，也成了朋友。

策略：对于这种类型的客户，要真诚、热情地对待。

（2）购买型

特点：不喜欢花时间与卖家交流，觉得该了解的信息都在网店里描述了，只要店里有自己中意的商品就会直接拍下，并及时付款，收到货物后也不和卖家联系，直接给个好评，对卖家的热情较冷淡。

策略：对于这种类型的客户，不要花费太多精力去与其刻意保持联系，只要认真做好自己的工作就行，比如及时发货、告知退换货规则等。

（3）讲价型

特点：对价格很敏感，喜欢还价，有时便宜了还想再便宜。

策略：对于这种类型的客户，要礼貌对待，但不要随便降价，不然他永远都会觉得自己买亏了。要坚守原则，坚持始终如一，但不要忘记微笑。

（4）拍下不买型

特点：性格较优柔寡断，拍了商品，但会因为对商品质量或款式是否会让自己满意存在担忧或认为商品价格过高等原因而不及时付款，等过了网店平台规定的付款期限，交易就自动关闭了。这往往会让卖家内心充满很大失望。

策略：对于这种类型的客户，可以通过阿里旺旺、QQ、短信或电话及时提醒买家，若是在促销活动期间下单购买的，还可以告知其活动结束后，商品将恢复原价销售，让买家产生"这次不买就亏了"的感觉。

1.3 任务实施

一家网店的引流方式可以有很多种，但成交转化的因素无外乎 3 种：一是店铺的营销手段是否有吸引力；二是店铺的视觉设计能否让买家觉得舒适；三是销售客服的沟通技巧是否到位，是否能促使客户下单购买，所以网店客服的在线接待是在线销售中非常关键的临门一脚。

要达到优秀的在线接待客户转化率，需要有一个设计规范合理的接待流程，这样不但可以提高客服的工作效率，尽量减少重复的失误，而且规范的话术可以使接待服务显得更加规范和专业。通常在线接待可以分为9步流程，具体为：进门问好→接待咨询→推荐产品→处理异议→促成交易→确认订单→下单发货→礼貌告别→售后服务。

1.3.1 进门问好

进门问好，归结为一个字就是"迎"。

"迎"指的是迎接客户的艺术。无论是售前还是售后服务，良好的第一印象是成功的沟通基础，若"迎"出了失误，则会给客户带来不良的购物体验，不利于促进呼入转化率。例如下面一则沟通案例：

买家：掌柜的在吗？

客服：在。

买家：请问这款"秋冬新款女韩版潮修身牛仔裤（D0736）"还有吗？

客服：没。

这是一则失败的沟通案例，当买家进来打招呼之后，客服只说了一个"在"字，而当买家询问一款产品是否有货时，客服又只以一个"没"字来回复，或许客服当时真的很忙，但这样的"一字真言"在网络沟通中却会让客户觉得卖家极不热情，他会马上离开，从而影响销售。

【小贴士】　旺旺自定义签名设置技巧

自定义签名是阿里旺旺的一项功能，其设置有一定讲究，若是设置得合理，则可以帮助店铺传达给客户很多信息，若是设置得不合理，反而会给客户留下不良印象。例如曾有卖家在旺旺自定义签名上这样设置：本店不讲价、不包邮、不送赠品，否则请绕道。这样的用语容易使客户产生店大欺客之感，给客户带来不好的第一印象，所以建议要用正面的、积极的和善意的签名。例如，可以把店铺的文化和品牌定位、正在进行的优惠活动、新品到货通知、真品和质量保证等信息传递给客户。

随着网店销售竞争的日趋激烈，卖家往往会花费较多的时间、人力和物力成本去做推广引流，例如，网络硬广告、直通车或者一些站内的免费推广活动，对于好不容易上门的客户，若是简单的一句"没有"就把客户拒之门外，那么之前的许多努力和付出都会失去价值。因此对于客服来说，怎么样留住每一位呼入的客户，是一个需要认真思考的问题。

通常而言，销售客服可以分为三等：三等客服只能卖客户非买不可的东西；二等客服可以关注到客户的显性需求，并做出精准推荐，促成更多成交量；一等客服则可以发现客户的隐性需求，发掘更多关联销售的潜在机会。倘若我们的客服都是三流客服，只会卖客户非买不可的东西，没有方法、技巧，也不做任何努力，那会对网店运营产生极大的负面影响。所以要成为优秀的一流客服，永远都不要对客户说"不"，而是要深入关注到客户的购买需求，当店内没有客户需要的商品时，可以尝试推荐店铺中其他接近的款式商品，从而提高成交几率。

【小贴士】 "进门问候"迎客话术参考

标准化的迎客话术可以最大化地提升店铺在客户心目中的专业形象，有效提升呼入转化率。

下面是一些常见的进门问候话术。

例句1：您好！欢迎光临，很高兴为您服务！

例句2：您好！请问有什么可以为您效劳？

例句3：您好！请问您有什么问题需要咨询呢？我很乐意为您解答。

例句4：您好，××店欢迎您！很高兴为您服务！亲，如果喜欢我们的产品，记得收藏我们的店铺哦！

1.3.2 接待咨询

迎接客户之后，要准备接待客户的咨询。

为帮助客服在与买家日常沟通中提高工作效率，以阿里旺旺为例，先对沟通工具作一些基本设置。登录阿里旺旺（卖家版），选择"系统设置"→"聊天设置"→"消息提醒"命令，如图3-1-1所示。

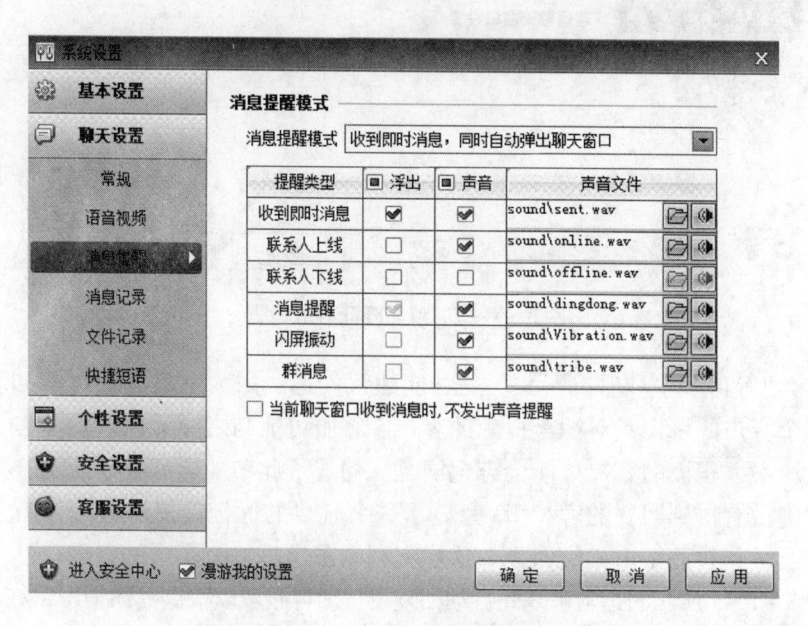

图 3-1-1 阿里旺旺聊天设置

"联系人上、下线"通知建议可以取消，因为多数时候客服都是被动地接受客户的呼入咨询，忙碌时是没有时间去关注客户的上下线并和他们进行沟通的，而且这项提醒功能一方面对系统运行带来一定负荷压力，另一方面对客服的工作也有一定的干扰。

"闪屏振动"这项功能也建议取消。因为实践中发现，有不少买家喜欢上来什么也不说就先振屏打招呼，这样会对客服的工作造成较大干扰。当客服正与前面一位客户交流时，字刚打了一半就收到后面一位客户的振屏，前面打的字有可能就丢失了，这样不但造成重复性劳动而且还有可能使客服把原先的对话错发给其他客户。

图3-1-2所示的是阿里旺旺客服设置功能，建议一定要把"启用客服工作台模式"的钩打上，这样可以把所有咨询客户罗列在同一个对话框内，不需要打开多个窗口，由此减少客服在窗口内来回点选，提高回复效率。

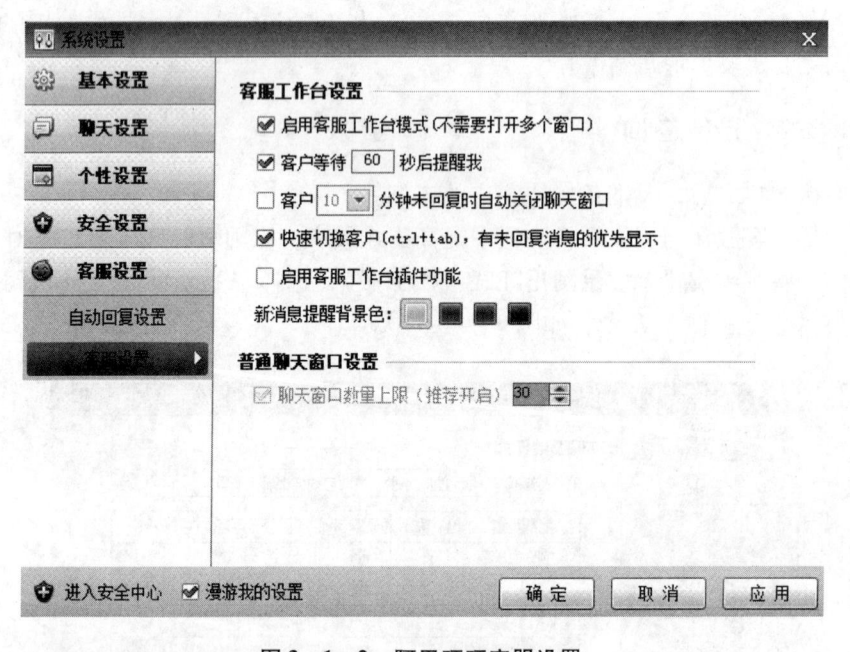

图3-1-2 阿里旺旺客服设置

"客户等待多少秒后提醒我"的功能建议勾选。因为一般客服可能同时会接收到多个客户的咨询，对积极提问的客户、客服可能与之交流的时间多些，而对一些反应不太积极的客户可能会忘记回复。勾选了此项功能后，系统会在设定等待时间内没有得到回复的客户ID旁显示一个醒目的标记，提醒客服其有新的留言，要及时查看并做出相应回复。这样有利于跟进每一个客户的咨询。

图3-1-3所示的是阿里旺旺自动回复设置，客服可以根据具体情况，在相应的条件前勾选并设置自动回复的消息。其中"当在联系人数超过多少时自动回复"的功能较重要，一般来说，客服的回复速度决定了客户在店里的停留时间，当咨询人数超

过一定数目时，用预先设定的自动回复应答新接入客户，有利于安抚客户情绪，也给客服带来一定的缓冲时间。自动回复的话术可以包含如下信息：客服××马上为您提供服务；请稍等片刻；店铺有什么新活动，您可以先看一下……

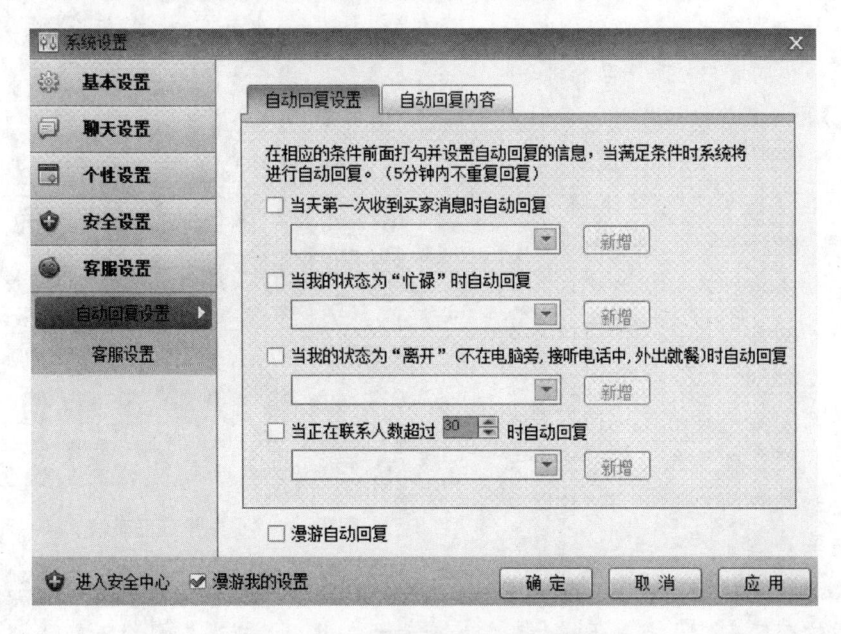

图 3-1-3　阿里旺旺自动回复设置

在接受咨询过程中，客服可能因为某些事要暂时离开电脑或客流量过大，无法及时回复每一位客户时，也可以设置自动回复，回复语建议选择一些带有安抚性或促销导向的，例如"你好，客服杨柳马上为您提供服务，请稍等片刻。店内今天有周年庆活动，可以先去逛逛哦！"

【小贴士】　"安抚顾客"话术参考

例句1：抱歉让亲久等了，现在咨询量大，回复比较慢，谢谢亲的耐心等待。

例句2：现在有多位客户咨询，我正逐一解答，并非有意怠慢，请亲理解哦。

例句3：亲，您有问题可以先留言给我，我稍后马上过来。

相对线下沟通，在线沟通存在较大局限性，因为买卖双方看不到表情和肢体语言，也听不到声音，容易产生误解。此时，旺旺表情就是在线沟通的最好代言者，如图3-1-4所示。一个合适的旺旺表情，能够让买家增加对卖家的亲切感，拉近彼此间的距离。因此客服要学会善用旺旺表情，建议尽量使用积极的、向上的、能表达善意的旺旺表情。

归纳起来，接待咨询环节需要注意的几大关键点如下。

①回复及时给客户留下好印象（黄金6秒）。客户呼入的前6秒通常被称为"黄金6秒"，只有迅速回复客户的咨询，才能及时留住客户，获得下一步向客户推荐产品的机会。

②用词简单生硬影响客户体验（加语气词）。网络对话没有语气、语调，容易使客户感觉生硬冷淡，所以要善用"哦、嗯、呢……"等语气词来有效提升客户体验。

③一切都为了让客户留得更久（先交朋友）。让客户在店铺里留得更久的方法不是一味地向客户推荐商品，而是能先和其交朋友，试着去接近客户的内心，才能让其放下戒备产生信任。

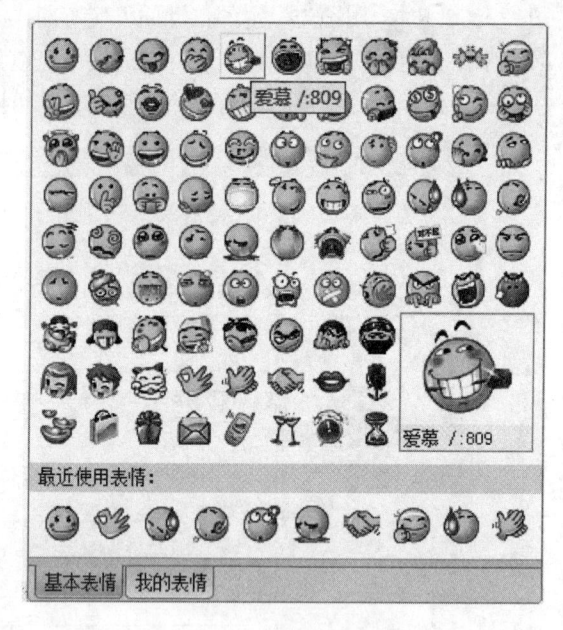

图 3-1-4　阿里旺旺表情

④建议搭配适当的旺旺表情（亲和力加分）。若在文字沟通中适当地加入一些有趣的旺旺表情，有利于增加卖家的亲和力，从而拉近与客户的距离。

1.3.3　推荐产品

向客户推荐产品，需要客服根据客户需求有针对性地来"说"，即介绍产品，并能引发客户对产品的兴趣。下面是一个通过"说"来达成关联销售的成功案例。

买家：我拍了牛肉干，你看一下有货吗？

客服：亲喜欢吃辣的呀，我们有款川辣味的猪脯要不要试一下呀？买两款零食可以包邮哦！

买家：一次买多了怕吃不完呢……

客服：不会的啊，这两款量都不算太多的，一般一次吃一包才刚刚过瘾呢，省下的邮费都够买半包肉脯啦！

从这个案例中可以看到，客服在向买家推荐产品时，先根据客户要求查看了一下他已经拍下的商品，目的在于一是帮助客户确认订单，二是为了了解客户的需求。当客服看到客户已经拍下的是辣味的牛肉干，由此判断客户喜欢吃辣味的零食，所以立即按客户的喜好和需求推荐另一款川辣味的猪脯。当客户表示担心一次买的量太多吃不完时，客服马上站在客户的角度为其考虑，先说明这两款商品实际的量并不多，并且因为好吃所以一般一次吃一包才刚刚过瘾。解决了量的问题后，紧接着又很有技巧地推了客户一把，就是抓住买家在网购时最为关心的邮资问题，告诉客户买两包可以免邮，而省下来的邮费都够买半包肉脯了，因此客服的最终推荐能被客户所接受。

这个成功的"说"服客户的沟通案例，运用了在线销售中一个较为重要的"关联商品推荐"技巧，要成功实施这个技巧，关键在于找到产品间的共性。例如对于一位销售母婴类产品的客服，客户呼入进来咨询的第一件产品是待产包，那么这时客服再推荐的产品若是防辐射服就不太合适，因为从客户咨询待产包可以看出，其应该已进入待产期，而防辐射服应是孕初期购买的产品。相反如果客服推荐产后恢复的绑腹带倒更容易获得成功，因为现代女性对身材要求很高，在生产前就会考虑身材恢复的问题，绑腹带刚好满足了她们的需求。

【同步案例3-1-1】

啤酒与纸尿片

背景与情境：沃尔玛在美国的一家分店发生过这样一件趣事。在一个夏季，管理者发现在那段时间里婴儿纸尿片和啤酒的销量次第拔高。这如果在一般的商店也许就会被忽略，但沃尔玛超市的管理者没有轻易放过。他们立即对这个现象进行了分析和讨论，并且派出了专门的队伍在卖场内进行全天候的观察。最后，谜底终于水落石出：原来，购买这两种产品的顾客一般都是年龄在25~35周岁的青年男子，由于孩子尚在哺乳期，所以每天下班后他们都会遵太太的命令到超市里为孩子购买婴儿纸尿裤，每当这时，他们大都会为自己顺带买回几瓶啤酒。沃尔玛的管理者立即针对此现象采取了行动：将卖场内原来相隔很远的妇婴用品区与酒类饮料区的空间距离拉近，以减少顾客的行走时间。

问题："啤酒搭配纸尿裤"的故事能给网店客服工作带来哪些启示？

分析提示："啤酒搭配纸尿裤"是典型的关联商品销售故事，对于网店客服来说，为提高关联商品推荐的成功率，不但要全面考虑产品相互之间的共性，还需要通过数据挖掘来分析买家购买规律。

为了能有效向客户推荐商品，"问"也是重要的沟通技巧之一，客服通过"问"，可以挖掘客户的真实需求，从而才能有针对性地做出推荐。下面是一个关于商品推荐的案例。

买家：老板，请给我推荐一套日常护肤品。

客服：亲，您可以看一下我们的精油补水套装。

买家：呃……可是我对精油过敏呀！

客服：抱歉，那给您推荐这款抗皱美白套装。

买家：汗！我才过二十岁抗什么皱啊？

从这个案例中可以看出，这是一位销售导向型的客服，她所推荐的两款产品都不适合客户，问题的关键在于她在未了解客户基本情况和需求的基础上，就进行了盲目推荐，所以导致了客户的不满意。因此"问"是为了更好地"说"，在线销售中,"问"通常有封闭式提问和开放式提问两种,前者如"给您发顺丰快递好吗?""给您宽松休闲款好吗?""要给您配件上衣吗?",后者如"您希望发哪家快递?""您对款式有啥要求?""您还想要买什么吗?"等。根据实践经验,售中沟通较适合采用封闭式提问,便于客服引导客户,而售后沟通较适合采用开放式提问,这样可以给客户较多自由发挥的空间,有利于问题的解决。

【小贴士】 "推荐产品"话术参考

这是一家销售户外用品的网店客服在向客户推荐产品时常用的话术。

问题	提问背景	解答参考	掌握和技巧
这款鞋子是什么时间出产的?	顾客也许关心的是: 是否新款?	鞋子和食品不一样哦,出产时间倒不是最重要的,这款刚上市不久的,您挺喜欢是吗?(抛出问题,了解需求)	建议多抛一些问题,挖掘出顾客各方面的需求:比如,款式,喜欢的配色,在哪里穿,干什么用的,价格段,自己穿还是送人,等等
你们家有没有××的衣服啊	一般是在查找没有后会这样问,直接购买欲望强	1. 是这样,我们家以卖××为主,您说的××品牌,您是准备第一次购买试穿吗?(判别该顾客是否是该品牌老顾客) 2. 我知道的,××品牌××不错,您挺有眼光啊 3. 如果不介意,您不妨了解一下我家的××品牌和产品,和您刚才说的××性能都有,而且,还有××新的特点,我给您看下吧(找出商品页面发给顾客)	先肯定,赞扬,后推荐或者如果觉得该品牌有什么大家都知道的缺点,不妨告知对方,让顾客转移品牌
能不能帮忙找下×××样子的商品?	准备想买,如果合适就会买	1. 如果有基本相同款,直接推荐,注意价格相符的 2. 如果没有,可以先试探问对方看中这款主要是什么原因,然后先肯定一下,再转移到推荐我们家的某品牌、产品	尽量抓住顾客促成交易
有没有适合这款T恤的运动短裤,帮我推荐一下啊	准备想买一套	1. 稍等,这里有个顾客很急 2. (过30秒左右)亲,对不起啊,我还是脱不开身,要不您先自己看,您可以从左边侧栏的按类别搜索中的下身按钮来查找我家××产品还是比较多的,应有可以一起搭配的××,如果有什么困难,可以再呼我一下哦	想帮忙,但心有余而力不足 提醒有困难,还是可以及时帮助的

归纳起来，推荐产品环节需要注意的几大关键点如下。

①提问是为了挖掘客户的真实需求，切忌语气过于生硬。

②为了能根据"问"的结果精确地向客户推荐其所需产品，客服需要明确自己店铺的产品特性，以及货源优势、质量优势和价格优势。

③站在买家的角度考虑问题，喊出买家利益，从而实现买卖双赢。

④要时刻体现诚信态度，当店铺有优惠活动时，要及时告知客户，这样有利于让客户感觉到卖家是真正为其考虑，从而增加黏性。

【同步案例3-1-2】

欲速则不达

背景与情境：明媚的春天，和煦的阳光照着大地。

大街上，一个穿着风衣的人行色匆匆，风和太阳打了一个赌，看谁能让他脱下风衣。

风开始吹，使劲地吹，风声呼呼，行人却把风衣裹得更紧。风吹得越厉害，他把衣服拉得越严。

太阳只用暖暖的阳光缓缓地照着，地面温度逐渐上升，行人开始解纽扣。太阳继续照着，行人开始脱掉风衣。

慢慢地，行人脱下外套，取下帽子，穿着衬衣愉快地走在大街上。

问题：这个小故事能给网店客服工作带来哪些启示？

分析提示：顾客向我们询问商品时，有时不一定马上就有购买意向，甚至只是想了解一下这类商品的知识。只要我们不急功近利地推销，顾客就会对我们产生好感和信任感，即使这次没有成交，他心里也一定会记得这个好卖家，为以后来购买或向朋友推荐打下一个良好的基础。

所以，这个世界上，急功近利永远不会有好的结果，耐心才能达到我们的目标。

1.3.4 处理异议

处理客户的异议，需要"应"的技巧，即对客户在沟通过程中提出的各种问题进行合理回应和解释，目的在于解决买家的异议并促成购买。通常客户的异议主要集中在商品质量和价格方面，例如下面一则案例。

买家：我买这么多，店家可以打8折并包邮吗？

客服：亲，我们是有很优惠的折扣标准的，您的金额达到200元，只可以享受9折包平邮哦，具体标准请看这里：

http://store.taobao.com/shop/rshop/promote.htm?id=12065

买家：不能再优惠点了吗？我是你老客户啦，已经多次光顾了。

客服：您还可以在赠品区挑选一件20元以下的赠品，价钱上实在不能再便宜了。售价是公司出台规定的，我们客服是没有权利议价的，希望理解哈！"

买家还价是客服经常遇到的事，上面案例中这位客服则回应得既得体又巧妙，当客户要求优惠时，她适时把公司的标准告诉了对方，暗示价格是公司行为，有其合理性，当客户再次提出异议时，则适当地承诺一些小赠品，这样既让客户感受到了公司管理的规范性和人性化，也成功促成了交易。

实际中客服回应客户异议的方法有多种，关键是要注意下列几点。

①要及时回应客户。尤其当客户有异议时，不要使用自动回复来应付客户。

②回应客户异议时态度要亲切，要有耐心，解释要得体，用语要规范，尽量多用陈述句，不要使用反问句，因为反问句通常含有质疑和攻击对方的意图，这容易让买家反感。

③在线沟通时尽量少用感叹号、过于刺目或浅淡的字体颜色和花哨的字体。因为感叹号一般在强化感情色彩时才用，在处理客户异议时常用感叹号容易让客户产生误解或不适。而客服使用的文字颜色，若过于刺眼或浅淡，或者使用过于花哨的字体，都容易让客户产生视觉疲劳，影响心理感受。

【同步案例3-1-3】

智者的四句箴言

背景与情境：一位16岁的少年去拜访一位年长的智者。

他问："我如何才能变成一个自己快乐，也能够带给别人快乐的人呢？"

智者笑着答道："孩子，在你这个年龄有这样的愿望，已经是很难得了。很多比你年长很多的人，从他们问的问题本身就可以看出，不管给他们多少解释，都不可能让他们明白真正重要的道理。"

少年满怀虔诚地听着，脸上没有流露出丝毫得意之色。

智者接着说："我送你4句话。第一句话是，把自己当成别人。你能说说这句话的含义吗？"

少年回答说："是不是说，在我感到痛苦忧伤的时候，就把自己当成是别人，这样痛苦自然就减轻了；当我欣喜若狂之时，把自己当成别人，那些狂喜也会变得平和一些？"

智者微微点头，接着说："第二句话，把别人当成自己。"

少年沉思一会儿，说："这样就可以真正同情别人的不幸，理解别人的需求，并且在别人需要的时候给予适当的帮助？"

智者两眼发光，继续说道："第三句话，把别人当成别人。"

少年说："这句话的意思是不是说，要充分地尊重每个人的独立性，在任何情形下都不可侵犯他人的核心领地？"

智者哈哈大笑："很好，很好。孺子可教也！第4句话是，把自己当成自己。

这句话理解起来太难了,留着你以后慢慢品味吧。"

少年说:"这句话的含义,我是一时体会不出。但这4句话之间就有许多自相矛盾之处,我用什么才能把它们统一起来呢?"

智者说:"很简单,用一生的时间和精力。"

少年沉默了很久,然后叩首告别。

后来少年变成了壮年人,又变成了老人。再后来在他离开这个世界很久以后,人们还时时提到他的名字。人们都说他是一位智者,因为他是一个快乐的人,而且也给每一个见到过他的人带来了快乐。

问题:这个小故事能给网店客服工作带来哪些启示?

分析提示:作为一个在群体社会生存的个体,己所不欲,勿施于人,是一个明白人的做人智慧。换位思考能让我们更真切地体会到对方的感受,尊重别人,别人也才会尊重我们,这样能使我们拥有更多的朋友。有自知之明,可以培养我们谦逊的品德,只有看到自己的不足,才能进行有效的改进。

尤其是经常站在顾客的角度考虑问题,可以使我们的服务更完善,顾客的满意度也更高。很简单的4句话,却需要我们用一生的时间来感悟和体会。朋友就像一面镜子,只有对着镜子笑的人,才会看到镜子里的笑脸,如果我们希望朋友都对自己笑的话,从今天开始,学会先对着镜子笑,这样,我们才会每天看到的都是笑脸。

【小贴士】 "处理客户异议"话术参考

问题	提问背景	解答参考	掌握和技巧
价格能再少点吗 能再打个折吗	顾客养成的习惯问语 碰到较贵的商品 女孩家讨价还价心理	1. 我家的商品是正规渠道进货的,价格已经比线下低很多啦 2. 售价是公司出台规定的,我们客服是没有权利议价的,希望理解哈	1. 话语可以随和一些,缓和气氛 2. 告知网络购物,已经比线下专卖店便宜很多了
你家卖得挺贵呀	顾客试探性说语	呵呵,不知道您是不是和我们开玩笑啊?贵与不贵是相对的,我们家不是靠低价起家的,如果您了解的话,我们更乐意为您提供一种高价值的服务	缓和一下气氛,探听顾客背后有什么信息
有没有送礼品什么的呀	习惯性问法 爱好此类优惠方法	1. 直接法:不好意思,公司在节假日搞促销活动,一般才会有礼品呀 2. 提醒法:公司在节假日都会有一些促销活动,回馈新老顾客,但促销类型也很多,不一定就是送礼品的,届时您可以积极关注一下。大家彼此理解哈	回复后提醒他积极关注节假日活动,有必要,可以告知他最近一次促销情况,提早单独告知,让顾客感觉受到礼遇
你们价格怎么这么便宜呢	质疑产品价格以及货源是否正品了	1. 设问:哦,您以前都是在专卖店买鞋吧 2. 网络销售,省去了传统企业很多渠道和门店费用,价格一般都要比线下优惠,我家商品新款多,货齐全,价格上还很有优势,您可以从容挑选一下	看对方深一步问题说话

1.3.5 促成交易

促成交易是一切在线销售工作的最终目的，需要客服深入掌握"察"的沟通技巧。"察"就是观察客户，要在第一时间搜集客户职业身份、性格脾气、购买力和交易历史等，通过察言观色，客服才能真正挖掘客户需求，激发购买意向，并最终达成交易。下面是一则一家专营母婴保健食品的网店客服通过"迎、说、问、应、察"成功留住客户、达成交易的案例。

买家：请问这个叶酸胶囊适应什么人群啊？

客服：都可以吃的呀，适应人群挺广泛的。

买家：我听说叶酸不是适合孕妇吃的吗？

客服：孕妇都能吃的东西安全级别是最高的，有些女孩子痛经也会吃我们的叶酸胶囊，效果特别好！

买家：谢谢，我再看看店里其他的。

当客户进来咨询一款名为"天然叶酸"的产品时，客服回复说适应人群挺广泛，于是客户有异议，表示她听说叶酸是适合孕妇吃的，但实际上叶酸是所有女性都要补充的，其有调理和延缓衰老功能，但客户并不能一时就理解，并有要走之意。于是客服开始挽回。

客服：当然我们的叶酸产品，对于孕妇姐妹是更适合的。我是这里的值班营养师，介绍产品我不一定在行，但是回答营养咨询可是我的强项，您有什么疑问都可以问我哦！

买家：真的吗？如果已经怀孕37天能吃你们的叶酸吗？

客服：请问以前吃过叶酸吗？还有目前有孕吐的现象吗？

买家：没吃过呢，现在只是有点泛酸水，倒是没吐过……

客服：每个人反应是不同的，难受的反应会在4个月左右消失的。

这时客服意识到自己的回复内容有误导之意，于是马上改口说叶酸产品对于孕妇是更适合的，并介绍自己是值班营养师，介绍产品不在行，但回答营养咨询却是强项，这直接吸引了客户的注意力。接下来客服配合买家咨询的问题，用专业知识给她建议，这样既挽回了客户也努力表现了自己的专业形象。

买家：为什么好像你家的叶酸要比医院开的要贵很多呢？

客服：我们的是天然叶酸，吸收快且无副作用，医院开的叶酸片主要成分是合成叶酸，会增加肝脏的代谢负担，所以为孕妇的健康考虑，这一点差价应该还是很值得的哦！

买家：嗯，有道理，那只要吃这个就可以了吗？

客服：我建议可以搭配胡萝卜素和DHA胶囊一起吃，前者有防辐射和解毒功能，后者对宝宝的脑部发育很有帮助！

买家开始对价格提出异议，其实表明买家开始对产品感兴趣了，这时客服运用专业知识来为客户解答疑问，使客户更加产生信任感。于是这位客服又从客户角度出发，适时实行了关联销售。

买家：看样子你真的很专业，遇到你运气真好！

客服：这是缘分啊，平时我常去社区给孕妇做营养讲座，不一定天天都来这值班，就冲这缘分，今天下单给你包邮吧。

买家：真的啊？你真好，我先买一套，效果好一定会再来的！

客服：好的。以后遇到任何问题也都可以来咨询我们，希望能帮助你们生个健康聪明的宝宝！

买家：谢谢！

这时买家的心态已经完全放松，客服利用"今天下单就包邮"的方式适时促成了这笔交易。而且买家若是能把这位客服当成个人营养顾问，那么可以预见，这是位长期的忠诚客户。

归纳起来，促成交易需要注意的几点如下。

①认真观察客户是为了更好地销售，所以要以最终成交作为导向，要在关键时刻能"推"客户一把。

②只有换位思考，将心比心才能真正了解客户的需求。

③尽量通过多种方式来了解客户，例如历史购买记录、用语习惯等。

【小贴士】 "促成交易"话术参考

例句1：购买多款商品的话，建议您使用购物车，将商品添加到购物车后一并支付，只统一收取一次运费，这样您的邮费就不会重复支付啦。

例句2：如果对我们的产品感兴趣，还请尽快拍下付款哦，我们可以马上为您安排发货了。

例句3：这款是我们的镇店之宝哦，评价和销量都非常不错，现在库存也不多了。亲喜欢的话，请抓紧购买哦。

例句4：这款销得很好，我们也不能保证一直有货的，需要的话还请亲尽快决定哦。

例句5：如果您现在购买，还可以获得××礼品。活动期间才有这样的优惠哦，亲及时决定就不会错过这么大的优惠了……否则会很可惜的哦……

1.3.6 确认订单

订单确认有助于进一步明确买卖双方的理解是否一致，可以有效降低卖家的出错率，对一些尚未付款的买家，还可起到提醒客户及时付款的作用。此外，与客户确认收货地址，还可以有效避免骗子盗取买家信息，实施网购诈骗的行为。

【同步思考3-1-1】

三角骗术揭秘

一位4钻老卖家自述曾经历的一次三角骗局。

有天，买家A来我店拍下付款，一切正常。不久买家B来问，说自己用买家A的账号拍的宝贝发货了吗？我说还没有发，然后B就让更改地址。于是我们就改好了，按照B写的地址用EMS发过去了！

过了几天后，A买家来问我们怎么还没收到东西，店里客服就查询了EMS跟踪记录并发给A，A就提出地址不对。然后我们把和B买家的谈话也发给了A，结果A说他不认识B，也没有换过地址，然后就要申请退款。

分析说明：如何有效防止这类三角骗局？

理解要点：这类三角骗局的骗术通常都是：骗子诱导买家拍下自己给他人的商品链接；骗子找真正卖家谈，并让买家付款到支付宝；买家付款后，骗子告诉卖家要修改收货地址；卖家按照骗子提供的收货地址发货；骗子收货，买家卖家都成为受骗者。为有效防止这类三角骗局，卖家应做好订单确认工作，与客户及时确认收货地址和联系方式，还要多查看历史聊天记录。

订单确认要尽量遵循"KISS"原则，即Keep It Short and Simple，就是让信息显得简明扼要。

1.3.7 下单发货

下单发货可以作为一个工作流程的交接，一般就是把已经成交付款的有效订单录入到店铺的ERP订单管理系统，以便让库房的同事可以下载打印发货单，进入发货流程。

在下单发货以前，要注意对订单的审核，一般订单记录的买家ID后有一个类似倒三角的图标，可以帮客服再次做订单内容的确认。单击这个倒三角图标，可以看到这位买家所有的历史成交记录，包括买过什么、买过几次，还可以对客户分几次购买的订单进行合并发货，以避免重复劳动和浪费快递费。

【小贴士】 "成交发货"话术参考

例句1：请稍等，改好价格后我通知您，谢谢支持。

例句2：您好，价格修改好了，一共是××元，请您先核对再支付，谢谢！

例句3：我们会及时安排发货，请您在2~3天手机处于接通状态，方便快递业务员将产品及时准确送达到您手中，谢谢合作！

例句4：您好，已经看到您支付成功了。我们会及时为您发货的，感谢您购买我们的商品，有需要请随时招呼我，我是×号客服××。

1.3.8 礼貌告别

礼貌告别需要客服掌握"收"的沟通技巧,"收"就是在沟通过程中适时地、恰当地对问题进行收尾。对于购买成功的客户,可以预祝合作愉快,请其耐心等待收货,如有问题可以随时联系等,这都有利于增加客户情感黏度,降低投诉率;对于没有立即成交的客户,客服应该有礼貌地给买家留出考虑的时间,可以适时地用"有更多优惠活动"之类的信息加以暗示,若客户还是没有下单的意愿,就不要再跟进了,以免引起客户的反感。相反,客服可以诚恳地表达为其提供服务很高兴的心情,同时可以加对方为旺旺好友,以便将来进行客户管理和跟进。

礼貌告别环节需要注意的几点如下。
①用语礼貌、亲切大度,会给客户留下好的印象。
②对有意向的客户可先加为好友,以备后续跟进。
③学会将不同的客户进行分组和重要级别的设置。
④给客户留出考虑的空间,过度催促会适得其反。
⑤告别前适度努力,为下次交易留机会。

【小贴士】 "礼貌告别"话术参考

例句1:期待能再次为您服务。祝您晚安!
例句2:亲,感谢您购买我们的产品,合作愉快,欢迎下次光临。
例句3:为您服务很高兴,祝你购物愉快!
例句4:感谢您的信任,我们会尽心尽责为您服务,祝合作愉快!

1.3.9 售后服务

售后服务是整个交易过程的重要环节,因为很多店家都明白,维护好1个老客户比新开发10个新客户都重要。良好的售后服务能有效降低客户投诉和纠纷率,从而提高客户的满意度和忠诚度。售后服务工作通常可分为3类:一类是正常的交易,基本没有太复杂的问题,只是一些日常小问题需要客服跟进解决;一类是有纠纷的交易,需要客服按照网络购物平台规则和服务规范及时处理,以免影响客户的购物体验;还有一类是基本的售后老客户管理与维护,目的是提高客户黏性,为以后的老客户营销打下良好基础。

1. 正常交易

"正常交易"中的日常售后服务工作包含发货后的查单、查件,管理一般客户的售后评价,并针对某些评价做出相应的解释等。为提高客户满意度,需要客服做到"快、热、诚"。"快"是指反应快速。通常客户在售后提出的一些问题,尤其是与商品相关的,都希望能尽快得到答复,不然容易产生焦虑情绪,甚至会将事态严重化。所以客服的及时回复，不但能安抚客户焦虑的情绪，也有利于问题的解决。"热"是指回复时态度要热情，"诚"是指让客户有被以诚相待的感觉，这样便于化解客户的不满情绪。例如下面这个案例。

买家：在吗？我东西怎么还没收到，好多天了。

客服：您好，稍等我帮您查一下看看哦。

买家：好的，谢谢。

客服：让亲久等了，我给亲查过了，包裹当天就发了，发的是××快递，运单号是×××，我这就给您电话联系一下快递公司，给您添麻烦了。

买家：好的，没关系，谢谢。

客服采取主动热情的态度真诚地与客户沟通，告诉他详细的包裹运送快递公司和运单号，并主动为客户联系快递公司，在这种及时联系回应的情况下，通常问题都能轻易解决。

2. 纠纷交易

"纠纷交易"是指在交易行为成立后，客户因为种种原因产生不满，而形成纠纷的那类交易。交易纠纷通常可分为3种：一是产品的纠纷；二是物流的纠纷；三是服务态度的纠纷。

（1）产品纠纷

产品纠纷通常是由客户对产品的品质、真伪、使用方法、使用效果等相关因素产生质疑而导致的纠纷。例如以下这则案例。

买家：掌柜你好，刚买的面霜用了后脸上刺痛啊。

客服：亲不用担心，这可能说明起效很快哦。

买家：不会是过敏吧？

客服：一般情况下不会哦，这款面霜很温和的，您今晚在手臂内侧先试一下，然后明早看看有没有过敏现象，若没有的话，就可以放心使用了。

买家：行，那我晚上先试试。

在这个案例中，客服专业的知识和耐心的引导帮助客户打消了疑虑。一般处理产品纠纷时需要注意下列几点。

①产品质量不过关可以让客户提供证据或图片，退货或换货。

②当客户对产品有误解时，客服应向客户耐心解释产品的特性。

③当客户因使用不当时，客服应耐心引导客户了解正确的使用方法。

（2）物流纠纷

物流纠纷通常是由客户对选择的物流方式、费用、时效、物流公司服务态度等方面产生质疑而导致的纠纷。例如以下这则案例。

买家：你们选的什么破快递啊？就这服务态度。

客服：您好，请问快递有什么问题吗？

买家：他不愿送上门，还说没人拿，就退货回去。

客服：十分抱歉，给亲添麻烦了。我现在就打电话给快递公司，一定让他们尽快处理，给您再投递一次。

买家：好吧，也只能这样了。

客服：抱歉，下次发货给您换其他快递哦。

在这个案例中，客服主动承担责任，积极帮助客户处理问题，及时安抚了客户的愤怒情绪。

（3）态度纠纷

态度纠纷通常是由客户对客服服务态度、店铺售前售后等各项服务产生质疑而导致的纠纷。例如以下这则案例。

买家：掌柜你好，刚买的皮带表面有点凹凸，好像是质量问题，可以退货吗？

客服：上百个顾客都买了这个皮带，你是第一个说有问题的！

买家：也许我是第一个收到有凹陷和凸起的。

客服：我知道，皮带都是这样的，您不会没买过休闲皮带吧？

客服：晕死我！要退款早说啊，找那么多借口。

买家：我刚收到货，现在说晚吗？

客服：那我先前那100多位顾客的认定呢，他们又不是没买过东西对吧。

买家：拜托，那不是同一条皮带好不好？

买家：产品质量不好，服务态度又这么差，我要给你差评！

这是一则因客服面对客户对产品质量问题的质疑，不但没有耐心解释，反而对客户反唇相讥，冷嘲热讽而导致沟通失败的案例。

再来看下面这则案例。

买家：东西收到了，裙子不错，但那件T恤看起来不怎么好哟。

客服：亲，那件T恤今年和去年卖的都是相当不错哦。

客服：没事，亲，如果不喜欢，就退回来。

客服：不过这款上身效果真的不错。

买家：我最怕你说，不喜欢就退，别找那么多借口。

客服：哈哈，不会的。这很正常啊，因为我也是女生啊，能理解买家的心情。

买家：谢谢哈，其实你家衣服的风格我还是蛮喜欢的，以后还会来光顾的。

在这个案例中，客服积极采用了换位思考，以同性心理对买家的购物心情表示理解，并及时采取了令买家满意的解决措施。通过这次顺利退货，买家不但不会觉得这家网店不好，反而因其良好的售后服务而成为这家店铺的忠实客户。

在与纠纷交易的客户沟通过程中，客服需要注意下列几点。

①善于倾听，给客户机会让其说出真实的想法。

②不要直接拒绝客户。

③不要与客户争辩、争吵、打断客户，倾听比辩解更重要。
④每一个客户都是重要资源，不要"表示或暗示客户不重要"。
⑤措施比空说更有用。
⑥灵活地按制度办事。

3. 客户管理与维护

正常交易之后的客户管理与维护非常重要，因为有统计表明，开发一个新客户的成本是维护好一个老客户成本的7倍，老客户不仅重复购买的开发成本低，而且对产品与品牌更加认同，黏性强，沟通更加顺畅。同时有不少老客户会愿意写一些很精彩的好评或分享，从而给店铺带来良好的口碑宣传效应。

网店的客户管理与维护通常可按4个步骤进行：数据收集→划分等级→客户分类→客户关怀。

数据收集：这是客户管理与维护的基础，每次交易后，通过网店后台我们都可以看到客户的基本资料，例如手机、邮箱、地址，通过与客户的聊天，细心的客服可能还会收集到客户的生日、兴趣、爱好、肤色、三围等更多私密性信息。

划分等级：根据会员分布的情况设置不同的会员等级制度和有效期，还要设置不同会员等级制度的门槛与优惠政策。

客户分类：根据客户的购买金额、频次、周期、客单价等进行分类管理。

客户关怀：通过邮件、QQ、旺旺、手机短信、电话回访等方式进行客户关怀和营销推广，包括生日与节假日关怀、使用售后关怀、购买提醒和促销活动通知等。

【小贴士】 "售后用语"话术参考

例句1：您好！请问我们的产品或服务有什么地方让您不满意吗？

例句2：很抱歉给您添麻烦了，由于快递公司的原因给您带来不便，我们表示深深的歉意。我们公司实现无条件退换商品，请您放心，我们一定会给您一个满意答复。

例句3：非常感谢您提出的宝贵建议，我会在第一时间将您的问题反映给相关负责人，给您一个满意的答复。

例句4：假如我们的工作给您带来不便，请您原谅，希望您可以告诉我具体情况，以便我们及时改进及处理。

1.4 知识与技能拓展

1.4.1 网店中差评处理技巧

对一家网店来说，影响销售业绩最直接的因素可能就是买家的评价，好的评价犹如良好的买家口碑，对网店有着直接正面的宣传作用，但中差评却会使网店信誉受损，如果买卖双方协调不好，又无法修改时，对店铺经营往往会带来致命打击。那么一些有经验的卖家是如何应对客户的中差评的呢？

1. 常见中差评场景

场景原因	处理建议
①物流问题：快递送货慢	需主动联系买家沟通协商，引导买家重新评价，若协商同意删除中差评
②服务问题：客服响应速度慢、服务/态度差、发货不及时	
③质量问题：商品瑕疵、质量不好、商品与描述不符	
④恶意中差评：勒索、商品不满意要求退钱换好评等	
⑤无意义评价：如字符、字母或数字等无意义内容	保留相关凭证，发起投诉后处理
⑥协商同意删除：双方通过旺旺（淘宝平台）、QQ（拍拍平台）、短信或电话协商一致	

2. 中差评售后沟通技巧

宜	忌
①认同顾客所处的立场 ②分析顾客中差评的原因 ③针对顾客的中差评，表明我们的观点 ④说服顾客接受我们的观点	①直接拒绝客户退换货要求 ②争辩、争吵、打断客户 ③教育、批评、讽刺客户 ④直接投诉客户 ⑤强调自己正确的方面，不承认错误 ⑥表示或暗示客户不重要

3. 评价问题沟通技巧实战案例

（1）物流问题引起的中差评

举例：

[中评] N 慢，从福建到广东用了 5 天时间，正常 2 天就可以到了，同事急着要穿的，却等了那么久！鞋子还算不错！

[差评] 差评原因：物流送货慢

这是我从网上购物送货最慢的一次，我从没听说过哪个快递送货一个多星期才到的。

[差评] 差评原因：发货速度慢，物流送货慢

在货来的那一瞬间我哭了；货终于来了……发货真够"快"的。

分析：很多因物流问题带来的中差评让卖家最为感到委屈，物流不是我们家的，我们也不能控制他具体什么时间可以送到。往往在收到这样的中差评后，卖家们都又气又恨："凭什么给我差评，我们及时发货了，快递公司慢了能怪我们吗？"

但换位思考从买家的角度考虑一下：谁买东西不希望早点拿到呢？

应对1：[中评] "速度太慢，平时 2 天你们却用了 5 天"

客服：您好，我是淘宝××店的售后客服，请问您是王小姐吗？

买家：你好，是的。

客服：您好，王小姐，打扰您了，非常感谢您在我们店购物，现在交易结束了，这边耽搁您 1 分钟时间做个回复可以吗？

买家：嗯，可以。

客服：好的，王小姐请问您一下在本次的交易中您对我们的客户服务、商品质量、物流处理都满意吗？

买家：你们快递太慢了，平时我买东西 2 天就到了，你们这用了 5 天。

客服：非常抱歉给您这次购物带来的不愉快，王小姐您是 21 号付款的，我们当天发货了，物流使用的是国内服务比较好的中通，近期全国很多地方有大雪，很多的高速公路都被封了，各家物流派送都有延误现象，这点还希望您能见谅。

买家：哦，这样啊，那好的我知道了，谢谢。

客服：非常感谢您的谅解，您对本次交易给出了中评，我们非常重视每个买家中肯的评价，如果您方便能上线修改一下评价吗？

买家：嗯，等一下我上线看看吧。

点评：这里客服与买家成功进行了沟通，客服巧妙地以售后服务的方式进行回访协商，使顾客感受到卖家对买家售后服务体验的重视。同时客服使用在线沟通工具，而没有用电话，有效避免了接通电话后直接进入评价问题而引起买家的反感。

应对2：[差评] "物流服务不好，速度慢，而且不送货上门"

客服：喂，请问你是王怡吧？

买家：嗯，是的，你是哪位？

客服：我是淘宝××店的，您上次买的那鞋子说快递慢给了差评，你能不能上线帮忙修改一下？

买家：你们那快递确实很慢，是我网上买东西用的最长的一次了，而且快递还不送到我家里，还是打电话让我下楼拿的。

客服：不好意思哈，这个快递也不是我们家的，具体什么时候到我们也不知道，派件员没有送到你家里那可能是派件员有问题，你可以向快递公司投诉。

买家：但是这个是你们选择的快递啊，这些问题你们都应该考虑到的，你们就不能选择一家好一点的快递吗？

客服：哪家快递都有慢的时候，我们合作快递算好的了，这个我们也没有办法的。

买家：那我给你们评价是我的权利，我也不改。

客服：快递公司慢了这个不是我们的责任，你可以去投诉快递，你不应该给我们差评的。

买家：我买东西想给什么评价是我的权利……

点评：这里客服与买家的沟通是失败的。客服在与买家沟通过程中，一直在推卸责任，其实买家和快递公司没有任何交易，卖家应该主动承担责任且积极与快递公司联系。

（2）服务态度问题引起的中差评

举例：

［差评］差评原因：联系不到卖家，卖家发错货

要绿色给我蓝色，而且一直呼旺旺都没反应，留言也是。这种服务态度！

［中评］卖家的态度超差。鞋子质量也一般。

［中评］客服就是个傻子，什么都不懂，态度又差。

分析：店铺咨询高峰期时有时一下子会涌进几十几百的客户，尤其是搞活动期间，客服一般都会应付不了。客服态度，谁也不能保证每天100% 耐心、细心、面带笑容地去解决每一个顾客的问题，特别是面对很多顾虑极致的买家。

应对：［差评］"客服不理人，回答问题不清楚，发货速度慢"

客服：您好，我是淘宝××店的运营店长，请问您是张平小姐吗？

买家：我是，你有事吗？

客服：非常抱歉打扰您了，我们网店新开张，今天联系您是希望和您做个满意度调查，请问一下张小姐在我店购物有什么地方让您觉得不满意或我们做得不够好的地方吗？

买家：哎呀，这个可多了，我和你们客服说话半天都不理我，好不容易说话了，问题回答得不详细，而且好像还不耐心，最气人的是我付款后，第3天才发货。

客服：非常抱歉，对于您提出的问题我们会尽快改正，我们还需要就以上问题和您解释一下，您当天购买我们商品的时候有几场今日特价抢购活动，所有客服咨询量都特别多，回复慢了还请您多多见谅。发货慢的问题我们正在努力协调，由于近期订单较多，为了保证发货前仔细检查，所有订单我们需要按照付款顺序一个一个打包发货，这也是对顾客负责，这点也请您能够理解。

买家：嗯，好的。其实你们商品还是不错的。

客服：谢谢您的理解，期待您的下次光临。张小姐，我们非常重视客户的每一个评价，您看看您对本次交易的评价能不能修改一下。

买家：好吧，我等一下修改。

点评：这里客服与买家成功进行了沟通。对于卖家因为客服态度、服务等问题引发的中差评，由店长或客服经理等管理级别的工作人员进行售后回访，或以满意度调查为切入口，则更能让顾客感受到备受尊重，顾客的不满情绪也能得到有效缓解。

（3）商品质量问题引起的中差评

举例：

[差评]　差评原因：商品与描述不符。

颜色差异较大，衣服尺码不准。

[差评]　差评原因：商品与描述不符，货品质量缺陷。

鞋子太小了，而且发的鞋子好像是样品，特别脏。

[差评]　差评原因：质量原因。

不是正品，假货，到处都是线头。

分析：与实体店铺相比，在网店购物的买家只能通过卖家提供的图片了解商品，因此有很多买家买到了与自己想象差异较大的商品，当买家觉得这个不是自己想要的商品，又嫌退换货麻烦时，最后只能通过评价来出气。

应对1：[差评]颜色差异较大，衣服尺码不准。

客服：您好，我是淘宝××店的售后，请问您是李井先生吗？

买家：嗯，是的，怎么了？

客服：李先生您好！您前段时间在我店购买过一条运动裤，售后好像有些问题，我是本店店长，这边想了解一下情况，看看能帮您怎样处理好？

买家：哦，是这样啊。

客服：根据您的评价，您说颜色差异大，请问一下您收到的是什么颜色？

买家：蓝色，但是和你们图片有点差异，这个蓝色有点浅。

客服：非常抱歉给您添麻烦了，由于我们这边拍摄和您那边显示屏的问题，实物与图片多少有点色差，这个我们在后期图片修改中已经尽量避免了。

买家：尺码好像也不准，我平时牛仔裤买30的，你们这裤子大了一点。

客服：您购买的这款是运动裤，运动裤以休息运动为主，平时锻炼时身体需要伸展，如果裤子很紧就会不方便，运动服装和牛仔相比尺码会偏大点，如果您的尺码大了很多，您可以在签收后的7天内联系我们客服换货。

买家：大是没大多少，就是肥了点，穿还是可以穿的。

客服：嗯，那就好。您在此次交易中因为这两个问题给了差评，我们对买家的评价很重视，您能不能修改一下？

买家：嗯，你们售后服务不错的，我等下帮你们修改。

点评：这里客服与买家成功进行了沟通。对于尺码、颜色等问题，客服在处理售后时有针对性地根据商品自身特点解答了买家的疑惑。

应对2：［差评］鞋子不像是正品，和专卖店的李宁差异挺多，与描述不符合，鞋子还有气味。

客服：您好，请问是杨一禾先生吗？

买家：我是，你是哪位？

客服：您好，我是淘宝××店的售后，关于您在我店购物产生的问题需要和您解释一下。

买家：解释什么？

客服：杨先生，您好，您评价上说我们的鞋子和专卖店有差异，您觉得您购买的这款什么地方让您觉得不好呢？

买家：鞋子很轻，我在专卖店买的鞋子都很厚实，而且还有那种气味，专卖店就没有。

客服：杨先生，您购买的这款是李宁最新××系列跑鞋，这个系列的运动鞋都是用××材料制造，拥有耐磨、轻便的特点。鞋子生产出来后一直在仓库，没有拆包过，可能有些气味，而专卖店的鞋子全部摆在货架上，气味全部散开了，您把鞋子拿出来晾一会儿，气味也就没有了。

买家：还有包装不好，感觉是仿鞋。

客服：由于网购需要物流派送，为了便于物流处理，所有商品原包装都撤下了，相信您买鞋子也不会在意那些纸盒的，我们是淘宝商城合作商家，全场假一赔三，如果您不相信，可以去专柜鉴定一下。

买家：那倒没有必要，其实这款鞋穿着挺舒服的。

客服：李宁××系列跑鞋是根据人体跑步时生理构造特点而设计的，符合大部分人的脚型构造。

点评：这里客服与买家成功进行了沟通。淘宝商城承诺商品100%是正品，但仍有部分买家存在疑虑，担心买到假货。针对这种疑虑，客服重点强调了自己店铺的资质，并为买家指明到专柜鉴定的方式，以消除买家真假货的顾虑。

1.4.2 客服语录集锦

①售前的奉承不如售后的服务。
②你今天对客人微笑了吗？
③客服创造价值。
④真正的销售始于售后。
⑤客户永远是对的。
⑥顾客之后还有顾客，服务的开始才是销售的开始。
⑦服务不只是维修故障的机器，而是维护用户的心情和心灵。
⑧你如何对待别人，别人也就这样对待你。
⑨因为态度的不同，同样的工作，也会干出不一样的效果；而干同样工作的人，也会有不同的体验和收获。
⑩用心倾听，倾听万千用户之心声；用心服务，服务万千用户之需求。
⑪服务投诉处理一半是技术，一半是艺术！
⑫一切都是过程，可以忍受，可以承受，当然也可以享受！
⑬100－1＝0，牢记这个公式，用心对待每一位客户！
⑭不要让服务至上当做口头禅！
⑮用一颗感恩的心对待每一位客户！
⑯真心付出一定会有回报，做人要厚道！
⑰传承文明，感动你我！
⑱态度决定一切！
⑲客户就是中心，中心来自爱心！
⑳售前对问题的预见与防范比售后补救来得更有效。
㉑人人都是服务员，环环都是服务链，行行都是服务业。
㉒手握手的承诺，心贴心的服务。
㉓当重大投诉来临，客服就是公司的防火墙！
㉔一个中心——客户为中心。
两个基本点——基于公司、基于客户。
三种角色——忠实的倾听者、优秀的裁判员、成功的解说者。
㉕声音打动人，服务打动心。
㉖客户服务原则——两"快"两"好"。
"两快"——响应快、处理快。
"两好"——态度好、效果好。
㉗让我们用服务留住我们的客户。
㉘把微笑融入话音，把真情带给客户。
㉙客户是工作以外的自己，怎么善待他们，就等于怎么善待自己！

㉚首先要自我满意才能给客户满意。

㉛赞美他人，让你我有个好心情……

㉜认真倾听、真情服务、站在客户的立场为客户服务！

㉝忍者的最高境界是忍无可忍的时候还是要忍，做客服的最最适用。

㉞用户的事，就是我最大的事！

㉟一份诚心换得一份放心。

㊱勿与客户论是非。

㊲对别人微笑，就是对自己微笑。

本节概要

内容提要与结构图

内容提要

- 网店客服：专门负责招呼买家，回答买家咨询，向买家介绍商品，为买家提供良好售后服务的人。
- 网店客服的作用：塑造店铺形象、提高成交率、提高客户回头率。
- 网店客服必备的基本功：良好的素质、专业的知识和高效的沟通技巧。
- 良好的素质：心理素质、品格素质、技能素质以及其他综合素质。
- 专业的知识：商品知识、网站交易规则、物流知识。
- 高效的沟通技巧：态度、表情、礼貌、语言文字、旺旺。
- 其他沟通技巧：坚守诚信；凡事留有余地；多虚心请教，多倾听顾客声音；做个专业卖家，给顾客准确地推介；表达不同意见时尊重对方立场；保持相同的谈话方式；经常对顾客表示感谢；坚持自己的原则。
- 网店客户类型，按客户的性格特征来分：友善型客户、独断型客户、分析型客户、自我型客户。
- 网店客户类型，按消费者购买行为来分：交际型、购买型、讲价型、拍下不买型。
- 在线接待流程：进门问好→接待咨询→推荐产品→处理异议→促成交易→确认订单→下单发货→礼貌告别→售后服务。
- 售后服务工作类型：正常的交易、有纠纷的交易、基本的售后老客户管理与维护。
- 交易纠纷类型：产品纠纷、物流纠纷、服务态度纠纷。

内容结构

本节的内容结构如图 3-1-5 所示。

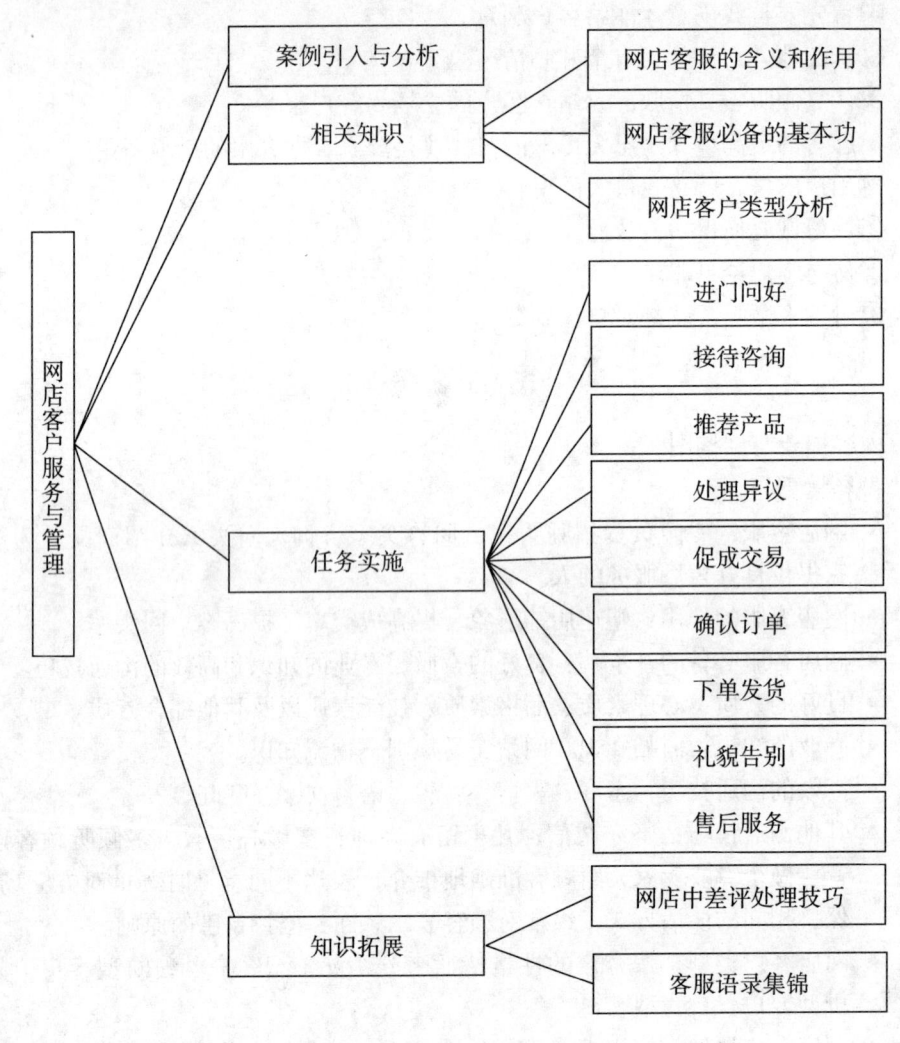

```
                    ┌──────────────┐      ┌──────────────────┐
                    │  案例引入与分析  │      │ 网店客服的含义和作用 │
                    └──────────────┘      └──────────────────┘
                    ┌──────────────┐      ┌──────────────────┐
                    │    相关知识    │──────│ 网店客服必备的基本功 │
                    └──────────────┘      └──────────────────┘
                                          ┌──────────────────┐
                                          │  网店客户类型分析  │
                                          └──────────────────┘
                                          ┌──────────────────┐
                                          │      进门问好      │
                                          └──────────────────┘
    ┌──┐                                  ┌──────────────────┐
    │网│                                  │      接待咨询      │
    │店│                                  └──────────────────┘
    │客│                                  ┌──────────────────┐
    │户│                                  │      推荐产品      │
    │服│                                  └──────────────────┘
    │务│                ┌──────────────┐  ┌──────────────────┐
    │与│────────────────│    任务实施    │──│      处理异议      │
    │管│                └──────────────┘  └──────────────────┘
    │理│                                  ┌──────────────────┐
    └──┘                                  │      促成交易      │
                                          └──────────────────┘
                                          ┌──────────────────┐
                                          │      确认订单      │
                                          └──────────────────┘
                                          ┌──────────────────┐
                                          │      下单发货      │
                                          └──────────────────┘
                                          ┌──────────────────┐
                                          │      礼貌告别      │
                                          └──────────────────┘
                                          ┌──────────────────┐
                                          │      售后服务      │
                                          └──────────────────┘
                    ┌──────────────┐      ┌──────────────────┐
                    │    知识拓展    │──────│  网店中差评处理技巧 │
                    └──────────────┘      └──────────────────┘
                                          ┌──────────────────┐
                                          │    客服语录集锦   │
                                          └──────────────────┘
```

图 3-1-5 内容结构

思考与练习

一、单项选择题

1. 下列不属于沟通基本原则的是（　　）。
   A. 坦诚相待　　　　　　　　B. 诚信
   C. 我就是这样，你看着办　　D. 善听善解

2. 下列不属于网店客服作用表现的是（　　）。
   A. 塑造店铺形象　　　　　　B. 提高成交率
   C. 提高客户回头率　　　　　D. 让网店人尽皆知

3. 网店客服必备的基本功是(　　)。
A. 良好的心态、专业的知识和高效的沟通技巧
B. 良好的品格、专业的知识和高效的沟通技巧
C. 良好的技能、专业的知识和高效的沟通技巧
D. 良好的素质、专业的知识和高效的沟通技巧
4. 按客户的性格特征,可以把客户类型分为(　　)。
A. 友善型客户、独断型客户、分析型客户、自我型客户
B. 独断型客户、分析型客户、自我型客户、拍下不买型
C. 友善型客户、拍下不买型、购买型、自我型客户
D. 友善型客户、拍下不买型、购买型、交际型
5. 处理产品纠纷时不应该(　　)。
A. 产品质量不过关可以让客户提供证据或图片,退货或换货
B. 当客户对产品有误解时,客服应向客户耐心解释产品的特性
C. 当客户因使用不当时,客服应耐心引导客户了解正确的使用方法
D. 推卸责任,甚至与客户争辩

二、判断题

1. 网店客服,就是专门负责招呼买家,回答买家咨询,向买家介绍商品,为买家提供良好售后服务的人。(　　)
2. 情绪的自我掌控及调节能力是网店客服应该具备的良好心理素质之一。(　　)
3. 沟通只在销售环节才显得重要。(　　)
4. 迎、问、应、察、说、收是常用的沟通技巧。(　　)
5. 在与有纠纷交易的客户沟通过程中,客服可以"表示或暗示客户不重要"。(　　)
6. 网店的客户管理与维护通常可按 4 个步骤进行:数据收集→划分等级→客户分类→客户关怀。(　　)

三、简答题

1. 网店客服的含义和作用是什么?

2. 在线接待的具体流程有哪些?

3. 在接待咨询环节,客服与客户沟通过程中需要注意哪些方面?

4. 在推荐产品环节，客服与客户沟通过程中需要注意哪些方面？

5. 回应客户异议时，客服需要注意哪些方面？

四、技能训练题

1. 请点评下列情形中的网店客服的表现。

买家：你好！

客服：你好！

买家：这款爽肤水有 50ml 装的吗？

客服：没有。

买家：好吧，这能便宜些吗？

客服：就是这个价格，我们是不议价的。

买家：有赠品吗？

客服：没有。

买家：包运费吗？

客服：不包，满 500 才包。

买家：好吧。钱付好了，安排发货吧。

客服：一律星期一以后发货。

买家：啊，今天不能发吗？

客服：不能，请看描述说明，这是周末购物知道吗？

客服：很多人买，我没有时间。

买家：啊……

点评：

2. 在周末疯狂购时，针对上述案例中这位客户付完货款来咨询的发货问题，如果你是客服，你会如何回答？

能力自评

■专业能力自评

	能/不能	熟练程度	任务名称
通过学习本模块，你			能对不同特点的网店客户运用不同的应对策略
			能掌握在线接待客户中常用的"迎、问、应、察、说、收"沟通技巧
			能灵活处理各类客户售后投诉
			当客户给予网店中差评时，能够与客户良好沟通，妥善处理中差评
通过学习本模块，你还			

注："能/不能"栏填"能"或"不能"。如填"能"，则熟练程度一栏填"熟练""较熟练""不熟练但可以"。

■社会能力和方法能力自评

	社会能力和方法能力	提升情况
通过学习本模块，你的	启发和倾听他人想法的能力	
	口头表达能力	
	书面表达能力	
	与人沟通能力	
	团队协作精神	
	自学能力	
	问题发现与解决能力	
通过学习本模块，你的		

注："提升情况"一栏可填写"明显提升""有所提升""没有提升"。

■其他

1. 你学习本模块最大的收获是什么？你认为本模块最有价值的内容是什么？
2. 哪些内容（问题）你需要进一步了解或得到帮助？
3. 为使你的学习更有效，你对本模块的教学有何建议？

■能力自评说明

1. 专业能力自评中，每项均达到"能"和"较熟练"水平者，本模块专业能力过关。
2. 社会能力和方法能力自评中，"倾听能力""与人沟通能力""团队协作精神"和"问题发现与解决能力"4个项目达到"有所提升"水平者，本模块能力过关。

自评人（签名）：	教师（签名）：
年　月　日	年　月　日

任务2　网店推广与营销

专业能力目标

知道信息传播的基本五要素，能对网店客户的需求作出分析；掌握使用借力法来发布产品的技巧；掌握利用聊天工具进行网店推广的技巧；掌握运用联合推广的思路建立友情链接的技巧；了解店内、站内、站外和线下其他几种常见的网店推广与营销手段，并能结合自己网店经营商品和目标客户特点，综合运用合适的网店推广与营销手段。

社会能力目标

能主动参与任务实施，与队员分工协作，团结互助，会进行积极的自我反思与调整。

方法能力目标

能对网店推广与营销效果进行评判；能充分利用网络资源自学网店推广与营销的各种工具和方法；在网店推广与营销中能发现问题，并提出解决问题的对策。

2.1 案例引入与分析

1. 案例引入

花茶坊的网店推广经

张燕是淘宝网上一家专卖花茶茶坊的店主，毕业于安徽省中医学院。2006年，她来到上海，在上海生活的两年里，身边的朋友由于受其影响都喜欢喝花茶来美容养颜，由此萌发了她开店的念头。于是她在2007年9月开了家专业从事天然女性美容养颜品味花饮的网店。由于张燕自身是学中医的，她的父母也是从事中药经营行业，所以货源不成问题，而店铺推广则成了她开店初期需要解决的首要问题。在张燕看来，网店推广就是定位目标客户群，挖掘目标接触通道，展现自己的优势，抓住客户的眼球，吸引客户关注，满足客户需求，留住客户。于是她把自己网店的推广方式分为前期的免费推广和后期的收费推广。

前期免费推广主要是到论坛去发一些专业性的帖子，这些帖子不是直接推荐店铺，而是主要介绍一些有用的花茶品用方法和搭配原理。同时在店铺的商品标题关键字、属性以及橱窗推荐位和下架时间上展开积极优化。

后期收费推广主要采用淘宝平台的直通车和淘宝客。通常用户点击参加直通车的商品后，主要会关注这个商品的销量、评价、详细的图片和介绍等，所以花茶店铺每次参与直通车，都会主要强烈推广一款镇店宝贝，通过这款特色明星宝贝来带动整个店铺其他产品的销售。"淘宝客"是指一群帮助淘宝卖家推广商品赚取佣金的人，淘客推广是一种按成效计费，专为淘宝卖家设立的店铺及产品营销推广方式。张燕比较喜欢让老客户做她的淘宝客，因其花茶店铺货源新鲜、价格低廉，老客户买了商品后都会比较满意，所以也很愿意做其淘宝客。这样一传十、十传百，老客户越做越久，新客户也越来越多。目前，张燕的花茶坊已经成长到了四皇冠。

2. 任务分析

随着网店功能的不断完善，我们的工作重心由美化店铺提高商品吸引力转向吸引买家的关注，让尽可能多的潜在客户了解并访问网店，通过网店获得有关商品和服务等信息，从而促成交易的达成。网店推广与营销是相辅相成、紧密相关的两个环节，推广通过运用一定媒介，有计划地进行网店传播广告活动，旨在让客户"知道我们"，而营销则是在客户浏览网店后，利用有效的促销手段促使交易成功，旨在让客户"选择我们"。

要使网店推广与营销产生良好效果，我们可以从网上的店内、站内、外部和网下传统推广手段着手，在深刻理解各种方法操作技巧的基础上，根据网店所经营的商品特点和目标客户群灵活地综合运用各种方法。

2.2 相关知识

2.2.1 受众需求分析

马斯洛理论把人类需求分成生理需求、安全需求、归属与爱的需求、尊重需求和自我实现需求5类，依次由较低层次到较高层次排列，如图3-2-1所示。一般来说，越低层次的需求越容易满足，某一层次的需要相对满足了，就会向高一层次发展，追求更高一层次的需要就成为驱使行为的动力。相应的，获得基本满足的需要就不再是一股激励力量。同一时期，一个人可能有几种需要，但每一时期总有一种需要占支配地位，对行为起决定作用。任何一种需要都不会因为更高层次需要的发展而消失，各层次的需要相互依赖和重叠。

图3-2-1 马斯洛需求理论

在网购领域，顾客的最基本需求主要是一些诸如在衣食住行上能提供给他们所需的商品、款式、数量等物质方面的原始需求，此外，还有满足一些人对网购的好奇感、兴奋感和满足感等精神性需求。

当顾客的最基本需求和欲望得到满足后，又会有追求心理满足的需求产生，比如价格便宜、有小礼品赠送、提供附加服务、购物的愉悦心情或者购买到了限量版商品，好运气值得向别人炫耀等。

人类与世间其他低级动物之间存在的最大区别就是人类拥有丰富的情感，懂得亲情、爱情、友情的珍贵，能够与别人分担痛苦和分享快乐，因此，当我们的个人利益得到满足的时候，很自然地会考虑到亲朋好友的利益，出现如传情、尽孝、送礼等与人际关系和感情有关的需求。

商家有商家的需求，消费者也有消费者的需求，在满足上述一系列较低层次的需求后，商家希望提高消费者的忠诚度，而消费者则希望获得有别于其他人的尊贵身份，双方需求并不冲突，因此，商家会推出老顾客特惠、会员制度、VIP折扣等优惠措施，一方面可以培养顾客的忠诚度，另一方面也满足了他们需要特殊身份和尊贵待遇的高层次需求。

通常越低层次的需求越容易得到满足，于是能够提供这类需求的商家也就最多，随着消费者选择余地的不断增大，对商家的不忠诚度也会不断增加，因为人对需求和利益的索取是无止境的，这说明单纯的物品销售并不能为商家带来与客户长久的合作关系。由此可见，商家除了要尽量满足顾客最基本的需求，还要学会分析、挖掘和满足他们更深层次的需求，这样才能培养顾客的满意度和忠诚度，因为顾客并不是在购买商品，而是在购买商品带给他们的利益。

2.2.2 信息传播要素分析

商家的推广和营销方案都是针对一个特定受众群体，即我们的潜在消费者，因此，只有在充分了解这些潜在消费者的需求以后，我们所设计的推广与营销活动才会更具针对性，才更容易取得理想效果。

可见网店推广与营销的过程是一个目的明确的行为过程和说服过程，具有企图影响潜在消费者的目的。决定这种商业信息传播行为最终结果的则取决于它的五个基本要素，即受众群、接触点、传播内容、时间点和手段策略，如图3-2-2所示。

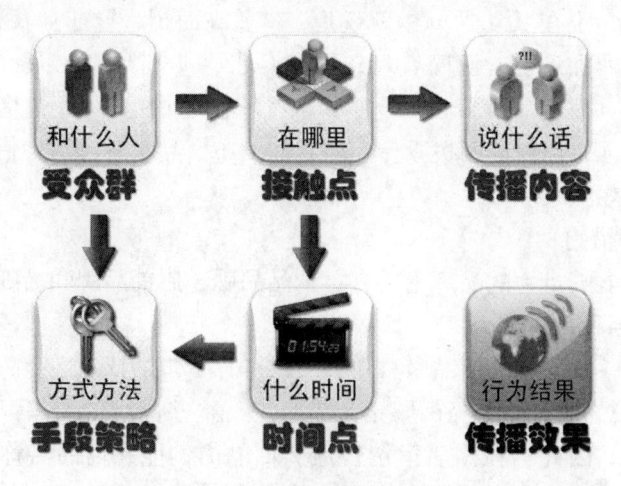

图3-2-2 商业信息传播五要素

①受众群：是信息的接收者、信息再加工的传播者和传播活动的反馈源，是

传播活动产生的动因之一和中心环节之一，在传播活动中占有重要的地位，对于网店的商业推广来说，受众群就是潜在客户。

②接触点：是传播渠道中精准的关键点，也是将传播过程中的各种因素相互连接起来的纽带，对于网店的商业推广来说，接触点就是潜在客户可能会浏览的页面。

③传播内容：是传播活动的中心，是指所有通过大众传播媒介传播给受众的信息，对于网店的商业推广来说，传播内容主要是宣传商品或店铺。

④时间点：是传播者和受众群信息传递的交叉点，在网店的商业信息传播过程中，接触点和时间点决定了参与的受众人数。

⑤手段策略：是传播者在实施传播活动之前对受众喜好及反馈的预估和分析，也是传播活动采用的方式和方法，对于网店的商业推广来说，这类传播方式方法正确与否，会决定受众群对接收到的信息产生的反应或回应。

因此，商业信息的传播必须要在正确的时间、正确的地点出现在正确的对象面前，用喜闻乐见的方式为其提供有价值的信息，具备上述5个基本要素的传播活动才会取得理想的传播效果，达到商业推广的最终目标。

2.3 任务实施

2.3.1 店内推广与营销

1. 借力商品发布3要素

商品发布的3要素主要是指商品名称、商品图片和商品描述。借力而行是一种商业策略，荀子在《劝学》中就说道："登高而招，臂非加长也，而见者远；顺风而呼，声非加疾也，而闻者彰；假舆马者，非利足也，而致千里；假舟楫者，非能水也，而绝江河。君子生非异也，善假于物也。"通过借力，可以以小搏大，以弱搏强，可以四两拨千斤。网店在发布商品时通过巧妙借力可以取得推广和营销的理想效果。

（1）品牌借力

这种形式能够借力的品牌主要有：产品品牌、店铺品牌和品牌授权。

1）商品名称品牌借力

在图3-2-3所示的商品名称里，"Ochirly/欧时力""韩都衣舍""耐克""CAISO卡西欧""米奇"等都属于产品品牌，这些品牌的商品都有一定市场知名度和美誉度，因此当在网店里销售这类商品时，能在商品名称里添加品牌信息，有利于增加被买家搜索到的机会。

图3-2-3所示第5个商品中的"麦包包"并非产品品牌，而是店铺品牌，这种商品描述方式有利于同时推广店铺和产品。如果店内所有商品名称都加上了

"麦包包"这样的店铺品牌，顾客在搜索时只要输入"麦包包"就能便捷地找到店内所有商品。

图3-2-3 商品名称品牌借力

2）商品图片品牌借力

将品牌标识设计在商品图片上也是一种较好的网店推广方法，不但可以防止别人盗用图片，而且体现店铺个性化，提升店铺整体形象，增加用户信任度，如图3-2-4所示。其中"官方授权"是卖家因为品牌授权而得到的厂家身份认可，在顾客看来，这种特定身份意味着商品品质的保证，有利于卖家提高推广和营销效果。

图3-2-4 商品图片品牌借力

3）商品描述品牌借力

如图3-2-5所示的是一种在商品描述里推广产品品牌的方式，无论是"真品质，真态度"的广告语，还是用文字和视频对产品生产厂家资质的介绍，都旨在让顾客更加了解和信任这个品牌，为成为该品牌的客户打下良好基础。除了 ERQ 实例中提到的方式外，商品描述品牌借力的方式还有很多，例如可以介绍品牌故事、品牌定位和品牌愿景等。

图 3-2-5　商品描述品牌借力

（2）产品卖点借力

我们在销售商品时，要尽量从品牌、质量、款式、销量等方面来挖掘商品的卖点和优势，并在发布时通过标题设置、商品图片和商品描述加以充分利用和展现，这样无论是对商品进行推广还是销售，都能起到事半功倍的作用。

1）商品名称产品卖点借力

在图 3-2-6 所示的商品名称里，像"绝对原单""专柜正品""新款""时尚百搭""高品质""大 S 范玮琪同款""明星气质"等字眼都是对所售商品卖点或优势的凸显，容易吸引顾客眼球，激发顾客的购买欲。因为价廉物美的"原单"商品通常属于可遇而不可求的抢手货，"专柜正品"意味着品质可靠有保障，"新款"最易受到喜欢追赶时尚潮流的网络主流人群——年轻人的青睐，"时尚百搭"则是时下很多女孩购买服装的重要参考指标。此外，诸如某个明星同款或明星气质则充分应用了名人效应，对大多数年轻人来说，明星的品位代表着潮流和时尚，因此他们代言或偏爱的品牌和款式都较容易引起那些喜欢追赶时髦的年轻人的模仿型消费。

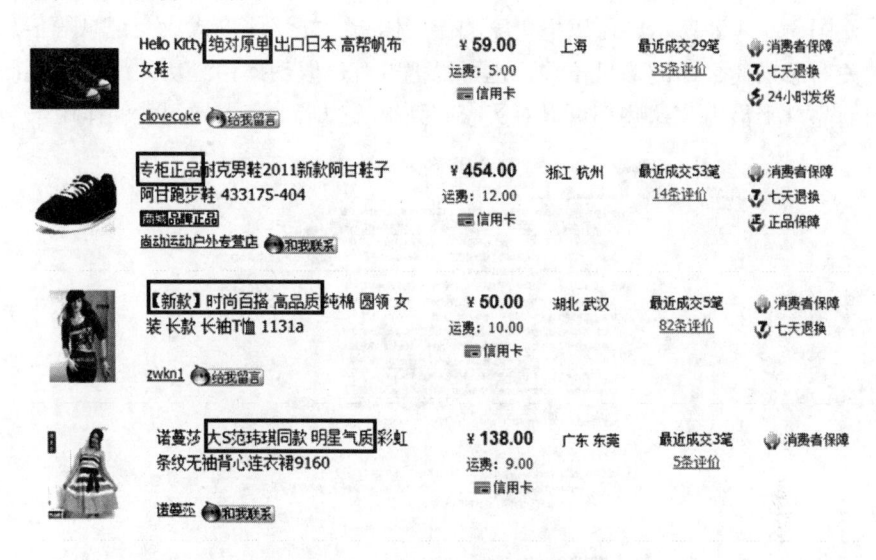

图 3-2-6 商品名称产品卖点借力

2) 商品图片产品卖点借力

形象生动、直观性强的商品图片比文字有着更强的视觉冲击力，因此在网店销售中，我们可以把商品的优势和卖点体现在商品图片上，如图 3-2-7 所示，买家通过站内搜索在看到商品图片的同时，还能获得诸如正品承诺、热销情况、品牌媒体推荐、产品功效、全球首发、明星同款等信息，有利于引发购买冲动。

图 3-2-7 商品图片产品卖点借力

3）商品描述产品卖点借力

如图3-2-8所示，可以把买家的使用体验、好评评价或成交记录等信息放在相关商品描述页面的醒目位置，也可以把曾有过成功促销经历，属于镇店之宝级的商品拿来借力，这些都可以对买家起到很好的暗示和引导消费的作用。

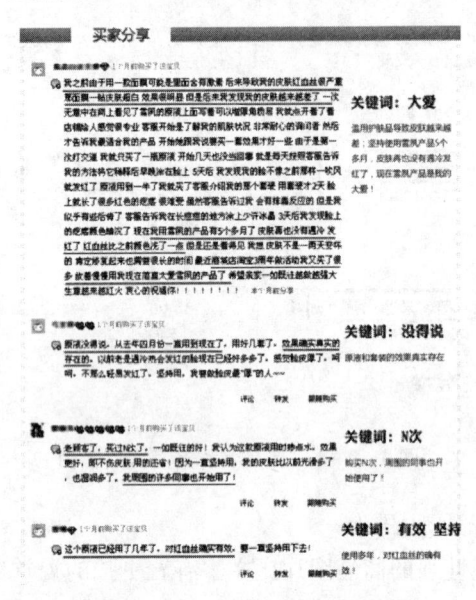

图3-2-8 商品描述产品卖点借力

（3）促销借力

除了参加网络平台组织的促销活动外，网店还可以根据自己的销售和库存情况随时推出各种各样招徕顾客的促销活动。

1）商品名称促销借力

我们可以将店铺近期推出的例如折扣促销、包邮促销、秒杀特价促销、买赠促销等活动信息添加在商品名称上，如图3-2-9所示。一方面当顾客运用这些促销关键字来搜索商品时，我们的店铺和商品就会有机会被顾客搜索到，另一方面，由于消费者大都有图实惠、贪便宜心理，所以推出了促销活动的商品在同类商品中会更容易受到顾客关注。

2）商品图片促销借力

为了吸引顾客关注，激发顾客的购买兴趣，商场的促销广告通常都设计得很精美，商品的卖点也被醒目地表现出来。网店的推广和营销也完全可以借鉴和模仿它们，如图3-2-10所示，将"秒杀""特价""折扣""包邮""清仓甩卖""买送"等优惠促销信息用醒目的图示标注在商品图片上，可以起到同样的视觉营销效果。

3）商品描述促销借力

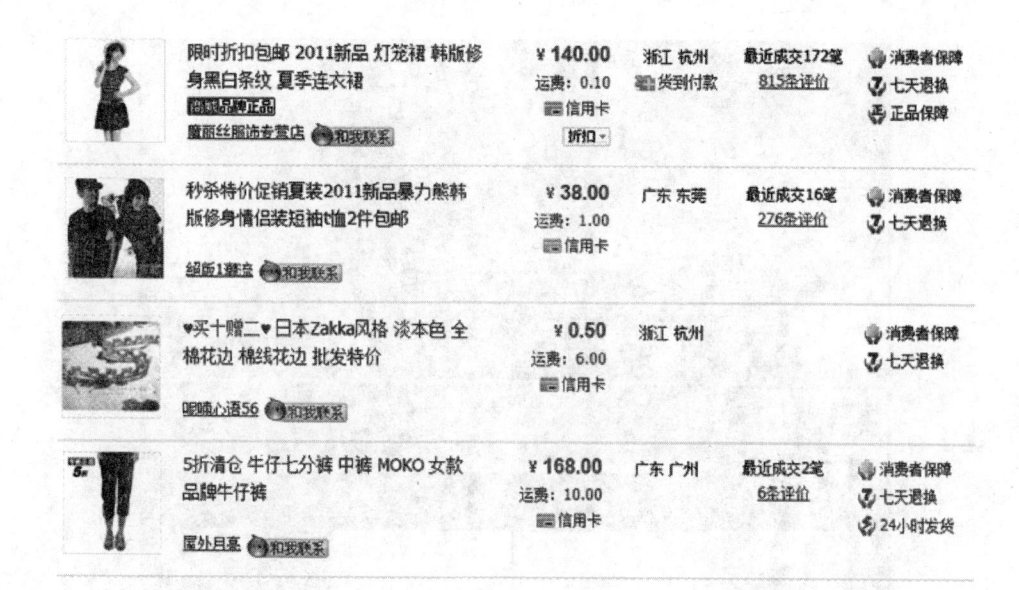

图 3-2-9　商品名称促销借力

图 3-2-10　商品图片促销借力

商品描述的页面显示空间更大，有利于我们全面、完整地介绍店铺或商品整个促销互动的参与方法和活动细则。图 3-2-11 所示的就是一个商家在商品描述页面里介绍的店铺促销活动，时值夏末秋初之际，该店里所有夏季商品开展打折促销活动，店主将其形象地喻为"空城计"，新意十足，既表其意，又夺人眼球。

图 3－2－11　商品描述促销借力

（4）服务借力

除了品牌、商品质量和优惠信息外，卖家提供什么样的服务也是顾客关注的重点，因此，网店的推广和营销也可以通过服务来借力。

1）商品名称服务借力

在商品搜索结果里，商品名称传达的信息往往是决定顾客能否进一步点击链接查看商品详情的主要因素。在竞争日益激烈的网店运营中，良好的服务才能赢得客户的关注、满意和忠诚。如图 3－2－12 所示的实例中，卖家将店铺提供的"七天退换""全国联保""无效退款""先行赔付"等各种服务放到商品名称里，相当于在向顾客做出承诺，宣告本店值得选择的理由。

2）商品图片服务借力

我们同样可以把"七天无理由退换货""货到付款""假一罚十""全国联保"等服务承诺通过直观形象的商品图片醒目地展示出来，如图 3－2－13 所示。

图 3-2-12　商品名称服务借力

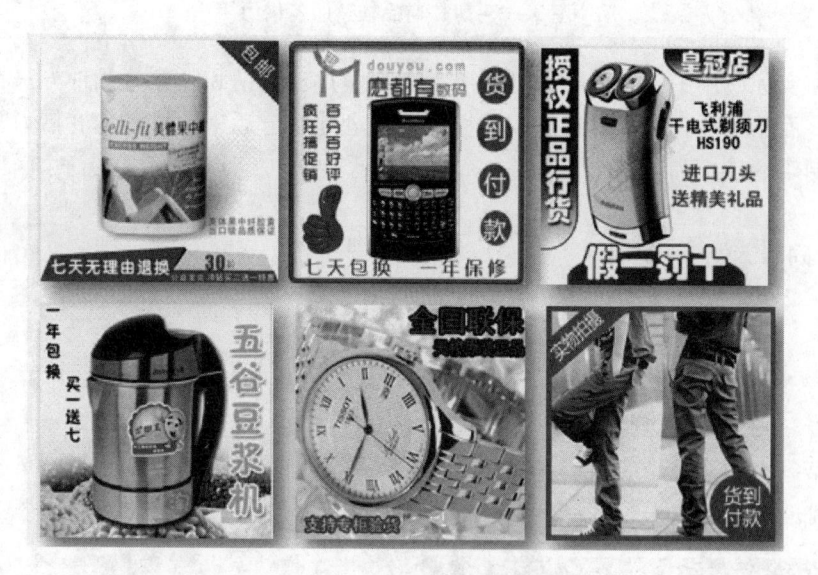

图 3-2-13　商品图片服务借力

3）商品描述服务借力

商家通常会把服务承诺内容采用图片或文字的形式放置在商品描述页面的醒目位置处，以抓住顾客眼球，产生较好的视觉刺激效果。图 3-2-14 所示的是将店铺提供的"7 天无条件退换货"免邮和会员制度等服务和优惠信息采用"标志"+"文字"的形式体现在商品描述里的一种方式。

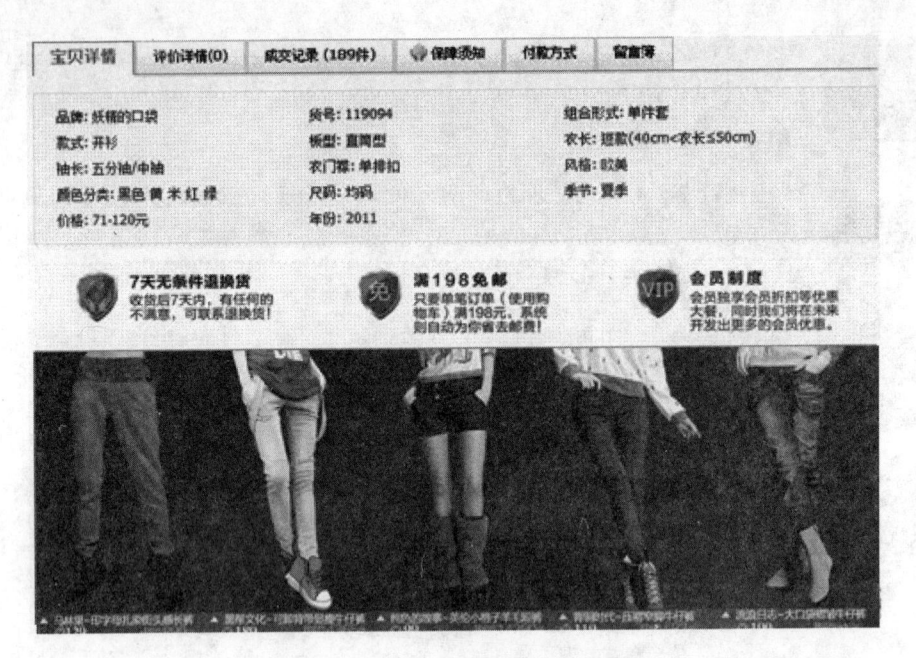

图3-2-14　商品描述服务借力

在实际应用中，我们可以把品牌、产品卖点、促销和服务等几种方法在商品名称、商品图片和商品描述三要素里加以合理地综合运用，从多角度借力来共同促进网店的推广和营销。

【同步案例3-2-1】

麦包包的营销创意

背景与情境：2010年9月，麦包包迎来了3周年店庆活动，如图3-2-15所示，活动围绕"尊重客户"的宗旨，蕴涵了丰富的营销创意。

第一个创意：让客户作为麦包包成长的"见证者"写贺词，奖励是优惠券和店铺指定商品，如图3-2-16所示。

图3-2-15　麦包包3周年店庆　　　　　　图3-2-16　客户的贺词

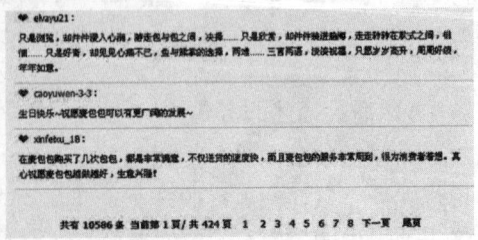

第二个创意：买家麦包包秀，如图 3-2-17 所示。让买家作为麦包包的形象代言人，既满足了买家的展示欲，又很自然地拉近了与客户的关系。

第三个创意：麦包包 3 年来的爆款展示，如图 3-2-18 所示。这是对麦包包产品定位和风格定位的形象说明。

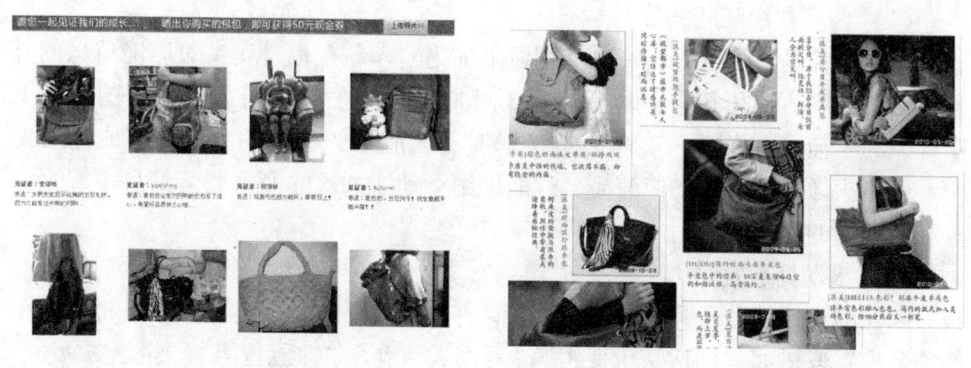

图 3-2-17　买家麦包包秀　　　　图 3-2-18　爆款展示

第四个创意：晒客服留言，如图 3-2-19 所示。即将 3 年来麦包包客服对客户所做的各种回复进行公布，彰显出麦包包在客户服务上的拳拳用心。

第五个创意：在许多社交论坛或者网站同时组织 3 周年活动，如图 3-2-20 所示。

图 3-2-19　晒客服留言　　　　图 3-2-20　其他媒介同步举行活动

（资料节选自：上海伟雅：《点评麦包包的卖家秀》，http：//www.weiyaclub.com/？p=2132，2011/08/20）

问题：麦包包 3 周年店庆活动的营销创意给了你什么启发？

分析提示：网店开展营销活动，首先需要明确店铺定位和目标客户的特点，然后才能有针对性地去设计活动创意。就像麦包包这个网店，它的主要客户群是 18~25 岁的年轻人，她们喜欢快乐购物、互动购物，因此所有的活动创意都是围绕如何占据目标客户的心智展开的。

2. 善用聊天工具

当前主流的几大网购平台都有自己的聊天工具，例如 QQ 是腾讯拍拍网的主要聊天工具，阿里旺旺是淘宝网的即时聊天工具，这些聊天工具可以让网购买卖双方询问或介绍商品细节、讨论购物或销售经验等。其实它们不仅仅是重要的交流工具，也是一个重要的网店宣传渠道。下面我们以淘宝网的阿里旺旺为例来介绍如何利用聊天工具进行网店日常的推广宣传。

（1）合理利用旺旺头像

旺旺头像是买卖双方交流时互相留下的第一印象，也是卖家对店铺信息的补充说明，与网店的店招有着类似作用。旺旺头像一般来说可以是任何图片或文字，但为了让顾客在第一次与店主接触时，就能了解店铺的主营内容或经营定位，建议头像采用店内畅销商品、近期促销活动或加入的商家联盟信息等，这样有利于网店的推广与营销。

（2）滚动播放签名

旺旺的个性签名一共可以设置5条，并能滚动播放。因此店主可以将5条个性签名设置成诸如"国庆特价促销""夏季大清仓""冲冠特惠""全场买就送""秋装新款到货，全场8折"等各种促销信息，这样与店主旺旺交流的新老顾客和添加淘友的人都能即时从对话框上获知店铺最新动态。

（3）设置自动回复

当客服需要暂时离开电脑去处理其他事务时，一般都会启用旺旺的自动回复功能，因此我们可以将一些促销信息设置在自动回复里，如：本店正在推出满就送活动，只要一次性购物满100元即送小礼物一份，礼物请至本店的会员赠送专区去挑选……只要有客户联系我们，系统都会自动将这段文字回复给对方，这样一些原本不知道有促销活动的客户通过系统自动回复就知道了。此外，当旺旺接待很繁忙时，也可以使用自动回复来安抚等待客服答复的顾客，这样一方面在时间上有一定缓冲，避免让客户误会店家服务态度不好，另一方面能够有效吸引部分感兴趣的顾客进入店铺活动区浏览促销商品。

（4）建立或加入旺旺群

建立或加入旺旺群后，不是在群里生硬地发布令人反感的纯广告性质的商业信息，而是通过聊天巧妙地做一些软性广告，比如今秋流行穿法建议、痘痘皮肤该怎么保养等，用自然的方式来传播店铺信息。这样的软广告因为专业性强，容易获得客户认可，而且还有利于树立店铺的良好形象。

（5）好友合理分组

对添加的淘友进行合理分组有利于方便客户关系管理，例如将顾客分为新顾客组和老顾客组，对老顾客组再根据购买的商品属性不同来建立子组，这样不仅有利于潜在客户开发，而且对老顾客能快速展开有效沟通和精准营销，有利于提高客户满意度和忠诚度。

店内推广和营销手段除了前面介绍的借力商品发布三要素和善用聊天工具之外，还有更多，通常不同的网络平台都提供了平台专属的功能模块。在淘宝平台上，我们还可以对网店旺铺、消费者保障服务、购物车功能、客户管理工具、VIP 会员制及其他众多的淘宝增值服务加以充分利用，它们对网店的推广和营销一样发挥着重要作用。

2.3.2 站内推广与营销

"店内推广和营销"与"站内推广和营销"两者在影响客户的接触点上有所不同，前者一般只有当客户进入店铺后才能接收到推广信息，主要依靠自身网店访问量，存在一定局限性，而后者则能让商品信息走出店铺，被更多的潜在客户发现和接受，并产生新的销售机会。

1. 利用淘宝常规促销活动

淘宝平台每年都会定期举办各类促销活动，旨在帮助店铺和商品获得更多的展示和被关注机会，从而促进销售。图 3-2-21 所示的是淘宝网举办的主题为"嘉年华第三期·狂购季"电器促销专场，笔记本、数码相机、电视机和小家电等众多品牌商品通过包邮和低折扣优惠活动吸引了不少买家的关注和购买。图 3-2-22 所示的是淘宝网举办的儿童开学季书包文具类商品促销专场，包邮、低价秒杀和折扣等同样聚焦了大量有购买需求的客户的眼球。

图 3-2-21 淘宝嘉年华电器促销 图 3-2-22 淘宝开学季文具促销

卖家要想增加店铺和商品的曝光机会，增加客流量和成交量，参与平台举办的一些促销活动是一种收效较为快速的方法。具体操作步骤是：从"我的淘宝"→"我是卖家"→"营销中心"→"活动报名"进入如图 3-2-23 所示的活动页面，这里有淘宝组织的所有活动，卖家可根据自己店铺的实际情况进行选择。

2. 利用淘宝直通车

淘宝直通车是为淘宝卖家量身定制的推广工具，通过关键词竞价，按点击付费进行商品的精准推广服务。假如当买家在站内搜索"手机"时，搜索结果页最右侧 11 个展示位和下方 5 个展示位显示的就是参与直通车竞价的商品，它们按价格顺序从高到低依次排列，如图 3-2-24 和图 3-2-25 所示。

图 3-2-23　淘宝常规促销活动报名

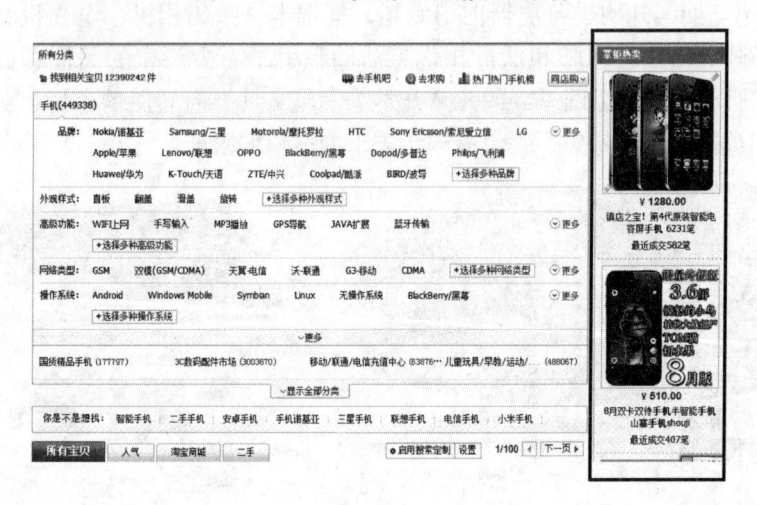

图 3-2-24　直通车的展示位之一

图 3-2-25　直通车的展示位之二

淘宝直通车使用的具体操作步骤是：打开"我的淘宝"→"我是卖家"→"营销中心"→"我要推广"，只要符合一定条件就可申请加入直通车。为有效利用直通车工具，卖家可以精选3~5件人气商品来进行直通车推广，商品图片一定要清晰、主体突出，价格要有一定竞争优势，如果有累计成交记录则更好，可以增强说服力。每件推广商品最多可以设置200个关键词，关键词不要设置得太生僻，要尽量选择符合顾客搜索习惯、能精准定位该商品的，然后要为这些关键词分别设置合理的价格来参加竞价。此外，直通车可以根据卖家喜好或商品消费特性来设置投放地区和城市，可以设置每日消耗限制，还可以报名参加各种直通车活动。

3. 善用友情链接

设置友情链接是增加店铺浏览量的好方法，目前淘宝对每家店铺提供最多35个友情链接位，由卖家自己添加和更改。

设置友情链接的具体操作步骤是：打开"我的淘宝"→"我是卖家"→"店铺管理"→"店铺装修"，进入店铺装修页面后，添加"友情链接"模块—"添加新链接"，输入要添加店铺的掌柜会员名即可。

为增加曝光度、扩大宣传面和提高销售量，友情店铺的选择可以参照下列几条联合推广原则。

（1）关联型

两家在目标客户群、经营内容或商品功能上有一定关联性的店铺建立友情链接，有助于客源共享，互相促进销售。例如销售钻石首饰的店铺可以和销售婚庆用品的店铺一起联合推广，销售女装的店铺可以和销售化妆品的店铺一起联合推广。

（2）互补型

互补型的店铺经营的商品不一定有关联，但在商品属性或目标客户群上具有一定共性，通过友情链接，能互相形成一个具备某个特色的大市场。例如"手绘陶瓷制品""异域个性服饰""手工缝制的苗裙"和"印象手工皮艺皮雕馆"等都是一些经营有特色、有个性、手工制品的店铺，它们联合起来就能形成一个大型的手工艺市场。

（3）联盟型

"关联型"和"互补型"的联合主要是以推荐为主，来达到顾客资源共享，而店铺和店铺之间并没有组织真正的共同促销活动，联盟型的合作方式则与它们有所不同，在联合推广的同时还在尝试联合营销。

比如所有店铺的顾客都享受一个共同的优惠政策，购物时只要凭在其他联盟店的购物好评即可享受该店老顾客的优惠折扣，这就相当于把购物好评当成了联盟店的"一卡通"。这种联合推广、联合促销的方式使合作变得更加紧密，大范围的优惠程度也更容易吸引顾客，相对来说，产生的效果也会更好。

（4）分销型

当店铺里商品过多，不方便顾客寻找和挑选时，卖家可以选择一些分销商进行合作，将不同种类的商品分别放到相应的店铺里进行销售，以总店或旗舰店及某类商品专卖店的形式，在友情链接里进行联合推广。

4. 善用淘宝社区推广

淘宝社区是淘宝卖家与买家交流的地方，有着大量的潜在客户。在社区里发帖就如同为自己的店铺做软文广告，有利于店铺推广。发布高质量的帖子可参考的几个小技巧如下。

①帖子主题的命名要有个性，具有吸引力。因为大家都是通过帖子标题进入具体内容，所以一个好的标题需要引人入胜、一目了然。

②帖子内容要丰富，逻辑要清晰，形式要图文并茂。

③找准版块，正确发帖。要把帖子发在与帖子内容有关的版块可以起到事半功倍的效果。在淘宝社区，容易加入精华的帖子主要有4类：店铺装修、宣传方法、创业故事和淘宝心得。精华帖往往关注度高、回帖量大、客户对发帖人较易产生信任感。

④多使用表情和彩色字体，勾起大家的阅读情绪。

⑤多参加各种社区活动。这样不仅曝光率高，加入精华帖的机会也大大增加。

2.3.3 外部推广与营销

除了店内推广和站内推广，我们还可以适当采用一些外部推广方式来增加店铺曝光度，吸引潜在客户，例如：可以吸引陌生的淘客来帮我们推广，可以通过博客或微博拉高人气，拓展更多推广资源。

1. 淘客推广

淘客推广是一种按成交计费的推广模式，淘客只要从淘宝淘客推广专区获取商品代码，任何买家经过淘客的推广（链接、个人网站、博客或社区发的帖子）进入淘宝卖家店铺完成购买后，就可得到由卖家支付的佣金。这种按"成交付费"的淘客推广模式对于卖家来说，彻底杜绝了虚假点击带来的损失，大大提高了广告的精确度，使每一笔支出都有明确的回报。

为有效提高店铺淘客推广效果，推广商品的选择很重要，一般可选店铺当季热卖商品和有一定利润空间的商品。此外，卖家还要善于从身边的朋友和满意客户中挖掘潜在淘客。

2. 博客和微博推广

博客是一种个人日志，利用博客宣传首先要明确读者定位，其次有针对性地发布商品软文。这里需要注意的是，博客推广效果取决于粉丝的数量与质量，为了吸引他人来阅读博文，培养粉丝，扩大潜在顾客群体，博客里尽量不要发布任何具有赢利倾向的纯广告文章,而是可以把博客做成一个和商品有关的知识园地,也可以和大家分享一些生活感悟,分享网店经营中的喜怒哀乐,还可以从个人的兴趣爱好出发,原创或收集转发一些好文好图,或提供一些设计素材、教程、资讯等来吸引别人收藏,增加博客流量。

微博,即微博客(MicroBlog)的简称,是一个基于用户关系的信息分享、传播以及获取平台,用户可以通过Web、Wap以及各种客户端组建个人社区,以140字左右的文字更新信息,并实现即时分享。微博的推广策略可借鉴上述博客的推广策略,在积累粉丝的同时,可以定期发布与商品相关的推广或促销活动,并多多加强与粉丝的沟通,及时获取其意见和建议,不断改善网店经营。

【同步案例3-2-2】

一个"微博求婚"引发的营销

背景与情境:你可能听说过用戒指求婚,用鲜花求婚,但你听说过用微博求婚,并且是"微博+鲜花+戒指"三合一的求婚吗?

2011年6月6日,广东佛山一品优越网的营运总监卢日东在新浪微博上郑重写下了一段求婚辞:"各位亲友,各位同事,我放弃单身。今天向西西求婚了。她也应允了,感谢大家多年对我的帮助和支持。"卢日东同时上传了鲜花和戒指的照片,如图3-2-26所示。

图3-2-26 求婚的鲜花+戒指

很快,有34个跟帖27个转发向他表示祝贺。女朋友西西在午夜23:31跟帖说:玫瑰很漂亮,戒指很给力,承诺很重要!

在回复大家的祝福时,卢日东回帖说:"求婚的戒指是网购的,是在淘宝钻石第一店的佐卡伊买的,去深圳的时候参观过佐卡伊的实体店,觉得比百货大楼实惠很多,而且都是经过专业机构鉴定过且有证书的。为支持淘宝网购,我当时决定戒指也在网上买,经老婆人工鉴定,很满意。"

还有一段:"玫瑰也是网购的,客服很热心,节日期间反应也很迅速,送达很及时！谢谢@爱尚鲜花。"卢日东不愧是"微博营销的研究者"，微博中他为两家企业做了软文广告。

几天后卢日东和西西结婚了，如图3-2-27所示。这次轮到他给自己的企业做软文广告了。企业微博@壹品优越说："昨天是我们卢总大婚的日子哟。在婚礼上，卢总把我们YIPEEN的贵族白法式衬衫穿上了，张总把贵族黑法式衬衫穿上了，两位真是帅气逼人啊！这很直接地告诉大家，结婚选YIPEEN法式衬衫是正确的选择啊！支持的有木有？"

图3-2-27 结婚合照

又过了几天，卢日东继续法式衬衫概念的传播，他在微博上说，"前几天在三亚拍的婚纱照。碧海、蓝天、美女和壹品的法式衬衫。同行有另一对也在拍婚纱照，问我穿的衬衫是什么牌子的，我很自豪地告诉他是YIPEEN的！他问在海南是否可以买到，他想在结婚的时候穿，我给了他网址，起初我以为他是说说而已，前天客服跟我说你三亚认识的朋友来买了2件法式衬衫。"

（资料节选自：上海伟雅：《一个多方参与的微博营销案例》，http://www.weiyaclub.com/？p=7551，2011/08/20）

问题：试分析这个"微博求婚"中蕴涵的企业营销案例有哪些，结合自己的网店，谈谈可以借鉴之处。

分析提示：这个"微博求婚"中蕴涵的企业营销案例主要有3个，第一是淘宝佐卡伊钻石网店，主要突出其品质和专业性；第二是爱尚鲜花网店，主要突出其客服和快递；第三是壹品优越网店，主要突出其法式衬衫的高品质。微博营销是一种很有技巧性的软性广告形式，结合自己网店的主营商品特性，以微博为媒介，多在软文营销上下工夫。

2.3.4 线下推广与营销

1. 印制并发放广告

印制并发放广告是一种典型的传统店铺推广方式，可以把店铺名称和地址信息印刷在精美的日历、便笺、产品宣传册、红包或者其他精美的纪念品上，然后与商品一起发货给客户。

【同步案例 3-2-3】

她的网店常年兴旺的秘籍

背景与情境：谢小姐在网上开了一家礼品店，成绩很不错。每年旺季的时候，她的店里比别人旺，淡季的时候，她的店里从不淡。真是美煞旁人啊！

原来，谢小姐有她的撒手锏：每年旺季销售的时候，她都会随单赠送出去很多印刷精美的小台历，当然，这些小台历的每一张上面都有谢小姐的网店地址和商品图片。这些精美的商品图片都是从她店里众多图片中精心挑选出来的，非常吸引人。

顾客们收到赠送的精美台历，自然会很高兴，把这些小台历摆放于自己桌面上，既可以查阅日历，又可以欣赏它的精美。在一年的时间里，看到这些台历的人不计其数，当这些人要订购礼品时，可能第一个想到的就是谢小姐的店。

除此之外，谢小姐还印制了很多带有自己店铺宣传信息的红包。不过，这些红包里的打折券只能在淡季的几个月里使用。由于打折幅度大，很多收到打折券的顾客都会在淡季时购买很多自己一年中有可能需要的礼品，然后收藏起来，以便需要时用。

就是这不太起眼的两招，给谢小姐带来了每年大量的订单。可以说，这两招是她网店常年兴旺的秘籍。

问题：谢小姐的网店，每年旺季的时候，她的店里比别人旺，淡季的时候，她的店里从不淡。案例陈述的两大方法能给人什么启发？

分析提示：从案例中可以清楚地看到，谢小姐网店常年兴旺的秘籍是运用了给客户赠送印有网店地址和商品图片的精美台历，及印制店铺宣传信息的红包。这些都体现了店主在经营中比较善于运用情感投资策略，礼品虽小，却是既充分表达了店主对客户的关爱，又巧妙地传达了店铺信息，有利于加深双方联系，培养顾客对网店的特殊感情和忠诚度。

2. 派发名片

很多店主可能会觉得在网上做生意，大家都没机会见到对方，做名片岂不是浪费成本吗？店虽是开在网上，但人是生活中的人，给买家邮寄商品也是在现实中进行的。设计一张独具个性的名片，印上自己的联系方式和网店地址，在邮寄商品时不妨放几张进去。因为外观设计精美，买家一般都会舍不得丢弃，如果有机会，对方说不定还会将它展示给别人，这样，就等于是在帮网店做宣传了。

而且印刷了名片之后，店主们还可以在日常生活中，在与人交往时递送出去，以此来宣传自己的店铺。如果店主还有实体店，也可以将名片放在实体店里，供顾客随便拿取，这些顾客就可以在出了实体店之后，在网上继续浏览网店，使顾客的消费得到最大延伸。

3. 口碑推广

店铺宣传最有效果的一招，要算口碑宣传了。但这一招并不是有钱就能买到的，它需要店主用心做生意，用物美价廉和优质服务与顾客建立起良好的关系，不但使这位顾客成为回头客，还要让他自愿成为店铺的义务宣传员。

对于一个新店来说，店主要从自己身边的每一个人做起。首先，在自己的家人朋友中进行宣传。世界著名的推销大师乔·吉拉德有个著名的250人脉定律——"每个人身后都有250个潜在客户"，"你只要赶走一个顾客，就等于赶走了潜在的250个顾客"。反之同样道理，如果把网店信息告诉了250个人，这些人又会去告诉他们的亲戚朋友，一传十，十传百，很快，又会有很多人知道我们的网店了。

关于网店推广与营销，本文只是简单地陈述了一些方法，还有更多的工具和手段值得大家去深入研究和积极尝试，在此不再赘述。

2.4　知识与技能拓展

2.4.1　网店营销策略

从顾客的视角看，一次顺利并满意的网络购物流程通常如图3-2-28所示。

针对顾客追求新奇、尝试、比较选择、安全、怀旧等消费心理，各环节可供卖家借鉴的营销策略如图3-2-28中(1)~(4)所示。

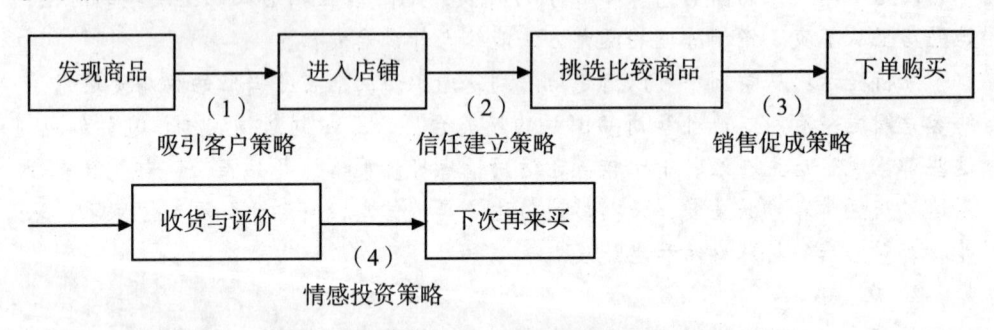

图3-2-28　网络购物流程

1. 吸引客户策略

"吸引客户策略"即如何让顾客在众多商品中发现你的商品，并被吸引进入网店仔细浏览，也就是要设法在顾客能够接触到我们信息的地方，放顾客感兴趣的信息，并吸引他们感兴趣。当前网店数量众多，竞争激烈，要能让顾客在众多商品中发现你的商品，并产生兴趣，一是货源要有竞争力，例如某知名品牌的网络代理，或"新、奇、特"类产品，都较容易获得顾客青睐。有位山东老妈妈，她经营的"针线笸箩"网店,主营全手工制作适合婴儿穿戴的鞋、帽、兜肚,因产品设计独到,并具浓郁传统中国味,吸引了很多顾客前去光临。二是信息接触点要多,即利用多手段多渠道来展示我们的产品信息,如论坛、友情链接、QQ群、搜索引擎、博客等都是有效的网上宣传推广工具,尤其是论坛,当把产品图片和文字巧妙设置成我们的签名档时,它就成了一则流动的广告,在我们发帖、回帖时,产品信息就自然得到了宣传。此外,每个电子商务平台内的站内搜索,是顾客在购买商品时用得最多的工具,顾客通常会通过关键字来搜索相关的商品,为增大被顾客搜索到的概率,商品标题善用关键字组合是重点。我们知道,护肤品类是网上销售最多的产品,下面是对同一产品的不同标题描述:"香草沐浴露"和"五皇冠推荐!the body shop 美体小铺香草沐浴露 250ml 清爽柔嫩",显然,后者采用了"店铺信用等级+英中文品牌+商品关键字+容量+产品特性"等多样关键字组合方式,因此被客户搜索到的概率就较大。

2. 信任建立策略

"信任建立策略"是当顾客因为一个商品的吸引来到了店铺,卖家通过各方面展示使客户对虚拟的店铺建立信任,并愿意选购商品,甚至对店里的其他商品产生兴趣的策略。与实体店相比,网店的最大特点就是虚拟性,尤其是一些实体商品,看不见,摸不着,只能通过图片和文字来了解,这容易使顾客产生不信任感,从而影响是否作出购买的决定。因此信任建立策略就是充分给予顾客想要的,使其在需求得到满足的同时建立起对商品或店铺的信任。因此首先要分析顾客心理,挖掘其需求,当顾客第一次光临店铺时,其关注的通常是产品的图片、相关说明、价格、卖家信誉、其他客户的评论、送货方式、店铺的专业性与整体感觉等,因此卖家就要针对这些需求提供专业信息,如清晰、主体突出并具美感的产品图片;详尽的文字说明,如若是图书类商品,应写明出版社、作者、简介、目录、书评等,以体现出专业性;合理的价格,可采用成本导向、竞争导向、需求导向等多种方法来对商品定价。总而言之,我们应从多方面专业地展示店铺形象,以帮助消除顾客因商品虚拟性而产生的疑虑或不信任感,这是促成下一环节顾客下单购买的关键。

3. 销售促成策略

"销售促成策略"是在顾客对店铺建立起信任的基础上,当他对某个商品产生兴趣,具有购买欲望却又拿捏不定时,卖家如何促进其由"打算买"向"打算现在就买"转化。消费者通常都具有贪图便宜的心理,我们在实体店里经常会发现,卖家的一些打折、减价、优惠、赠送等促销手段容易激发顾客的购买动机,使其作出立即购买的决定,在网店,往往也同样有效。顾客的消费动机一旦被激起,其内心便出现一种不平衡现象,表现出一种紧张的心理状态,这时心理活动便自然地指向能够满足需要的具体目标,当具体目标出现后,机体的紧张状态便转化为活动的动机,产生指向目标的购买行为。当目的达到后,需要得到满足，紧张状态也会随之消失。现在许多网上店铺都有"今天买就赠……""限时抢购""现在满……就送（或减）……"等促销活动，就是利用了顾客的消费心理，促使其尽快作出购买决定。

4. 情感投资策略

"情感投资策略"是在顾客一次购买商品后，卖家通过感情营销，增加黏性，使其下次再来光顾，成为老顾客。许多实例表明，网店维系老顾客比争取新顾客更重要，据调查，保留一个老顾客所需的费用仅占发展一个新顾客费用的1/5。销售学里有著名的"8:2"法则，即企业80%的业务是由20%的顾客带来的，对网店来说，同样如此。因此，网店在发展新顾客的同时，不可忽视老顾客的流失。维系老顾客的重要措施之一就是心系顾客，充分利用感情投资，方法有很多，例如发货时放点小惊喜——礼品、贺卡（手写，给人亲切感）、产品小样（对护肤类、食品类商品尤其适用）等。买家小Y在网上购物时曾遇到一位很有心的卖家，当时买了一件衬衣，收到货时发现多了一条丝巾，刚好跟衬衣相配，还有一张温馨的贺卡，这些小细节有时会成为客户日后再光顾的重要因素。此外，经常性的电话、短信、邮件或IM（及时通信工具，如QQ、淘宝网的旺旺、MSN等）回访，给客户寄送一张特别的VIP卡等，都可通过表达对客户的关爱，来加深双方联系，培养顾客对网店的特殊感情和忠诚度。

2.4.2 皇冠店主谈店铺推广实录

1. 骇客的行销必杀技

特派记者：苍_月神
采访嘉宾：天生骇客
信用级别：3皇冠
网店地址：http://shop10322756.taobao.com
网店名称：HOT服饰 外贸量贩店

苍_月神：您好！很高兴您能接受我们的采访，您能简单介绍一下您自己和您的店铺吗？

天生骇客：非常高兴能接受淘宝大学推广帮的采访。我最近刚获得了"十大创业先锋"称号，现在自己是全职网商，同时也是淘宝大学的讲师、阿里巴巴阿里学院讲师，全国多所高校电子商务类客座教授，淘宝网多家皇冠级卖家品牌策划。

我的店铺主营外贸女装，也有部分其他商品。现在有8位工作人员全力在帮我打理店铺，有一个300m²的仓库和办公区。

苍_月神：关于网络零售行业的推广，您觉得应该如何定义呢？

天生骇客：个人认为，网络零售推广的定义是利用任何我们可以利用的资源，达到让客户知道你的任何方式，包括但不局限于只在网络上推广。

苍_月神：你们是如何给你的网店拉来顾客的呢？

天生骇客：由于我的产品是低价商品，客户群不是很稳定，这时候客户的相互介绍就相当重要。在保持商品质量和高性价比的同时，利用各种活动来刺激客户的回头率和转介绍率，以及合理利用淘宝的推广。举个例子，比如买加秀活动、秒杀活动，让顾客多多参与进来。

苍_月神：你们是如何让来到您店中的顾客留下并且成交的呢？

天生骇客：你说的这个我们一般叫做转化率，我的店铺一般是利用低价、促销、礼品，让客户感觉到不买就会错过。推广得好，人家到了您的店铺，你成功一半分，让对方掏钱，才是我们的最终目的，不是吗？

让对方主动掏钱首要是让顾客能了解他能得到什么好处，大多数买家都会有购物冲动的行为，如果你能让他感觉不掏钱买就吃亏了，你就成功了。像现在的淘宝秒杀活动的红火也是因为这个原因。

苍_月神：给大家讲讲在淘宝上您最开心的一件事和最难过的一件事吧？

天生骇客：开心的事就多啦，最近比较高兴的就是获得"十大网络创业先锋"称号。我希望今后能够不辜负"十大先锋"这个称号。

难过的事情应该是第一个评价。我的第一个评价就是一个差评，相信很多人难以想象。我父母曾经是开工艺品店的，店铺由于种种原因关闭了，有些工艺品一直没有卖出去，堆在了家里。所以，就找了一幅木版画发布了个一元拍在网上，当时很多人的一元拍很火，我总以为自己至少能收回本钱。结果现实是残酷的，商品挂上网后一直无人问津，最后是一个很远地区的买家1元拍下了，而且还是包邮费的，所以我只能硬着头皮找邮局发货，结果发现这么大的版画必须要一个木箱才能邮寄，木箱加邮寄的费用估计要100元以上，而这个版画只卖了1元，还是包邮的。最后考虑了很久，还是对买家说："实在是对不起，这个版画发不了，亏太多了。"所以第一个生意就是一个差评，拍下不发货。

现在我在经营店铺时，我会考虑这个促销方法是否适合我，进货的时候也会这样去考虑，我们看他人名利双收，就完全照抄，很可能结局是得不偿失的。

苍_月神：您接下来的目标是什么呀？您建议新手卖家应该如何确立创业的目标呢？

天生骇客：我接下来的目标是打造自己的女装品牌。现在网络零售品牌化已经是一个大趋势。而服装的竞争品牌化道路更加重要，一个没有品牌的店铺只能疲惫地忙于应付各种情况，却不能让客户记住你，一旦有类似的竞争对手出现，就很可能被客户和市场淘汰。

对于新手卖家来说，我认为首先找对自己的兴趣，从兴趣出发确立长期、中期、短期的目标，在经营过程中不断地调整自己的目标。

苍_月神：您觉得一个新店在没有大量广告费用投入的情况下，应该如何给自己的店铺拉来顾客呢？

天生骇客：首先考虑的当然是免费推广，利用网络上的一些手段，比如自己有QQ空间的，可以放到自己的QQ空间里，先让自己身边的朋友来关注我们的店铺。其实看的人多了，我们的浏览量就会增加。而浏览量大了后，我们的商品店铺会比无人问津的时候更有机会出现在买家面前。

同时不断地利用论坛、博客。如果自己本身是网民，就多多发挥，若不是网民，就介绍身边的朋友来看自己的店铺。当然，这样的推广方式要注意方法，不能像发小广告那样乱发。

同时可以利用少许金额的投入来尝试推广，如购买一些推广工具，采用满就送、搭配销售等方法。

苍_月神：您觉得一个新店在没有价格优势和信用优势的情况下，该如何留住顾客呢？

天生骇客：区隔产生市场，一个新店没有价格优势和信用优势都没有关系。但是一定要让人家感觉不一样，所谓的不一样，就是区隔化，如果你的店铺和别人的店铺装修相比没有任何特色，那留不住客户是很正常的。举个例子，大家都卖毛绒玩具，如果你也卖毛绒玩具，你就要找市场比较少的。同时进行行业细分，比如只经营某个卡通人物。

苍_月神：对于广大的新手卖家，您有什么其他方面的建议吗？

天生骇客：我们做任何事情都要学会坚持。而我们很多新手都非常浮躁，我们开淘宝店铺要循序渐进，不要妄想一步登天。只要能坚持，我们就会看到美好的明天。

2. 美女大学生创业成就三皇冠

特派记者：博大的江淮
采访嘉宾：mmuuoo
信用级别：三皇冠
店铺地址：http://uhome.taobao.com/
店铺名称：鲜橙猫猫时尚生活馆

博大的江淮：您好！很高兴您能接受我们的采访，您能简单介绍一下您自己和您的店铺吗？

mmuuoo：我在大学期间就注册了淘宝，最开始是出售自己和同学的一些闲置物品。后来闲置物品出售得差不多了，网上交易的瘾还没有过足，干脆根据自己的爱好转型为一家专业的创意家居店铺，因为这些充满趣味的小东西都是自己所喜欢的，兴趣是坚持下去的最好动力，直到现在也从未改变过，同时积累起很多的客户资源和经营经验。

博大的江淮：关于网络零售行业的推广，您觉得应该如何定义呢？

mmuuoo：网络零售行业的推广是一个通过多渠道作用，针对性强、细节化处理，非立即见效的方式。网络的特性决定了多渠道性，因为顾客的爱好不同，我们要在各个地方找自己需要的顾客，推广还要涉及精力和金钱的问题，如果不针对自己的客户群来推广，会产生收益亏损的情况。推广的过程就是将信息细节化的过程，可能需要你每天都要做一些很细小的事情，通过慢慢累积眼球，才能提升网店的客流量。

博大的江淮：你们是如何给你的网店拉来顾客的呢？

mmuuoo：我总结为三件法宝，法宝一：淘宝直通车。可以用小钱搏大流量，因为广告对象都是成熟的淘宝买家，可以保持店铺的稳定流量，成交率也是最高的。法宝二：阿里巴巴自助推广。通过选择客户群体与本店定位相符的网站投放广告，获取淘宝网外潜在客户群体的关注。因为是包时广告，可以准确地控制资金投入，把握推广时间。法宝三：利用淘宝的促销工具。"搭配套餐"可以让顾客直观地看到可能感兴趣的相关产品，并享有优惠，延长顾客在店铺浏览的时间，提高浏览量；"满就送"可以促进顾客的购买欲望，并促进销量。

博大的江淮：你们是如何让来到您店中的顾客留下并且成交的呢？

mmuuoo：做好店铺装修，分类清晰，描述详细；熟悉产品信息，有问必答，快速响应；站在顾客的角度思考问题，而不是一味地推销给顾客；按时执行发货的承诺。

博大的江淮：给大家讲讲在淘宝上您最开心的一件事和最难过的一件事吧。

mmuuoo：因为本店主营创意家居和趣味杂货，有些顾客由于时间紧迫，是买来当做礼物直接寄给朋友的，顾客如此信任我们，让人非常感动，所以每当帮顾客写好温馨的小卡片放在包裹里，通过高效率的发货，让收货人在生日或节日之前收到礼物，就是我们最开心的事情了。

最难过的事情就是客户不和我们沟通。有一次，一位顾客购买完成后，给了我们几个中评，理由是商品跟他想象的不一样。对于顾客的不满意，我们都是尽力沟通，给顾客旺旺留言，顾客没有回复，后来几天也没有上线，不知道他是怕解决问题麻烦还是不想解决问题或者其他目的。后来我们只好打他电话，他也直接挂断。这位顾客在购买之前也没有进行询问，买完后也没有联系我们，其实只要稍微沟通一下，就可以避免不必要的问题。无处述说，无法沟通，这恐怕也是每个店家最难过的事情吧。

博大的江淮：您接下来的目标是什么呀？您建议新手卖家应该如何确立创业的目标呢？

mmuuoo：接下来的目标就是增加产品种类，扩大经营范围，不断壮大团队，向公司化发展，做北京乃至华北地区最大、最全、最专业的创意家居趣味杂货店铺。

新手卖家首先应该考虑自身的兴趣爱好，而不是哪个行业利润高。淘宝竞争激烈，利润都比较低，没有哪一行利润比其他行业高特别多。做自己擅长的，才能持久下去。

博大的江淮：您觉得一个新店在没有大量广告费用投入的情况下，应该如何给自己的店铺拉来顾客呢？

mmuuoo："工欲善其事，必先利其器"。新手购买旺铺有一定的扶植政策，一定要利用好，先装修美化好自己的店铺，让人赏心悦目，感受到店主严谨和专业的工作态度。

在经费有限的情况下，可以到淘宝帮派社区和消费者论坛多发帖或回帖，多发质量高、有价值的帖子，争取加为精华帖或置顶，会提高浏览量，广交朋友，促进成交。

博大的江淮：您觉得一个新店在没有价格优势和信用优势的情况下，该如何留住顾客呢？

mmuuoo：美观的图片、详尽的描述、齐全的种类、低廉的价格、热情的服务。

博大的江淮：对于广大的新手卖家，您有什么其他方面的建议吗？

mmuuoo：信用是一个店铺的基石，但新手卖家不要太在意自己的信用有多少，应该踏踏实实地做好每天要做的事情，千万不要因没有成交而着急，继而去炒作信用，否则会得不偿失。创业初期可通过代理方式降低风险。

本节概要

内容提要与结构图

内容提要

- 人类需求：生理需求、安全需求、归属与爱的需求、尊重需求和自我实现需求。
- 信息传播要素：受众群、接触点、传播内容、时间点和手段策略。
- 店内推广与营销：借力商品发布四要素、善用聊天工具。
- 借力商品发布四要素：品牌借力、产品卖点借力、促销借力、服务借力。
- 善用聊天工具：合理利用旺旺头像、滚动播放签名、设置自动回复、建立或加入旺旺群、好友合理分组。
- 站内推广与营销：利用淘宝常规促销活动、利用淘宝直通车、善用友情链接、善用淘宝社区推广。
- 友情店铺的选择可参照原则：关联型、互补型、联盟型、分销型。
- 外部推广与营销：淘客推广、博客和微博推广。
- 淘客推广是一种按成交计费的推广模式，淘客只要从淘宝淘客推广专区获取商品代码，任何买家经过淘客的推广（链接、个人网站、博客或社区发的帖子）进入淘宝卖家店铺完成购买后，就可得到由卖家支付的佣金。
- 线下推广与营销：印制并发放广告、派发名片、口碑推广。
- 网店营销策略：吸引客户策略、信任建立策略、销售促成策略、情感投资策略。
- 皇冠店主谈店铺推广实录：骇客的行销必杀技、美女大学生创业成就三皇冠。

内容结构

本节的内容结构如图3-2-29所示。

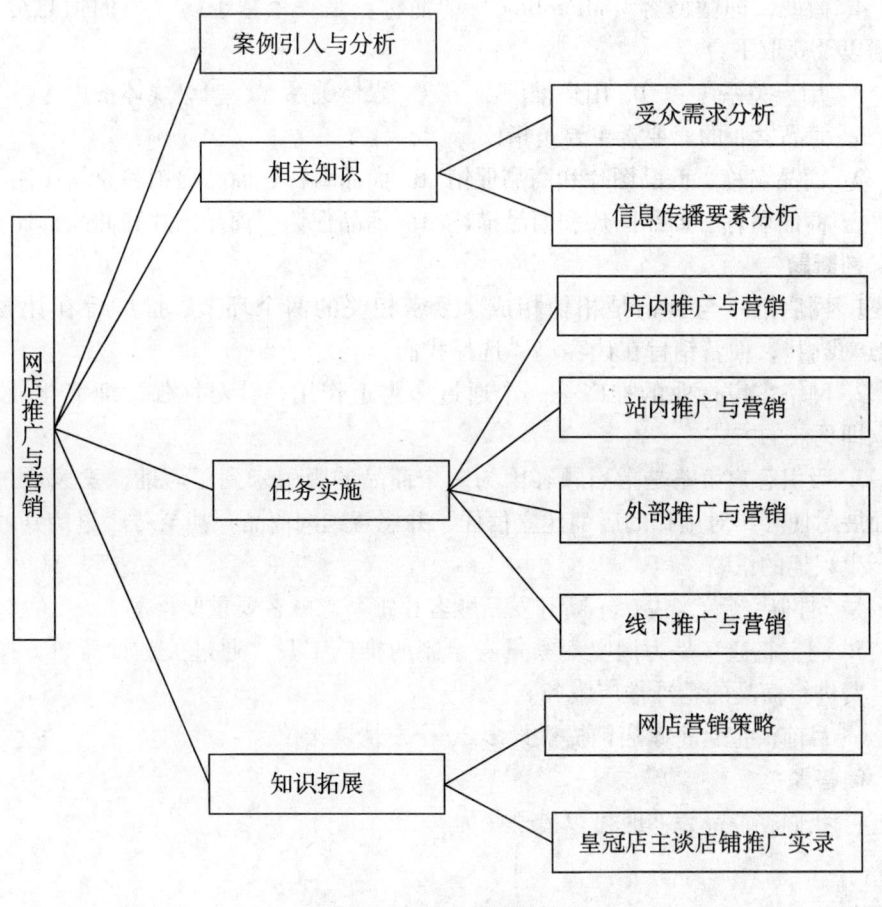

图3-2-29 内容结构

思考与练习

一、单项选择题

1. 网店推广是让顾客_____我们，营销是让顾客_____我们。（　　）

A. 知道　知道　　B. 选择　选择　　C. 知道　选择　　D. 选择　知道

2. 不属于在论坛发布高质量的帖子应该遵循的原则的是(　　)。

A. 主题命名有个性，具有吸引力

B. 内容要丰富，逻辑要清晰，形式要图文并茂

C. 在相应版块里正确发帖

D. 为使帖子内容更直截了当，直接发广告

3. 淘客推广是一种按(　　)计费的推广模式。

A. 关键词竞价　　B. 成交付费　　C. 排名付费　　D. 点击付费

4. 微博，即微博客（MicroBlog）的简称，是一个基于(　　)的信息分享、传播以及获取平台。

A. 用户关系　　B. 用户推广　　C. 媒体关系　　D. 媒体推广

5. 商品发布的三要素主要是指(　　)。

A. 商品名称、商品图片和商品促销　B. 商品名称、商品促销和商品描述

C. 商品名称、商品图片和商品描述　D. 商品促销、商品图片和商品描述

二、判断题

1. 网店推广与营销是相辅相成、紧密相关的两个环节，推广旨在让客户"知道我们"，而营销旨在让客户"选择我们"。　　　　　　　　　(　　)

2. 网络零售行业的推广是一个通过多渠道作用，针对性强，细节化处理，能立即见效的方式。　　　　　　　　　　　　　　　　　　　(　　)

3. 吸引客户策略是指当顾客因为一个商品的吸引来到了店铺，卖家通过各方面展示使客户对虚拟的店铺建立信任，并愿意选购商品，甚至对店里的其他商品产生兴趣的策略。　　　　　　　　　　　　　　　　　　　　　(　　)

4. 对网店经营来说，不断开发新顾客比维系老顾客要重要得多。　(　　)

5. 淘宝直通车是为淘宝卖家量身定制的推广工具，通过关键词竞价，按成交付费进行商品的精准推广服务。　　　　　　　　　　　　　　　(　　)

6. 目前淘宝对每家店铺提供最多30个友情链接位。　　　　　　(　　)

三、简答题

1. 我们在商品发布时可以借哪些力？

2. 从联合推广角度出发，建立友情链接时，对友情店铺的选择可参照哪几条原则？

3. 如何利用聊天工具进行网店推广？

4. 根据客户的购物流程，卖家可以采用哪些网店营销策略？

5. 结合自己的网店，谈谈当客户进入店铺后，如何有效提高成交率？

四、技能训练题

以 2～3 位同学组成一个学习团队，为自己的网店完成推广与营销任务。

任务要求：

1. 运用借力法发布商品：能在商品发布过程中，结合商品特点，从品牌、产品卖点、促销或服务中挖掘并运用一种或多种借力法到商品名称、图片和描述中。

2. 针对本文介绍的店内、站内、站外和线下几种网店推广与营销手段，结合自己网店经营商品和目标客户特点，选择 2～3 种加以综合运用，使更多的顾客能知道并选择我们的网店。

能力自评

■ 专业能力自评

	能/不能	熟练程度	任务名称
通过学习本模块，你			能使用借力法来发布商品
			能利用聊天工具进行网店推广
			能运用联合推广的思路为网店建立友情链接
			能结合自己网店经营商品和目标客户特点，综合运用合适的网店推广与营销手段。
通过学习本模块，你还			

注："能/不能"栏填"能"或"不能"。如填"能"，则熟练程度一栏填"熟练""较熟练""不熟练但可以"。

■ 社会能力和方法能力自评

	社会能力和方法能力	提升情况
通过学习本模块，你的	启发和倾听他人想法的能力	
	口头表达能力	
	书面表达能力	
	与人沟通能力	
	团队协作精神	
	自学能力	
	问题发现与解决能力	
通过学习本模块，你的		

注："提升情况"一栏可填写"明显提升""有所提升""没有提升"。

■ 其他

1. 你学习本模块最大的收获是什么？你认为本模块最有价值的内容是什么？
2. 哪些内容（问题）你需要进一步了解或得到帮助？
3. 为使你的学习更有效，你对本模块的教学有何建议？

■ 能力自评说明

1. 专业能力自评中，每项均达到"能"和"较熟练"水平者，本模块专业能力过关。

2. 社会能力和方法能力自评中，"倾听能力""与人沟通能力""团队协作精神"和"问题发现与解决能力"4个项目达到"有所提升"水平者，本模块能力过关。

自评人（签名）： 年　月　日	教师（签名）： 年　月　日

任务3　网店物流与配送

专业能力目标

知道物流对网店运营的重要作用及网店物流的工作流程；了解商品基本的包装方法和适用材料的优缺点；熟悉并掌握对商品进行防潮包装、防震包装以及防破损包装的基本知识与技能；能给网店里商品编写合适的货号；能对不同特性的商品进行合理包装；了解当前常见的物流配送方式，并熟悉各自的适用范围和优缺点。

社会能力目标

能积极与物流配送公司及相关人员进行业务沟通，对配送中出现货物丢失、掉包或损坏等现象，能合理协调解决，并妥善处理与买家的关系。

方法能力目标

通过实践，不断积累经验，掌握与物流配送公司沟通的基本技巧，能灵活处理各类因物流配送引起的客户投诉，妥善解决货物配送中出现的各类问题。

3.1 案例引入与分析

1. 案例引入

发货后的3个电话

对老魏来讲，他在淘宝网上的"北欧表情家居"店虽然已经获得"1皇冠"，有14256个好评，但是他记忆犹新、耿耿于怀的，还是那第一个中评。

对我来讲，最难忘的其实不是金额很大的一笔交易，而是一次非常失败的交易。

2008年10月，有一位金华的买家在我的店里购买了一块钟表，需要快递送货。但是快递一直好几天都没有送到，我也很着急，每天给快递公司打电话催促，结果快递公司本来24小时应该送到的货拖了4天才送到。买家因此给了我一个中评。但是对我来说，还是非常委屈，打电话质问买家，和这个买家在电话里大吵了一架。但是过后又觉得自己太冲动了，写了一封道歉信给买家，但是这个买家显然不再接受我的道歉。后来我一直在关注这个买家，发现那笔交易确实是她和自己的最后一笔交易。

老魏至今还是自责。他感到自己得罪的不仅仅是一个客户，他仿佛看到这个客户在把自己的不愉快经历告诉同事和朋友。

当然，这个经历对老魏来讲，还是弥足珍贵的。老魏的店铺现在已经有10多个人，他们分工很细，责任明确。

每天早上，客服会把上一天的所有订单传到仓库，库管把所有货品找出来，包装的师傅就可以包装了。先包快递，因为快递都是当天发，平邮是第二天发。货品发出后，包装的师傅会在订单上填写相应的信息，主要包括包裹号码、即时运费。下午5点左右将订单再反馈到客服处，客服可以根据订单再通知买家。

现在，老魏为网店做了一个规定，即在仓库发货后，客服必须给买家打3个电话。

第一个电话是客服发出的通知，说明货物已经发出。对于老买家，客服一般采用短信、邮件、旺旺或站内邮件的方式来通知。但对于新买家，客服一定电话来通知。这个程序已经做成专门的模板，这个模板告诉客户承担物流的是哪家快递公司，大概什么时候到货，当地的联系电话等一些信息。此外，就是自己对售后服务的承诺，让客户放心，并且保证在出现问题时能找到联系人。

估计买家快收到货时，客服会再打第二个电话，主要是确认一下已经发出的货物客户有没有收到，然后再强调一下商店的售后服务政策。

买家收到货后，客服还要打第三个电话，问一下买家对货物是否满意，有什么不满意的地方，还有什么要求等。其实，很多差评、中评都是因为沟通不畅造成的。

现在，在"北欧表情家居"店的客户评论区，老魏的员工在包装方面的规范与安全是客户们评论最多，也是评论最好的部分。很少看到客户会对一家网店的产品包装有如此的美誉。

在发货环节，老魏有几件事也做得很漂亮。比如每件货物发出，里面都有个漂亮的信封，附有购物清单和保修卡，非常周到。老魏对自己的客户，每逢生日就会送生日礼物，礼物一般是比较有意思的东西，40元左右。在评论里看到许多客户在收到礼物后留下了温馨的感谢之词。

2. 任务分析

在实体类商品的网店经营中，买家通过上网点击购买，完成了商品所有权的转移过程，即商流过程。但真正的网购活动并未结束，只有商品和服务真正转移到买家手中，商务活动才告以终结。因此在整个网购过程中，物流是以商流的后续者和服务者的姿态出现的。没有物流配送，再轻松便捷的网购活动都将是一纸空文。网店卖家为了能给买家留下良好的印象，一方面送货要及时，另一方面还要保证货品在运输过程中不能损坏或丢失。

从上述案例发现，老魏在经营"北欧表情家居"店中因一次买家对物流配送过慢给了中评而吃一堑长一智，组建了一支从接单、配货、打包、配送到客服电话跟进等井然有序的物流配送队伍，不但提高了工作效率，降低了出错率，而且赢得了客户的较大好评。为提高网店的物流配送能力，我们需要熟悉商品从仓储管理、拣货配货、包装到物流配送的基本流程，了解各环节的相关知识，掌握相关技能。

3.2 相关知识

3.2.1 商品的包装方法

包装是指为了在物流过程中保护产品，方便储运，促进销售，按一定技术方法采用容器、材料及辅助物等将物品包封并予以适当的装饰和标志的工作总称。简言之，包装是包装物及包装操作的总称。对于卖家来说，包装商品不仅可以有效避免商品在运送过程中受损，而且也在无形地包装自己的店铺。精致的包装可以给买家带来意外的惊喜，而且能让人感受到卖家的细心之处，提高了店铺的形象。

下面把包装分为内包装、中层包装、外包装及辅助包装，掌握好这些包装技术，能够让网店商品有效避免损失，减少麻烦。

1. 内包装

内包装即最接近销售商品本身的那层包装材料。由于很多商品已有厂家供应内包装，这里只谈几种使用较多的包装袋。

（1）OPP 自封袋

OPP 自封袋，如图 3-3-1 所示。

图 3-3-1　OPP 自封袋

作用：保持商品整洁、增加商品美感。

优点：透明度高，使商品看起来干净、整洁、美观及上档次。

缺点：密封性差、材料脆、容易破损，而且不能反复使用。

适用范围：文具、小饰品、书籍或小电子产品等。

使用方法：封口处自带一条粘胶，撕下覆盖膜一粘就粘上了，使用方便，省时省力。

印有图案的 OPP 袋深受人们喜爱，包装小饰品显得时尚可爱。

（2）PE 自封袋

PE 自封袋，如图 3-3-2 所示。

图 3-3-2　PE 自封袋

作用：防潮防水、防止物品散落。
优点：防潮性能好、材质柔软、韧性好、不易破损且可反复使用。
缺点：透光度一般。
适用范围：邮票、明信片、小样化妆品、纽扣、螺丝或小食品等需要归放在一起或经常要取放的商品。
使用方法：封口处一侧有凹道条，另一侧有凸道条，只要轻轻一按就能闭合。

（3）防静电气泡袋

防静电气泡袋，如图3-3-3所示。

图3-3-3　防静电气泡袋

作用：防止产品在生产搬运和运输过程中因碰撞或静电引起的破坏。
材质：由抗静电PE材料制成。
规格：可根据顾客的需求定制。
适用范围：可用于一般电子产品包装。

（4）热收缩膜

热收缩膜，如图3-3-4所示。

图3-3-4　热收缩膜

作用：商品包装紧贴、牢固，且具有防水、防潮、防尘和美观作用，并保护物品免受外部冲击。

优点：无毒无味，透明度好，强度高。

适用范围：广泛应用于医药、食品、五金、玩具、化妆品、礼品、电子元件、地板和装饰材料等制品的外包装。

使用方法：可以使用热收缩机，将收缩膜包在产品或包装件外面，然后加热，使包装材料收缩而裹紧产品。

【小贴士】 什么是热收缩膜

热收缩膜顾名思义就是遇热就收缩的薄膜，就是大家平时看到的桶装方便面外面那层薄膜，淘宝里卖自产食品、小玩具等可能会用到，可以去超市买一些保鲜膜，将你的食品裹起来，用吹风机热的那头一吹，薄膜就会紧紧缩起来，相当于一个简单的抽空方法，保证食品的新鲜。

（5）镀铝气泡袋信封

镀铝气泡袋信封，如图3-3-5所示。

图3-3-5 镀铝气泡袋信封

作用：利用气泡的缓冲作用，保住被运送物品的安全，防止物品在运送过程中因压、碰或跌落而损坏；利用镀铝膜的防潮、防水的特性，更好地保护内部产品。

优点：具有亮丽的金属光泽度、优异的气体和光线阻隔性，以及良好的防潮、耐热、耐穿刺性能，并对印刷、包装、复合具有优良的适应性。

适用范围：多用于运送集成电路板、磁带、光盘、计算器、钱包、电子组件、光学镜头、陶瓷、印刷板等物品。

2. 中层包装

中层包装就是产品距离箱子之间的空隙的填充材料。常用的填充材料有报纸、纸板、气泡膜、珍珠棉、海绵等。

(1) 气泡膜

气泡膜是保护商品、防震、防压、防刮花的最好材料,网店在寄售电子数码产品、化妆品、工艺品、家电家具以及玩具等用得最多,如图3-3-6所示。

图3-3-6 气泡膜

购买气泡膜时,需要注意下列几点。

①气泡膜的原料有原米和非原米两种。原米就是第一次参加生产的材料,非原米就是掺了旧料甚至废料的再生材料。原米气泡膜光泽亮、透明度好、有韧性,而非原米的气泡膜色泽黯淡甚至发黑,容易瘪气。非原米的气泡膜虽然也有防震的效果,但容易使卖家的宝贝形象大打折扣,所以购买前一定要多问几家,如遇到明显比别家便宜很多的气泡膜,要多个心眼,别因小失大。

②气泡膜有很多属性,比如大泡和小泡之分,大泡的泡泡标准直径是1cm,而小泡是0.5cm,大泡的泡泡高度是0.35cm,而小泡是0.25cm,大泡的防震效果要比小泡好很多。而大泡里又有大泡加厚型和大泡普通型之分,主要是每个泡泡和泡垫的厚度,一般来讲宽幅在60cm的气泡膜加厚型100m应该在2.5kg以上才合格,而普通的则在2kg以上才合格。

③走出气泡膜误区。很多买家买到气泡膜后第一个反应就是泡泡怎么没那么饱满,其实正像气球一样,越鼓的气球反而更容易破。气泡膜也是一样,当商品放在气泡膜上,气泡太足容易将物品承受在一个点上,而不那么足的则将物品重量分散在一个面上,一个面能承受的重量肯定比一个点大,所以购买气泡膜时,不要过分追求泡泡的饱满程度,一般来说,气量为每粒气泡的2/3是最理想的。

(2) 珍珠棉、海绵

珍珠棉用于玻璃品、手机、数码产品等商品的防刮花和防潮,也有轻微的防震作用,如图3-3-7所示。珍珠棉有薄有厚,薄至0.5mm,厚至6mm,薄的可以拿来包裹,厚的可以拿来切片、做模以及固定产品,作用类似于泡沫块。

海绵密度比较低、更软,与珍珠棉作用差不多。

图 3-3-7 珍珠棉

（3）报纸

废旧报纸是最廉价的填充物了，一份 5 角钱的报纸可以用来填充好多个箱子，是不错的选择。

（4）其他填充物

只要善于发现，填充物就在自己身边。例如，包水果的网格棉也是不错的填充物，有兴趣的卖家可以找家水果摊问问，花一点点钱就可以买很多，甚至一些水果摊主会白送给你。

建议网店卖家根据自己的商品特色来选择包装材料，利润大的可以选稍微高档点的材料，利润少的可以选报纸、纸板，只要包装整齐就可以了。

3. 外包装

商品运送到买家手里，买家第一眼看到的就是外包装，因此，外包装不仅要结实耐用，而且要美观大方。常见的外包装有纸箱、纸袋等。

（1）纸箱

纸箱分为瓦楞纸箱和无瓦楞纸箱，瓦楞纸箱又分为三层、五层、七层甚至更多，纸类分为 K、A、B、C，目前邮局邮政和淘宝上销售的绝大多数纸箱都是瓦楞纸箱。无瓦楞纸箱通常如装电脑配件的那种纸箱。

网店卖家平时要注意收集纸箱，如果需求量较大，不仅可以在网上购买，也可以在厂家定做，或者在超市、批发市场等找别人要一些，或低价购买。

如果在邮局邮寄，对纸箱的要求比较高；如果采用快递邮寄，通常对纸箱不作要求，但为了保证物品安全，最好选择结实的纸箱。

（2）袋子

作为外包装的袋子一般有布袋、编织袋及邮政复合气泡袋 3 种。

纯棉白布袋的优点是韧性好、美观，适合装不怕压的东西，比如书、衣服、抱枕等，但一定要注意布袋是不防水的，所以，还需要给商品加个内包装。

编织袋又称蛇皮袋，很结实。编织袋适用于装大件柔软东西，邮局和快递都能使用，但需要注意的是，若去邮局邮寄，编织袋必须和布袋一样缝起来，不然不准寄。

邮政复合气泡袋是最高档的一类外包装袋子，如图3-3-8所示。里面是非常厚的气泡，防震效果不错，外观很美观，很上档次，相应的价格也比较贵。

图3-3-8　邮政复合气泡袋

（3）纸类

书籍等印刷品可以用牛皮纸包起来，也可以装在普通牛皮信封里。一般来讲牛皮纸比牛皮信封更厚，所以牛皮纸是书类包装的首选，一些非常轻的东西也可以装在信封里寄挂号信。

牛皮纸气泡信封在商品包装时也是较常用的一种材料，如图3-3-9所示。它以牛皮纸为外层，里层内衬气泡，具有坚韧与防震的功能，可以防止物品在邮寄过程中因压、碰或跌落而损坏。牛皮纸气泡信封外观美观大方，外层易书写，可贴标签；内部气泡衬垫可以保护内层，易于物品的放入；自贴封口设计安全，简单易用，节省时间；此产品较轻巧，一般可节省35%的包装邮寄成本；环保，可回收再利用。可用于光盘、DVD影碟、礼品、珠宝首饰、书籍、电子零件、纺织品、玩具和相框等的邮寄。

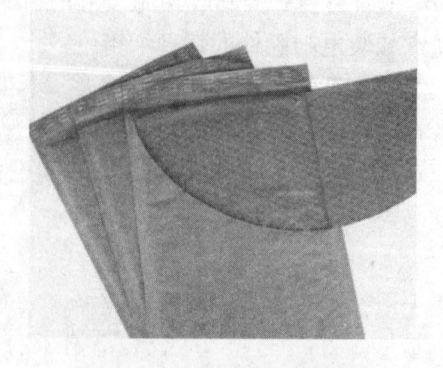

图3-3-9　牛皮纸气泡信封

4. 辅助包装

一般而言，上面3步就已经完成了一个商品的包装，但是，要想在激烈的竞争中区别于对手，就需要花一点心思来完善或者提升自己的商品形象，这就是商品的延伸价值。

（1）警示不干胶

这个几乎不增加多少成本的小东西非常能够体现卖家的细腻，也能在一定程度上防止物流过程中损坏物品。

例如，在易碎品外包装上贴上"易碎品"警示不干胶，时刻提醒物流人员小心轻放，避免人为损坏。

在物流过程中，难免会发生物品丢失、物品被调包的现象。为了保证买家和卖家的利益不受损害，有必要提醒买家在收货时确认商品完好。图3-3-10中所示的警示不干胶中印有"请确认包装完好后签收"的中文说明，以及小心轻放等标记，能给商品运输安全带来一定的作用。

此外，还可以定制个性标签，根据个别商品需要在标签上印上警示标志，如图3-3-11所示。还可以将自己的店名、网址及联系方式印上。

图3-3-10 警示标志1　　　　　　图3-3-11 警示标志2

（2）名片

一张设计得具有个性的名片能让买家体会到卖家的用心，多寄两张名片给顾客，很可能下一位顾客就是他的朋友。

（3）带提示语的封箱胶带

如果是发快递，而所发的东西比较容易压坏，那么，在内包装使用气泡膜的同时，还可以考虑使用带提示语的白色封箱胶带，在提示快递员轻拿轻放的同时，更能让买家感觉到卖家工作的细致。

图3-3-12所示为带提示语的白色封箱胶带，一般都容易买到。另外，你也可以根据个人需要，自制个性封箱胶带，如图3-3-13所示，印上自己的店名或联系方式，并告之客户包裹使用专用胶带，这样可以防止商品被人掉包。

图 3-3-12　带提示语的白色封箱胶带　　　图 3-3-13　自制个性封箱胶带

3.2.2　包装保护技术

按包装的保护技术可分为防潮包装、防震包装以及防破损包装等。

1. 防潮包装技术

很多物品的包装都可以做好防潮措施，如茶叶、衣物和字画等。

防潮包装的技术原理是用低透湿或不透湿材料将产品与潮湿大气隔绝，以避免潮气对产品的影响。为此，在进行防潮包装时可采用下列方法。

（1）选用合适的防潮材料

防潮材料是影响防潮包装质量的关键因素。凡是能延缓或阻止外界潮气透入的材料，均可用来作为防潮阻隔层以进行防潮包装。符合这一要求的材料有金属、塑料、陶瓷、玻璃，及经过防潮处理的纸、木材、纤维制品等，而使用最多的是塑料、铝箔等。防潮材料的选用主要由环境条件、包装等级、材料透湿度和经济性等几方面因素综合考虑。

（2）用防潮材料进行密封包装

采用防潮性能极好的材料，如金属、陶瓷、玻璃、复合材料等制成容器，包装干燥产品，然后将容器口部严格密封，潮气再不能进入。

（3）添加合适的防潮衬垫

在易受潮的包装内加衬一层或多层防潮材料，如沥青纸、牛皮纸、蜡纸、铝箔、塑料薄膜等。

（4）添加干燥剂

在密封包装内加入适量的干燥剂，使其内部残留的潮气及通过防潮阻隔层透入的潮气均为干燥剂吸收，从而使内装物免受潮气的影响。需要注意的是，这类包装需用透湿性小的防潮材料，否则适得其反。

2. 防震包装技术

防震包装又称缓冲包装，在各种包装方法中占有重要的地位。为防止产品在运输、保管、堆码和装卸过程遭受损坏，需要设法减小外力的影响。所谓防震包装，就是指为减缓内装物受到冲击和振动，保护其免受损坏所采取的一定防护措施的包装。防震包装方法主要有以下 3 种。

全面防震包装法：全面防震包装法是指内装物与外包装之间全部用防震材料填满来进行防震的包装方法，如填充报纸、海绵等。

部分防震包装法：对于整体性好的产品和有内包装容器的产品，仅在产品或内包装的拐角或局部地方使用防震材料进行衬垫即可。如泡沫塑料防震垫、充气塑料薄膜防震垫和橡胶弹簧等。

悬浮式防震包装法：对于某些贵重易损的物品，可以采用坚固的外包装容器，然后用带、绳、吊环、弹簧等将被装物悬吊在包装容器内，使得内装物都被稳定悬吊而不与包装容器发生碰撞，从而减少损坏。

3. 防破损包装技术

防震包装有较强的防破损能力，是防破损包装技术中有效的一类。此外，还可以采取以下几种防破损包装技术。

捆扎及裹紧技术。所谓"一双筷子轻轻被折断，十双筷子牢牢抱成团"，捆扎及裹紧技术可以使杂货、散货形成一个牢固的整体，增加整体性，来减少破损。

选择高强度保护材料。通过外包装材料的高强度来防止内装物受外力作用破损。所以，包装时应尽量选择结实耐用的外包装。

3.3 任务实施

互联网的发展为网络购物提供了很多便利条件，从商品展示到咨询洽谈，从出价购买到支付货款，交易双方通过互联网可以轻松地完成绝大部分的交易环节，然而，除了虚拟物品以外，实物商品的运输和配送环节还是必须通过与线下的各物流公司合作来完成。下面将从货物的入库管理、捡货配货、打包装箱、物流配送等环节来阐述网店的物流管理工作流程。

3.3.1 仓储管理

仓储管理是指对仓库及其库存物品的管理，在企业物流中，这是一个基本的环节，仓储系统是企业物流系统中不可缺少的子系统。在网店日常运营中，我们需要了解基本的商品入库流程。

1. 检验商品

当供货商将商品运抵至仓库时，担任收货工作的人员必须严格认真地检查，看商品外包装是否完好，若出现破损或邻近失效期等情况，要拒收此类货物，并及时上报相关主管部门。

确定商品外包装完好后，再依照订货单和送货单来核对商品的品名、等级、规格、数量、单价、合价、有效期等内容，仔细检查商品的外观有无破损和明显的污渍，做到数量、规格、品种都准确无误，质量完好，配套齐全，后方可入库保管。

2. 编写货号

每一款商品都应该有一个货号，即商品编号，编写货号的目的是方便我们进行内部管理，在店铺或仓库里找货、盘货都更方便。最简单的编号方法是商品属性+序列数，具体做法如下。

①将商品分一下类别，如：头饰、耳环、项链、手链、戒指、手镯、胸花（胸针）、吊坠（挂件）、脚链、手机小饰品、毛衣链等。

②把每一类别的名称，对应写出其汉语拼音，确定商品属性的缩写字母，如：头饰（tou shi）缩写为"TS"；脚链（jiao lian）缩写为"JL"；胸花或胸针（xiong hua 或 xiong zhen）缩写为"XH（XZ）"；吊坠或挂件（diao zhu 或 gua jian）缩写为"DZ（GJ）"等。

③每一类的数字编号可以是2位数、3位数或者4位数，视该类商品的数量而定，但也要有发展的眼光，因为商品款式可能会越来越多，要留有发展的余地。例如：我们可以采用01～99或者001～999的方式来编号，那么，TS-001就代表头饰类的001号款式，JL-001就代表脚链类的001号款式。

如果销售的是品牌商品，厂家一般都有标准的货号，我们就不需要再编写货号了，只需照原样登记，但是，要学会辨认厂家编写的货号，因为货号其实也就是商品的一个简短说明。

例如：一台海尔品牌的洗衣机，货号为XQG50-8866A，代表这是一台全自动滚筒洗衣机，一次能洗干燥状态下5kg的衣物，如图3-3-14所示。

海尔洗衣机命名规则
举例：XQG50-8866A
主称：X-洗衣机 T-脱水机
自动化程度：Q-全自动洗衣机 P-普通洗衣机 B-半自动洗衣机
洗涤方式：B-波轮洗衣机 G-滚筒洗衣机 J-搅拌机洗衣 S-海尔双动力
规格代号：用额定洗涤量的数值乘以10表示，如50表示洗衣机一次可洗涤干燥状态下5KG的衣物
厂家设计序号：8866
结构型式代号：A

图3-3-14 货号编写规则

3. 入库登记

商品验收无误并编写货号以后，即可登记入库，要详细记录商品的名称、数量、规格、入库时间、凭证号码、送货单位和验收情况等，做到账、货、标牌相符。

商品入库以后，还要按照不同的商品属性、材质、规格、功能、型号和颜色等进行分类，然后分别放入货架的相应位置储存，在储存时要根据商品的特性来保存，注意做好防潮处理，以保证仓管货物的安全。

做入库登记时要保证商品的数量准确，价格无误；在商品出库时，为了防止出库货物出现差错，必须严格遵守出库制度，做到凭发货单发货，无单不发货等。

3.3.2 捡货配货

1. 正确挑选

不管质量如何，买家都希望收到的是自己千挑万选的商品，如果发错了货，脾气好些的买家可能会主动与卖家沟通希望退货，或是觉得寄错的商品也不错就不计较了；脾气不好些的买家可能一句话都不说就直接要求退货，或是跟卖家大吵一架，不但要求退货还给个差评。这样，不仅没赚到钱还要倒贴运费。所以在配货时一定要有细心、耐心和诚心。

为避免出差错，在挑选商品时，需要注意以下几点。

①服装。同一款式会有不同颜色、不同尺码，需要按照买家要求挑选。

②箱包。同一款式会有不同颜色，需要按照买家要求挑选。

③化妆品和日常洗护用品。目前很多化妆品的产品说明是英文，外形非常相似，容易混淆，需要仔细鉴别。

④饰品。需要仔细检查饰品是否有质量问题，例如耳环的耳钩和项链的钩环容易损坏，饰品的水钻容易掉落。不要将有质量问题的产品发给买家。

此外，还需要注意买家的备注，看清楚买家有哪些特殊要求。如果有变动，需要及时和买家沟通联系。

2. 避免漏配

网上购物一般由买家承担运费，很多买家为了省运费会一次性选购多件商品。另外，为了吸引更多买家，也为了提高销售额，很多卖家会开展"满100元全国包邮""多买享受多折扣"以及"加1元就送"等促销活动，这时，买家就会一次性选购足够金额的商品。

对于一次性售出多件商品，需要注意以下几点。

①认真核对及配货。先根据订单仔细核对买家购买的商品及数量，然后将商品配齐。

②不要忘记赠品。如果卖家经常做类似"买一送一"的促销活动，切记要

将赠品随单配发。

③注意说明书、保修卡及配件。例如手机、数码产品及小家电等，需要注意将说明书、保修卡及配件随单配发。

3. 仔细检查

无论何种商品，一定要先仔细检查有无质量问题。如果发现有质量问题，应及时与供货商协商调换；如果有些商品在存放过程中不小心染上污渍，应尽量先处理好再发货。

另外，在包装前最好再仔细核对商品的款式、颜色及型号，避免错发、漏发等。

3.3.3 分类包装

将不同的货物进行分类包装不仅可以显示我们物流工作的合理性，还能够在一定程度上增加物流的安全性，同时，不同的包装材料因为重量不同，也会对我们的物流成本产生影响，继而影响我们整体的经营成本。

1. 打包要点

不同的商品会有不同的包装和运输方式，但一般来说，只要尺寸合适的话，纸箱可以作为所有商品的外包装，下面以纸箱为例阐述货物包装时应注意之处。

给货物打包是一个简单的技术活，但是随意的包装和规范的打包，其结果会有很大的差异，如果做到如图3-3-15所示的这4点，那么，我们发送出去的货物就有了一定的安全保障系数。

图3-3-15 货物打包要点

①避重就轻：商品和纸箱内壁的四周应该预留3cm左右的缓冲空间，并用填充物将商品固定好，以达到隔离和防震的目的。

②严丝合缝：用填充物塞满商品和纸箱之间的空隙，使纸箱的任何一个角度都能经得起外力的冲撞。

③原封不动：纸箱的所有边缝都要用封箱胶带密封好，既可以防止商品泄漏和液体浸入，还可以起到一定的防盗作用。

④表里如一：安全工作可以从纸箱内部延伸到外部，在纸箱封口处贴上1~2张防盗封条，可以起到一定的警示和震慑作用，有效地防止内件丢失，防盗封

条可以自己制作，也可以在网上购买。

2. 分类打包法

（1）最简单的打包法

如果网店卖的是类似于钱包之类体积小且不怕压的小商品，可以使用以下方法来包装商品，又方便又省钱。

1）准备材料

塑料袋、报纸、厚的纸张（铜版纸、亚粉纸、牛皮纸都可以）、包装胶带。

2）包装步骤

①将商品装进塑料袋（一种专门装礼品的塑料袋，在市场上可以买到，各种尺寸都有，有厚的、薄的，价格也较便宜），既可以美化包装，也可以防止商品受潮，而且能让买家感受到卖家的体贴与用心。

②对折5、6张报纸，然后将商品包起来，再用胶带黏好。用报纸包裹好的商品与未包装的商品相比显然是厚实多了。

③用报纸包裹后，再用厚的纸张包裹一层，这样可以使整个包裹摸上去感觉更加厚实，同时可以掩饰普通的报纸包装层，使包裹从整体上看起来漂亮些。

④再次包裹后，用包装胶带将包裹封口处严严实实地黏好。

⑤最后再填写单子，贴在包裹上即可。

（2）化妆品类打包法

化妆品类商品发货之前，一定要做好包装工作，尤其是那些液态的商品。若因包装不好而破损，不但卖家自己的利益受到损失，还会污染到其他货品。

1）准备材料

气泡膜、报纸、外包装箱（最好是3层瓦楞纸箱）、包装胶带。

2）包装步骤

①无论化妆品是否有外包装，都用气泡膜将商品包好。

②用包装胶带在气泡膜外部裹几道，以起到加固作用。

③在外包装纸盒底部塞进旧报纸，放入包裹好的商品。

④再放入旧报纸做填充物，防止商品在运输过程中剧烈震动。

⑤用包装胶带将外包装纸盒封好，贴上填写好的包裹单。

（3）食品类打包法

俗话说"民以食为天"，越来越多的买家喜欢足不出户就能享受到各地美食，作为食品类的卖家就不但要注意商品的质量问题，还要在打包问题上多花工夫。

食品类的商品都是有保质期的，有些还有温度上的要求，一般来说应该选择快递公司进行运送。在包装此类商品时，要注意两点：一是干净卫生，此类商品都是属于"进口"的食物，即使有自己的单独包装也得注意卫生，包括塑料袋和外包装纸箱,如果买家看到美食被脏兮兮的东西包裹着,即使是自己喜欢吃的食物也会没了胃口;二是给足分量,尤其是那些散称的食物,别认为买家不会去计较缺斤短两,所以在不赔本的情况下还是尽量多给一些。

1)准备材料

塑料袋、报纸(或气泡膜)、包装胶带、外包装纸箱。

2)包装步骤

①用干净的塑料袋将商品包好,如果邮寄的是散称的商品应多套一个塑料袋。

②在外包装纸箱底部塞进旧报纸,如果商品没有外包装则用气泡膜代替。

③将包装好的商品放入纸箱,用包装胶带封口。

④在纸箱外贴上已经填好的运单。

(4)图书类打包法

网上购买图书,不仅比实体店便宜,而且还能通过各种运输方法直接送到买家手上,因此,现在越来越多的买家选择网购图书。与其他商品相比,图书产品的利润较低,而且一般来说较重(尤其是精装书),卖家倘若把握不好打包费用的话较容易亏钱,所以应尽量选择能够提供免费包装纸袋的公司发货。图书属于不怕压不怕摔的商品,一般只需两个纸袋就能解决包装问题。

1)准备材料

两个包装纸袋和包装胶带。

2)包装步骤

①检查图书有无破损和缺页

②将图书放入一个纸袋中,如果纸袋较大可以折一下,再用包装胶带包裹好。

③将包好的纸袋放入另一个纸袋中,最后贴上填好的包裹单。

(5)首饰类打包法

一般来说首饰类商品都有相应的包装盒,但也难以承受挤压和长时间的颠簸,所以这类商品在包装时需要多加留意。

1)准备材料

首饰包装盒、小塑料袋、包装胶带、报纸、外包装纸箱(最好是3层瓦楞纸箱)。

2)包装步骤

①将首饰放进首饰包装盒内,如果买家购买多件商品的话,需要留意商品是否齐全,然后将包装盒放入小塑料袋中。

②将纸箱底部封好,放进一些揉成团的旧报纸。

③将塑料袋放入,上面用成团的旧报纸填满。

④用胶带将纸盒封好,尽量多贴几道。

⑤检查纸箱外观是否有破损的地方，如果有破损则用包装胶带封好。
⑥填写包裹单，贴在包装纸箱上。

(6) 数码相机类打包法

市面上的数码相机和手机类的产品更新换代的速度非常快，一般来说选择网购此类产品的买家也非常看重发货的速度，如果晚到几天的话，商品在他们心中的价值就要打折了。

这类商品通常价格较高，在邮寄时，一定要按照商品的出售总额进行保价，如果出现货品丢失或损坏的情况，还能得到一些补偿金。卖家不要因为想省下一点保价费而因小失大。

1) 准备材料

气泡膜、海棉条、外包装纸盒（最好是5层瓦楞纸箱）、包装胶带。

2) 包装步骤

①先将商品放进自带的包装盒中，注意检查保修卡等小配件是否齐全，然后放入气泡膜中包好。
②用胶带仔细将气泡膜包好的商品裹紧、缠好，这个步骤非常重要。最好再包一层气泡膜，然后用包装胶袋固定。
③在外包装纸盒底部放入海棉条（若没有可用气泡膜代替），然后将包裹好的商品放进去，再放入塑料膜做填充物。
④轻轻晃动纸箱，看看商品会不会晃动，如果会那么还要进行填塞。
⑤用胶带将外包装纸盒四面封好，检查一下有没有其他有缝或是破损的地方，最好贴上填写好的包裹单。

(7) 字画类打包法

字画类的商品有些特殊，装裱好的字画相对来说比较简单，包装好后用木板箱运输即可，而那种没有经过装裱的字画该怎么打包呢？

一般来说，合适的包装材料有两种，一种是PVC管，价格有些贵但外观雅致；另一种是硬纸筒，价格实惠，卖家可以根据自己的需要来进行选择。

1) 准备材料

PVC管或硬纸筒、报纸、包装胶带。

2) 包装步骤

①根据字画的长度选择合适的PVC管或硬纸筒。
②将字画小心卷好，塞进PVC管或硬纸筒中。
③将两头用报纸塞好，最后用包装胶带封口。
④在包好的PVC管或硬纸筒上贴上填好的包裹单。

(8) 玻璃制品类打包法

买家购买商品时，最不放心的就是像玻璃制品等怕挤压的易碎品了，同时它们也往往是邮局拒收的邮寄物品。那卖家该如何对这类商品进行打包呢？

1）准备材料

商品包装盒、质地较硬的外包装箱、塑料袋、泡沫塑料板。

2）包装步骤

①一般的商品都有包装盒，建议用硬纸板把包装盒里面的6个面都隔好，最好能确保商品在里面不晃动，商品外包装用塑料袋套好（这样既可以防水，又不会损坏包装，买家收到商品，拆除马甲袋后，商品包装仍然丝毫无损），接着再用封箱带把包装拉紧，可以选择用十字交叉的方法拉紧，这样商品就加固包装好了。

②选择比较坚硬的厚的外包装箱，选用的箱子尺寸要比邮寄的商品稍大，一般长宽高各放大6cm左右，以便使用填充物。

③填充物最好选用泡沫塑料，其优点是易填塞、重量轻，有弹性，缓冲性好，对物品起到了很好的保护作用。

④将商品置于外包装箱的正中央位置，六面均匀地用泡沫塑料塞紧，封箱带封好后用力摇一摇，以商品不动为准。

3.3.4 物流配送

商品在售出以后，我们除了要为货物提供安全的包装以外，还需要与一家物流公司合作，来完成运输和配送这一重要的环节，下面我们就来了解不同的物流部门有哪些特点，分别适合配送什么商品。

1. 邮局发货

邮局和快递是网店卖家合作最多的物流部门，卖家选择邮局发货的主要原因是网点多，由于很多顾客所在的村镇并没有快递网点，但是这些年来中国邮政的发展却非常快速，邮局的网点已经覆盖到了很多偏远的地区和农村。

此外，邮局发货的优势还表现为邮寄方式多样，邮局现设有平信、挂号信、印刷品、平邮包裹、快递包裹和EMS等多种邮寄方式，不同的邮寄方式产生的邮费也不同，例如挂号信比平邮包裹便宜，平邮包裹比EMS便宜。网上出售打折邮票的卖家多半采用挂号信的方式发货，而销售珠宝首饰或手机等商品的卖家则较愿意选择EMS，两者的邮寄费用和到货周期都相差甚远。

【小贴士】 邮局发货省钱妙招

发货会产生费用的主要在于包装和运费两个环节，若是在邮局发货的话，可以使用以下两种方式来控制和降低物流成本。

（1）网购纸箱

网上有很多专营邮品的店铺，里面出售的邮政纸箱比邮局销售的便宜很多，可以大大节省包装费用。

（2）打折邮票

邮票对于邮局而言就如代金券，网上有大量的打折邮票出售，我们如果使用打折邮票来支付邮费就会比现金支付更实惠，而且不同面值的邮票还会有不同的折扣，如果挑选折扣最大的邮票来组合成所需的邮资总额，还可以达到更好的省钱效果。

2. 快递发货

平邮包裹的到货周期较长，顾客通常需要7~15天才能收到购买的商品。如果通过快递公司发货，周边城市一般可以做到今发明至，国内大中城市的到货时间也只有2~3天。此外，更重要的是，快递公司采用门对门收发货的方式，而且还提供网上查询物流进程，非常便利，因此，很多卖家和顾客都不约而同地选择了快递这一物流方式。

(1) 门对门收发货

图3-3-16所示的是快递发货的简单流程，卖家在包装好货物以后，只要打电话通知快递公司，他们便会派人上门来收件。每天有稳定发货量的商家，通常都有长期合作的快递公司，他们一般不需电话通知便会每天按时来收件，非常方便，省时省力。

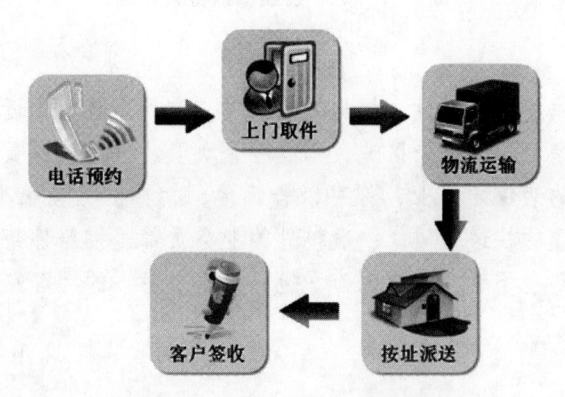

图3-3-16 快递发货的流程

(2) 在线查询物流进程

快递公司除了提供上门收发货的服务以外，客户还可以在快递公司的网站查询物流的配送进程，只要输入运单号码，即可看到如图3-3-17所示的查询信息，里面有详细的收件、运输和送件信息。

【小贴士】 选择快递公司时需要注意的问题

目前快递公司间的竞争非常激烈，服务质量参差不齐，价格也是五花八门。要以优惠的价格实现满意的快递效果，卖家应该找一家价格、速度和服务质量都比较有优势的快递公司长期合作。下面是在选择快递公司时几点需要注意的问题。

图 3-3-17　在线查询物流进程

1. 价格

首先，查找快递公司网站，根据网点分布查询到离自己最近的快递点电话号码。一般每个快递公司、每个区域，都有一个负责收件的快递员。可以直接与他谈价格，若是你的店铺才开业，你可以告诉他，初期业务会很少，慢慢会很多，想找一家长期合作的快递公司。一般接件的业务员都是按照件数或者业务金额来提成，一般态度都会不错。这样他为了揽下你这个潜在的大客户会给出一个他的价格底线。

2. 速度

不能一味追求价格低廉的快递公司，除了价格外运送速度也要考虑。尽量多找几家，先从大的入手，最后经多方面比较再决定选用哪个。因为全国各个地方都不同，他们的网点都是独立核算的，所以服务态度、质量、速度都会参差不齐。

3. 安全

一定要选择一个安全性较高的公司进行合作。因为不管是买家还是卖家，都希望能把货物安全地送到顾客手上，如果安全性不能保证，例如货物丢失了，或者由于产品是易碎品，发时是好的，到客人手上后就损坏了。这些问题都会极大地损害网店形象，从而影响网店的经营。

4. 诚信

网店经营要讲诚信，选择快递公司也一样，诚信度高的，能够让卖家更有安全保障，能让买卖双方都能更放心。

3. 货运发货

货运发货包括公路运输、铁路运输和航空运输这3种类型，短途一般采用公路运输和铁路运输，长途采用铁路运输和航空运输。

（1）货运公司的计费单位

货运公司与邮局和快递公司的计费方式有很大区别，邮局是以500g为一个计费单位，快递公司通常是以一千克为一个计费单位，而货运公司的计费单位虽然是千克，但这个千克数却并不是用磅秤计量出来的，而是通过计算"体积重量"确定的，有时，这个千克数甚至是用米尺"量"出来的。

"体积重量"的标准公式是：货物的体积重量（kg）= 货物的体积（长（cm）×宽（cm）×高（cm））/6 000，也就是说，6 000cm^{3}体积的货物相当于1kg重来计算运费，换算过来，1m^{3}体积的货物要按照167kg计算运费。按照物理重量与体积重量择大计费的原则，如果货物的比重小而单位体积偏大，比如棉花、编织工艺品等，那么应当测量货物的体积，根据以上公式计算出体积重量，然后，将货物的实际重量与体积重量做比较，"择大录取"作为计费重量，乘以每公斤的运输价格就得出了应收运费。

（2）货运公司与快递公司的比较

比如一台古筝体积为2.1个m^3，实际重量是22kg，体积重量在35kg。我们比较一下快递公司和公路货运在价格、时间和便利程度上的差异。

1）上海—江苏、浙江（短途）

快递公司：一般是1~1.5元/kg，因为古筝属于"泡货"，所以他们会计算体积重量，再根据城市大小等因素，一般每件的价格在30~50元，今发明至并且会送货上门。

货运公司，一般0.6元/kg，运费是25元（包含保险）。到货时间为2~3天，不提供送货上门的服务，买家要自己到货场提货。

对比结果：就近途而言，还是使用快递发货比较好，虽然价格贵一些，但是用货运公司发货的话，买家需要自己去提货，如果自己没车的话，增加了提货费用反而比快递发货更贵了，而且还要花费更多的时间和精力。

2）上海—北京（长途）

快递公司：一般是8元/kg，算体积重量的话，运费要在200元以上。所以买家几乎都无法承受，到货时间为2~3天，提供上门收货和送货的服务。

货运公司：一般是1元/kg，算体积重量的话，运费是40元。到货时间为4~5天，不提供送货上门的服务，需要自行到货场提货。

对比结果：如果货物体积较大，重量较重，路途也较远，就可以考虑发货运公司，即使买家需要自己提货，价格还是在可以承受的范围之内。

（3）货运公司和邮局发货的比较

以上海—北京，重量为20kg重量的货物为例，几种发货方式比较见表

3-3-1所示。

表3-3-1　几种发货方式比较表

发货方式	发货费用	到货周期/天
EMS	254元+面单+包装等	2
快递包裹	79元+面单+挂号费3元+包装等	4~6
平邮包裹	46元+面单+挂号费3元+包装等	
货运公司（公路运输）	25元	4~5

由于货运公司规定每票货物的基本价格是25元，此票货物重量22kg，并未达到基础价格，所以按25元收取。

邮局就在家的附近，所以提货比较方便，而货运公司的提货点很少设在市区内，通常都在城市近郊，甚至偏僻的远郊，所以路途一般都比较远。另外，邮局对包裹的大小也是有一定限制的，对超长超宽的包裹都不能运送，像古筝这类的货物就属于体积超标了，正好被邮局拒之门外。

唯有铁路货运的运费是按照实际重量来算的，不牵涉体积重量的问题，上海到北京的包裹，价格是3.3元/kg，如果还是以刚才的古筝为例，22kg就是72.6元。

以上介绍的就是常用的几种货运方式和特点，综合比较，公路运输和铁路运输相结合的方式最实用。公路货运的运费比较便宜，但是它的优势要在长途以及发货量大的情况下才能体现出来，同时它对顾客提货来说也存在不便。铁路货运的话，部分城市能提供送货上门服务。

【小贴士】　委托货运公司发货的注意事项

①对货物的包装一定要结实耐压，里面要有很好的保护措施，箱子外面要有必要的文字或图片的警示，如小心轻放、请勿重压等。另外，外箱上最好有明显的标志，能让买家或提货场的工作人员很容易找到这个箱子。

②收货的时候，如果外箱没有破损，顾客可以直接把货提回家，如果外箱有破损，就要当场把箱子打开检查内部情况，要是货物损坏的话，要请工作人员详细记录情况，然后把详细情况告诉发货人，由发货人向当地的货运公司提出索赔。如果外箱完好，内部有损坏，那货运公司是不赔的，因为他们认定这是属于包装不善造成的损坏。

③通常在货运站提货，顾客会因为手续不熟悉或交通不方便等产生不满情绪，所以要和买家提前沟通好这些手续和可能出现的问题，免得留下中评或差评的隐患。

4. 淘宝推荐物流

淘宝网作为电子商务交易平台，这些年一直发展迅速，一方面与其免费的经营策略吸引了巨大的人气与商流有关，另一方面其在物流方面也有着独特的经营策略。推荐物流就是淘宝与物流公司签约，签约的物流公司进入淘宝的推荐物流企业行列，这些物流企业便可直接通过与淘宝对接的信息平台接受其用户的订单。

（1）了解推荐物流

在没有推荐物流之前，淘宝的卖家都是自己去联系物流公司，商谈合作条件及邮资的优惠折扣。这样的口头协议和松散合作方式，对货物的委托方没有起码的安全承诺与赔付保障，因此，一些缺乏责任感的店主，在货物出现损毁和丢失情况时，往往会推卸责任，把货物配送的风险转嫁给顾客，无形中也给自己留下了交易纠纷的隐患，同时，物流服务的滞后还严重地阻碍了电子商务的进一步发展。

为了解决物流给交易双方带来的困扰，淘宝网创建了推荐物流，由淘宝网出面，挑选一些有实力、有眼光、愿意为推进中国电子商务发展而共同努力的物流公司，签订合作协议，集合淘宝店主每年数百亿交易额的发货量，争取到最优惠的运费价格和最周到的服务。

只有通过淘宝网在线发送的订单，才能称为推荐物流。与自己联系物流公司相比，广大的淘宝店主愿意使用推荐物流的理由主要表现为如下几方面。

①网上直连物流公司：不用打电话也可联系物流公司，真正地实现全程网上操作。

②价格更优惠：可以使用协议最低价和物流公司进行结算。

③赔付条件更优惠：淘宝与物流公司协议了非常优惠的赔付条款。

④赔付处理更及时：淘宝会监控并督促物流公司对于投诉和索赔的处理。

⑤订单跟踪更便捷：使用推荐物流网上下单，物品跟踪信息链接会放在交易双方的物流订单详情页面，卖家和卖家都可以方便地查看。

⑥可享受批量发货功能：可以一次性将多条物流订单发送给物流公司，让店主下单更便捷。

⑦可享受批量确认的功能：使用推荐物流发货的交易，可以一次性确认多笔交易为"卖家已发货"状态。

⑧可享受旺旺在线客服的尊贵服务：物流公司在线客服，即时回复会员的咨询，解答会员的疑惑。

⑨日发货量超百票，享受特别的定制服务。

⑩不再代人受过：因推荐物流的原因而导致的中差评，可以跟淘宝网联系，申请删除。

（2）操作在线下单

使用推荐物流首先要在线给物流公司下单，在线下单的操作非常简单，只有

3个步骤。

第一步，确认顾客的收货信息及交易详情。

第二步，确认店主的发货信息及上门取件的地址。

第三步，在列表中选择合适的物流公司，预约上门取件的日期和时间并发送订单。

在线下单的具体操作如下。

顾客付款到支付宝以后，淘宝系统会有发货提示，单击"发货"按钮，进入在线下单操作页面，如图3-3-18所示。首先，是确认顾客的收货信息，如果顾客曾提醒过我们要修改收货地址，只要单击"修改收货信息"便可以进行修改；接下来是确认快递公司上门来收件的地址，如果需要修改收件地址，只要单击"修改物流取货信息"，就会出现我们的地址库，在里面选择相应的新地址即可。"修改发货信息"与"修改物流取货信息"是两个不同的概念，前者是快递单上出现的发货人与发货地址等信息，后者是快递上门来收件的地址。

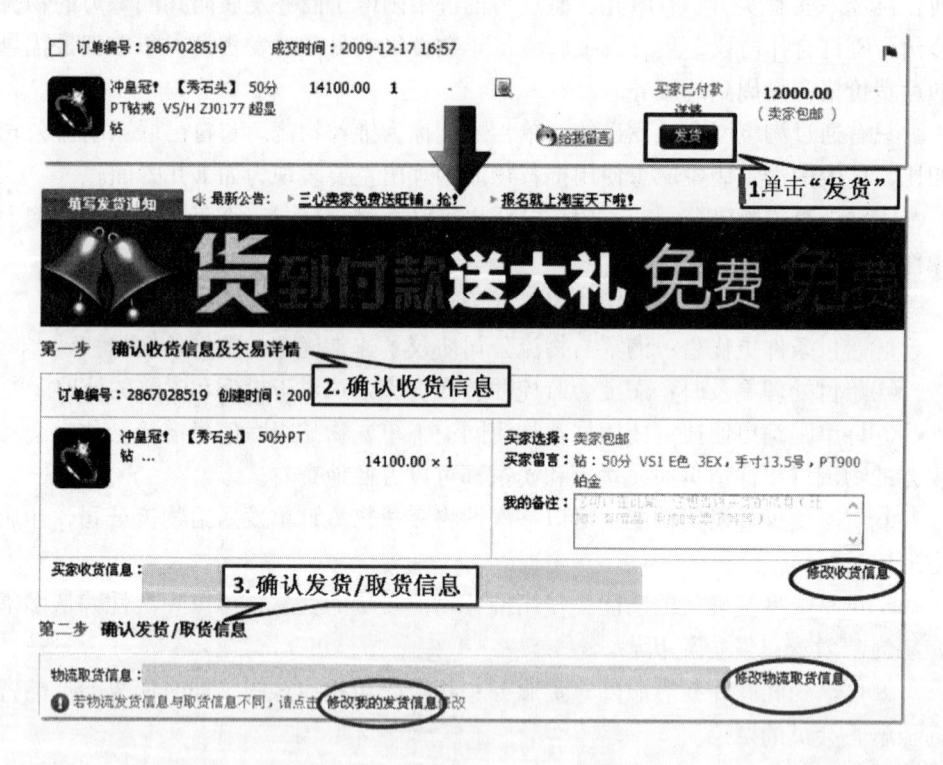

图3-3-18 推荐物流在线下单操作流程

完成上述操作后，鼠标往下滚动，可以看到如图3-3-19所示的操作页面，先选择"在线下单"，因为只有在线下单的才算推荐物流发货方式；"选择"相应的快递公司，填入运单号码，单击"确认"按钮，提交订单，即告完成了在线下单操作。

图 3-3-19 所示的是能够到达这个收货地址的全部物流公司，如果我们选择"大件（10kg 以上更优惠）"，出现的可能唯有德邦物流一家，因为其他快递公司主要擅长运输 10kg 以下的小件。

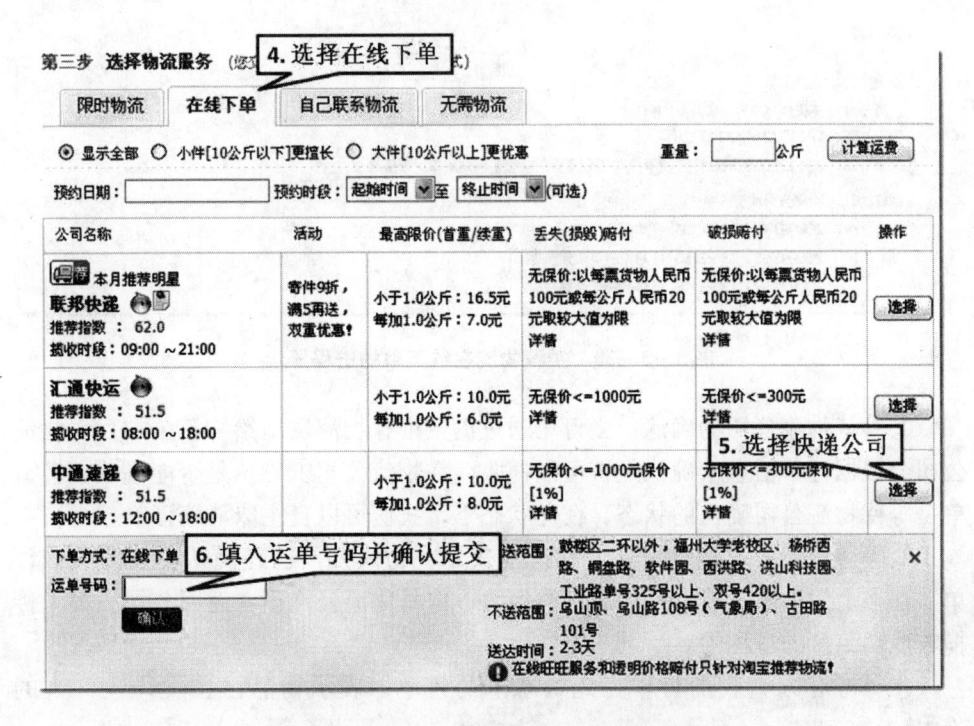

图 3-3-19 推荐物流在线下单操作流程

每一笔交易都会对应一位顾客，他们的收货地址各不相同，因此，有时候在"在线下单"页面显示出来的物流公司会不同，有时候显示的物流公司很少，有时候显示的物流公司则很多，这正是推荐物流操作系统功能强大的表现。因为有的物流公司在这个收货区域没有网点，无法做到全程运输和配送，因此就没有出现在推荐物流的列表名单里，以免我们下单到不能配送的快递公司，耽误了发货的时间。

在线下单以后，我们可以随时查看订单在物流公司的受理情况，从图 3-3-20 可以看到，这笔订单已经被物流公司所接受，因此，我们只需要等待他们上门取件即可。

淘宝推荐物流的订单状态分为：等待发货的订单、等待物流公司确认、等待物流公司揽件、等待对方签收的订单、对方已签收的订单，其含义分别如下。

①等待发货的订单：买家付款后的淘宝交易，会自动生成等待发货的物流订单。非支付宝交易的用户也可以创建等待发货的订单。

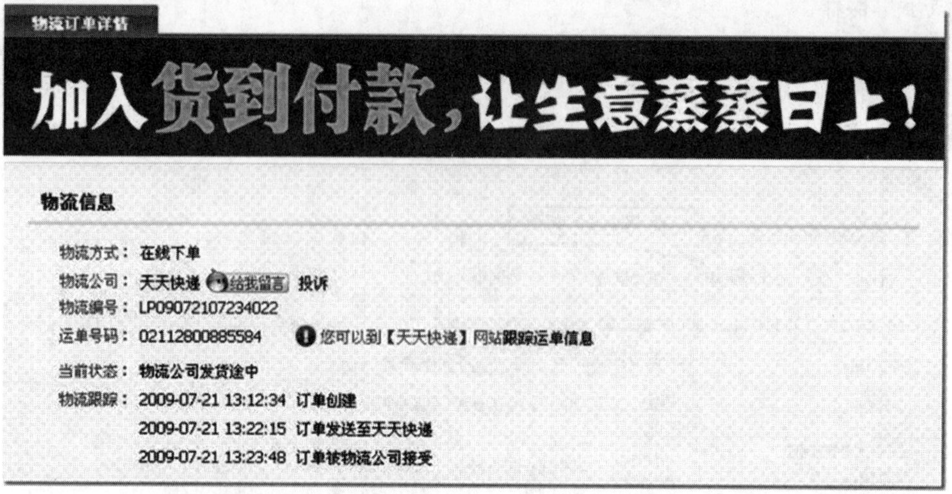

网店运行实践

[物流订单详情]

加入货到付款，让生意蒸蒸日上！

物流信息

物流方式：在线下单
物流公司：天天快递 给我留言 投诉
物流编号：LP09072107234022
运单号码：02112800885584 您可以到【天天快递】网站跟踪运单信息
当前状态：物流公司发货途中
物流跟踪：2009-07-21 13:12:34 订单创建
2009-07-21 13:22:15 订单发送至天天快递
2009-07-21 13:23:48 订单被物流公司接受

图 3-3-20　推荐物流在线下单的进程显示

②等待物流公司的确认：当订单通过淘宝推荐物流发送给物流公司后，物流公司会根据订单信息来确认是否可以揽收，在物流公司未确认是否能揽收前，订单是等待物流公司确认的状态，在此状态下，我们可以自主取消该订单。

③等待物流公司揽件：在此状态下表示，物流公司已经确认可以揽收该订单，正在上门途中，或者是物品已被揽收，但是物流公司正在返回公司扫描上传揽收成功信息的过程中。

④等待对方签收的订单：此状态下的订单，表示物品已在发往收件人的途中。

⑤对方已签收的订单：此状态下的订单，表示对方已经成功签收，或者拒签，或者丢失，是物流订单的一个结束状态。

（3）运费计算器和物流跟踪

相同重量的货物快递到同一城市，由于不同的物流公司在运输线路和成本上的区别，物流价格和到货周期也会有所区别。提前了解掌握各家物流公司的价格以及配送周期，还可以合理调配推荐物流，降低物流成本，或者缩短到货周期，有效提高顾客的满意度。

从"我的淘宝"→"发货管理"进入，就能找到如图 3-3-21 所示的"运费/时效查看器"，单击进入，在物流服务这一栏选择"在线下单"，选择起始地和目的地，假设货物重量为 1kg，单击"查看"按钮，系统就会自动列出所有能到该目的地的推荐物流，以及他们所需的运费及到货周期。

我们看到物流服务这一栏还有"限时物流"这一选项，其实，限时物流是为了对物流的时效进行约束而产生的一种新型物流方式，快递公司与淘宝签订协议，保证在约定时间内把卖家的宝贝送达买家，如若延时或者超时，淘宝将对快递公司做出罚款等相应处罚。

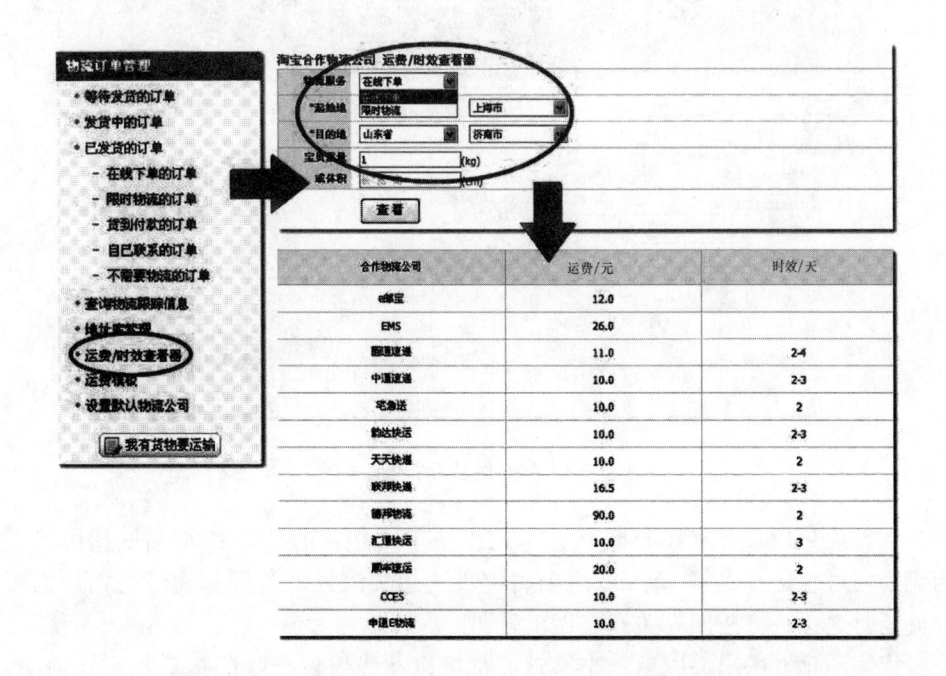

图 3-3-21　运费/时效查看器

如果我们在物流服务一栏是选择的"限时物流",在同样选择了起始地、目的地和货物重量以后,系统会自动显示提供"限时物流"的推荐物流。我们从图3-3-22里可以看到,目前只有联邦快递提供这样的限时物流服务,但在图3-3-21里,联邦快递的在线下单服务所收取的运费要便宜很多,到货周期也跟一般快递公司差不多,是2~3天,而不像限时物流这样是次日达。

其实,淘宝推荐物流的限时物流服务远远不止"次日达"这一种,它分为当日达,次日达(24小时物流),次晨达这3种服务方式。

1) 次日达

次日达是指,卖家在当日12:00~17:00下单,物流公司承诺在次日20:00之前将宝贝送达买家处。若因为物流公司原因将宝贝延时送达,将按照有关规定做出处罚。

2) 次晨达

次晨达是指,卖家在当日9:00~19:00下单,物流公司承诺在次日12:00之前将宝贝送达买家处。若因为物流公司原因将宝贝延时送达,将按照有关规定做出处罚。

3) 当日达

图 3-3-22 运费/时效查看器

当日达是指，卖家在当日 12：00 之前下单（包含前日 17：00 后的遗留单），物流公司可承诺在当日 22：00 之前将宝贝送达买家处。若因为物流公司原因将宝贝延时送达，将按照有关规定做出处罚。

货物一旦发送出去以后，交易双方都可以在线查看货物的运输和配送情况，随时进行货物的追踪，以便及时签收。如图 3-3-23 所示的即是一笔交易的物流配送进程，顾客只需要在已买到的宝贝里找到该订单，单击"查看物流"，便能看到从收件到送件的整个时间周期和经手人这类详细的物流信息。

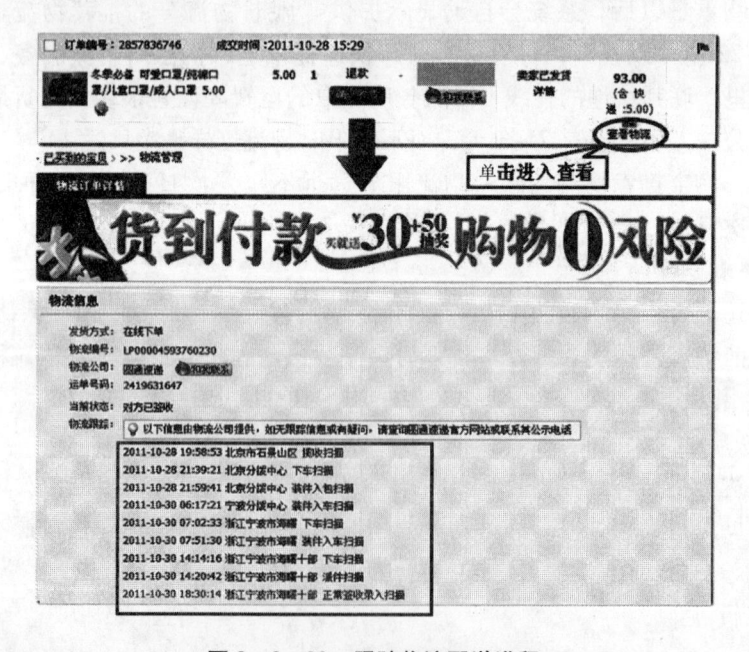

图 3-3-23 跟踪物流配送进程

使用推荐物流加强了淘宝对物流的控制力，因为使用推荐物流后，淘宝可以对相应物流公司的物流配送情况进行监督，推荐物流也可以为用户提供更好的服务和更优惠的价格。同时，淘宝与推荐物流公司之间的信息平台对接已基本完成，用户在淘宝网上达成交易后，如果使用推荐物流，便可以直接在线发送订单，经确认后，物流公司就会上门取货，而且买家和卖家还可以随时跟踪订单。

淘宝选择的推荐物流公司必须是网络成熟、排名前十的企业，而且服务范围尽量涵盖全国，在确定成为淘宝的"推荐物流"时，他们必须与淘宝签订相关协议，约定服务价格、内容和方式，以及非常优惠的赔付条款，并规定由淘宝监控和督促物流公司对于投诉和索赔的处理。

综上所述，我们看到淘宝的推荐物流不仅可以提供更优惠的运费价格，还能提供更完善的服务，而且，除了限时物流以外，还有先行赔付、货到付款等多种物流服务，因此，尽管淘宝用户可以自由选择物流服务商，但目前淘宝网上使用推荐物流的用户已经超过了70%。这一比例也有力证明了推荐物流模式的成功。

3.4　知识与技能拓展

3.4.1　优秀卖家经验分享

1. 如何省快递费

店主"南芙蓉饰品"是2008年8月匆忙在淘宝开的店，店名叫"白领风尚馆"。尽管现在的"白领风尚馆"已是"1皇冠"，但当初"南芙蓉"接到第一笔生意时，连快递都没有联系好。

当时买家让"南芙蓉"把货发到外省，她才想起要找快递。那时"南芙蓉"的第一个想法就是在百度里搜集各个快递公司的网站、快递电话，然后再一一打电话咨询。通过快递公司，"南芙蓉"又找到负责公司所在区的快递员，前后折腾了将近2小时，用12元快递费终于发走了第一件商品。

因为之前"南芙蓉"是以想当然的价格制定快递费用的，没有分省收费，统一为12元。这样，偏远地方的就需要她自己加运费了。而江浙沪的买家，却埋怨"南芙蓉"的快递费太贵，舍其而去了。她就和快递公司申通商量能否把价格降下来，但负责的那个快递员却坚持一定要12元发外省，8元发同城。结果两个月下来，"南芙蓉"的生意几乎没有利润。

同城的一个卖家朋友听说同城快递要8元，给"南芙蓉"介绍了另一家叫汇通的快递公司，价格便宜很多。于是"南芙蓉"又通过百度搜索寻找汇通和其快递员。经过两个多月的学习和摸索，"南芙蓉"已经老到了很多，和快递员砍价，快递费终于降了不少。下面是"南芙蓉"总结的经验。

(1) 经验一

新手一定要多多比较各家快递公司的价格,可以利用同城卖家的关系,请教哪家快递最好,价格如何。然后就先与价格较低的快递公司联系,告诉其你是做网店的,目前可能量不多,但长期合作,未来量会增加。

(2)经验二

好好利用朋友资源,用心发现,细心做事。例如,如果能有机会和大卖家合作,让其帮你发件,那快递价格就能降不少。如果没有大卖家朋友,就找同城的淘宝掌柜,大家联合起来,统一发货,这样量就大了;和 EMS 联系,商谈快递价格,这样,也能把 EMS 降下来。

2. 勤做货物统计

"吉吉鞋坊"淘宝店在 2010 年 9 月开张了。虽说短短几个月时间,"吉吉鞋坊"已经升至"2 钻",但店家吉吉仍把自己当成一名新手卖家。

现在,吉吉深有体会,每个卖家都有自己的辛苦。尤其是那些成功的"骨灰级"卖家,肯定都有自己的一套"独门秘籍"或"制胜法宝"。

网店能获得成功需要包含很多因素,比如产品质量好、照片拍摄清楚、网店设计养眼、服务优秀、发货售后一条龙服务等。"吉吉鞋坊"在摸着石头过河的开店初期,也总结出了自己的一些经验技巧。其中,很重要的一条就是"归纳整理,勤做货物统计"。

开店初期,相信大多数卖家都迫切期待第一笔生意的来临,或者更多关注的是自己信用的提升,却往往忽略了对店铺里货物的清点与统计。这点看似不起眼,尤其对于初级卖家来说,一天发货一两件,甚至好几天都是"光杆司令",似乎没有必要统计归纳——"就那几件货,我还不清楚卖了哪些,剩下哪些吗?"可是,吉吉觉得一开始就养成经常统计整理,归纳分析这样的习惯非常重要。

吉吉是经营鞋子的卖家,鞋子的颜色、尺码、款式常常会在销售中出现缺号的情况。开始时,一有买家来咨询某某货号的鞋子有多少码的时候,她总是忙手忙脚地叫对方"不好意思,请稍等,我查一下",然后一头扎进库里猛翻,或者就是疯狂地打电话给实体店求助,经常搞得鸡飞狗跳,最后客人还是等不及就走人了。碰过几次壁以后,吉吉开始琢磨,怎样才能避免出现这种情况呢?于是,她决定下点工夫清点整理货物,坚持统计。每天吉吉都会在晚上打烊前把今天卖出与所剩货源的情况详细做表格记录,并隔断时间就整个回顾一次(每周、每月、每季都可以)。这样,第一,她可以清楚地了解每天的销售情况,轻松应对买家的咨询;第二,能帮助她及时补货,不至于让买家扫兴而归;第三,积累一段时间后,哪些款式销售情况好,需要大量进货,哪些鞋子无人问津,要及时下架,都能一目了然了。

当然,还可以将这个方法应用到发货、售后等环节中,把每个买家每笔交易的详细情况都储存在案输入电脑,这样不仅能避免大量发货时出错,大大提高效率，更有助于研究这个周期内的市场情况，做到有备无患。

另外，养成这样的习惯还是为了明天。对卖家来说，各种数据多起来后，这些数据就是卖家的一笔无形资产，它们会告诉你产品中哪些款式是最好卖的？哪些是稳定的客户？哪些是不稳定的客户？你的客户有哪些相同的意见？你的定价有没有需要改进的地方？数据多了、准确了，就容易找到解决问题的方法。

3.4.2 国际物流知识

1. 国际物流的主要方式

国际物流主要有国际快递、国际平邮、国际空运、国际海运几种方式，具体介绍如下。

(1) 国际快递

走快递报关途径，通过空运方式运输；包括以下几种。

①商业快递：TNT、UPS、DHL、Fedex，统称为4大快递。

②国际邮政速递：如大陆EMS、新加坡EMS、USPS（美国邮政）、PARCEL FORCE（英国邮政）。

③专线：通过航空包舱方式运输到国外，通过合作公司进行目的国派送。如Equick、燕文专线等。

(2) 国际平邮

包括：国际小包、邮政大包。

(3) 国际空运

走正式报关途径，通过空运方式运输。

(4) 国际海运

走正式报关途径，通过海运方式运输。

2. 国际快递运费的计算

(1) 案例

林先生在北京，现需要给澳大利亚的买家发送物品，买家希望能够以较低廉的运费，在1周内收到货物。订单不大，是一个首饰盒。该用何种方式，何种具体方法才能在最短时间内，以相对便宜的价格安全地寄出？大概花多少钱？多长时间？如何跟踪货物运输情况？

林先生首先打电话给物流代理查询相关邮寄方式，由于是小礼品重量约在300g，物流工作人员建议林先生选择国际EMS（到达时间为5~7天），价格相对贵的DHL包裹到达时间为2~4天，但价格比EMS贵1倍。

除了邮政提供的EMS国际快递，还有几家大的快递公司也提供同样的服务，如UPS、FedEx、DHL、TNT。目前这5个快递物流都提供快递状态查询服务。

林先生称量了包裹的重量为304g，再次打电话询问包裹的运费。

中国邮政快递：

EMS 快递：5~7 天，120 元，澳大利亚属于邮政运送国家的四区。
其他快递：
UPS：300.5 元（由第三方保险公司提供保价服务）。
FedEx：203 元（由第三方保险公司提供保价服务）。
DHL：292.5 元（由第三方保险公司提供保价服务）。
TNT：289.9 元（由第三方保险公司提供保价服务）。
（以上所有数据仅供参考，具体价格请以服务提供方为准）。
最终林先生选择了 EMS 作为发货物流。

（2）运费介绍

1）国际快递和国内快递的区别

国际快递和国内快递的区别，具体如表 3-3-2 所示。

表 3-3-2 国际快递和国内快递的区别

	国内快递	国际快递
运输方式	圆通、申通、宅急送…	EMS、TNT、DHL、UPS、FeDEx、HK Post、China Post
产品包装信息	不用填写	需要填写产品包装后的体积跟重量，以正确地计算运费
快递计算方式	一般按件计算	按产品包装体积、重量、买家所在地区、采购量，再根据不同运输方式的不同运费标准计算公式计算
快递运费	一般 3~15 元，5 元最普遍	快递费用差异大，比国内快递费用高
货运时间	周期短	周期稍长
货运跟踪信息	卖家发货后，要填写有效发货通知和货运跟踪号，以方便货物跟踪和放款

2）国际快递运输方式的选择

国际快递运输方式的选择，具体如表 3-3-3 所示。

表3-3-3 国际各类快递比较

国际物流方式	费用	货运周期	货物查询	适用	运费计算	燃油附加费
EMS	一般	一般	可查询	对货运时间要求不高,货物体积较大,注重运费成本	EMS直达只算包装后实重,EMS非直达实重和体积中取较高者	无
FedEx/DHL/TNT/UPS	高	短	可查询	货物价格较高、对货运时间有要求,追求服务和质量	实重和体积中取较高者	每月更新
HK Post/China Post	低	长	需挂号	对货运时间要求不高,货物价值低,体积大	只算包装后的实重	无

如果您是第一次接触国际物流,那么建议您可以先采用最易上手的 EMS、HK Post 及 China Post 三种运输方式,因为这3种运费都只计重量不计体积,而且 HK Post 和 China Post 的价格在所有物流中最实惠。

3)国际快递费用的计算

①明确计费重量单位:一般以每 0.5kg(0.5kg)为一个计费重量单位。

②首重与续重:以第一个 0.5kg 为首重(或起重),每增加 0.5kg 为一个续重。通常起重的费用相对续重费用较高。

③实重、材积与轻抛物:实重,是指需要运输的一批物品包括包装在内的实际总重量。

体积重量或材积,是指当需要寄递的物品体积较大而实重较轻时,因运输工具(飞机、火车、船、汽车等)承载能力及可装载物品的体积所限,需要采取量取物品体积折算成重量作为计算运费的重量的方法。

轻抛物,是指体积重量大于实际重量的物品。

④计费重量:按实重与材积两者的定义,与国际航空货运协会的规定,货物运输过程中计收运费的重量是按整批货物的实际重量和体积重量两者中较高者计算的。

⑤包装费。一般情况下,快递公司是免费包装的,提供纸箱、气泡等包装材料。如衣物,不用特殊包装就可以。而一些贵重、易碎物品,快递公司需要收取一定的包装费用。包装费用一般不计入折扣。

⑥通用运费计算公式。A)当需寄递物品实重大于材积时,运费计算方法为:首重运费 +(重量(kg)×2 -1)×续重运费

例如:5kg 货品按首重 150 元、续重 30 元计算,则运费总额为:150 +(5 ×

2-1）×30＝420（元）

B）当需寄递物品实际重量小而体积较大，运费需按材积标准收取，然后再按上列公式计算运费总额。

求取材积公式如下：FedEx、UPS、DHL、TNT：规则物品：长（cm）×宽（cm）×高（cm）÷5000＝重量（kg）

不规则物品：最长（cm）×最宽（cm）×最高（cm）÷5000＝重量（kg）

4）国际快递分十区，同一区的国家运费相同：国际及港澳台特快专递邮件通达国家地区

一区：中国香港、中国澳门

二区：日本、韩国、蒙古、中国台湾

三区：马来西亚、新加坡、泰国、越南、柬埔寨

四区：澳大利亚、新西兰、巴布亚新几内亚

五区：比利时、英国、丹麦、芬兰、希腊、爱尔兰、意大利、卢森堡、马耳他、挪威、葡萄牙、瑞士、德国、荷兰、瑞典

六区：美国

七区：老挝、巴基斯坦、斯里兰卡、土耳其、尼泊尔

八区：巴西、古巴、圭亚娜

九区：巴林、伊朗、伊拉克、以色列、约旦、科威特、叙利亚、科特迪瓦、吉布提、肯尼亚、马达加斯加、阿曼、卡塔尔塞内加尔、突尼斯、阿联酋、乌干达

十区：开曼群岛、捷克、俄罗斯、拉脱维亚、哈萨克斯坦、白俄罗斯

3. 常用空运名词中英文对照

ATA/ATD（Actual Time of Arrival/Actual Time of Departure）：实际到港/离港时间的缩写。

航空货运单（AWB）（Air Waybill）：由托运人或以托运人名义签发的单据，是托运人和承运人之间货物运输的证明。

无人陪伴行李（Baggage, Unaccompanied）：非随身携带而经托运的行李，以托运方式交运的行李。

保税仓库（Bonded Warehouse）：在这种货仓内，或物可以在没有期限的情况下存放而无须缴纳进口关税。

散件货物（Bulk Cargo）：未经装上货板和装入货箱的散件货物。

CAO（Cargo for Freighter Only）："仅限货机承运"的缩写，表示只能用货机运载。

到付运费（Charges Collect）：在航空货运单上列明向收货人收取的费用。

预付运费（Charges Prepaid）：在航空货运单上列明托运人已付的费用。

计费重量（Chargeable Weight）：用来计算航空运费的重量。计费重量可以是

体积重量，或是当货物装于载具中时，用装载总重量减去载具的重量。

到岸价格 CIF（Cost，Insurance and Freightage）：指"成本、保险和运费"，即 C&F 外加卖方为货物购买损失和损毁的保险。卖方必须与保险商签订合同并支付保费。

收货人（Consignee）：其名字列明于航空货运单上，接收由承运人所运送的货物之人。

交运货物（Consignment）：由承运人在某一时间及地点接收托运人一件或多件的货物，并以单一的航空货运单承运至某一目的地的。

发货人（Consignor）：等同于托运人。

集运货物（Consolidated Consignment）：由两个或两个以上托运人托运的货物拼成的一批货物，每位托运人都与集运代理人签订了空运合同。

集运代理人（Consolidator）：将货物集合成集运货物的人或机构。

COSAC（Community Systems for Air Cargo）："高识"计算机系统的缩写。是香港空运货站有限公司的信息及中央物流管理计算机系统。

海关（Customs）：负责征收进出口关税、查禁走私和麻醉品交易及滥用的政府机构（在香港称香港海关）。

海关代码（Customs Code）：由香港海关（CED）为一批货物加注的代码，以表明清关结果或要求货站经营者/收货人采取何种清关行动。

清关（Customs Clearance）：在原产地、过境和在目的地时为货物运输或提取货所必须完成的海关手续。

危险货物（Dangerous Goods）：危险货物是指在空运时可能对健康、安全或财产造成重大威胁的物品或物质。

运输申报价值（Declared Value for Carriage）：由托运人向承运人申报的货物价值，目的是要决定运费或设定承运人对损失、损害或延误所承担责任的限制。

海关申报价值（Declared Value for Customs）：适用于，为核定关税金额而向海关申报的货物价值。

垫付款（Disbursements）：由承运人向代理人或其他承运人支付，然后由最终承运人向收货人收取的费用。这些费用通常是为支付代理人或其他承运人因运输货物而付出的运费和杂费而收取的。

EDIFACT（Electronic Data Interchange for Administration，Commerce and Transportation）：是"管理、商业和运输电子资料交换"的缩写。DIFACT 是用于电子资料交换的讯息句法的国际标准。

禁运（Embargo）：指承运人在一定期限内拒绝在任何航线或其中的部分航线上或接受转机的来往于任何地区或地点承运人任何商品、任何类型或等级的货物。

ETA/ETD（Estimated Time of Arrival/Estimated Time of Departure）：预计到

港/离港时间的缩写。

出口许可证（Export License）：准许持证人（托运人）向特定目的地出口指定商品的政府许可文件。

FIATA（Federation Internationale des Associations de Transitaires et Assimilés）：FIATA 被许可人——被许可在香港发出 FIATA 文件［作为托运人和运输代理人收货证明（FCR）的 FIATA 提单（FBL）］［FIATA Bill of Lading (FBL) "as Carrier" Forwarders Certificate of Receipt (FCR)］的成员。受货运代理责任保险的保障（最低责任限额：$250,000）。

离岸价 FOB（Free on Board）：在"船上交货"的条件下，货物由卖方在买卖合同指定的装船港装船。货物损失或受损害的风险在货物经过船舷（即离开码头被置于船上后）时便转移给买方，装卸费由卖方支付。

机场离岸价（FOB Airport）：这术语与一般 FOB 术语类似。卖方在离境机场将货物交与航空承运人后，损失风险便由卖方转移到买方。货运代理（Forwarder）提供服务（如收货、转货或交货）以保证和协助货物运输的代理人或公司。

总重（Gross Weight）：装运货物的全部重量，包括货箱和包装材料的重量。

HAFFA（Hong Kong Air Freight Forwarding Association）：香港货运业协会有限公司（HAFFA）的缩写，始创于 1966 年，是一个推动、保障和发展香港货物运输业的非营利性组织。

货运代理空运提单（即货运分运单）（HAWB）（House Air Waybill）：该文件包括拼装货物中的单件货物，由混装货物集合人签发，并包括给拆货代理人的指示。

IATA（International Air Transport Association）：国际航空运输协会的缩写。IATA 是航空运输业的组织，为航空公司、旅客、货主、旅游服务代理商和政府提供服务。协会旨在促进航空运输安全和标准化（行李检查、机票、重量清单），并协助核定国际空运收费。IATA 的总部设在瑞士日内瓦。

进口许可证（Import Licence）：准许持证人（收货人）进口指定商品的政府许可文件。

标记（Marks）：货物包装上标明用以辨认货物或标明货主相关信息的记号。

航空公司货运单（Master Air Waybill）：这是包括一批集装货物的航空货运单，上面列明货物集合人为发货人。

中性航空运单（Neutral Air Waybill）：一份没有指定承运人的标准航空货运单。

鲜活货物（Perishable Cargo）：在特定期限内或在不利的温度、湿度或其他环境条件下，易腐的货物。

预装货物（Prepacked Cargo）：在提交货站经营者之前已由托运人包装在载具中的货物。

收货核对清单（Reception Checklist List）：货运站经营者接收托运人货物时签发的文件。

受管制托运商制度（Regulated Agent Regime）：是政府对所有空运代理进行安全检查的制度。

提货单（Shipment Release Form）：承运人向收货人签发的文件，用于从货运站经营者处提取货物。

托运人（Shipper）：货物运输合同中指定的向收货人发货的人或公司。

活动物/危险品托运人证明书（Shipper's Certificate for live animals/dangerous goods）：托运人所作的声明——声明其货物已根据 IATA 最新版本的规则和所有承运人规则和政府法例的规定，将货物妥善包装、准确描述，使其适合于空运。

托运人托运声明书（简称：托运书）（Shipper's Letter of Instruction）：包括托运人或托运人的代理人关于准备文件和付运货物的指示的文件。

STA/STD（Schedule Time of Arrival / Schedule Time of Departure）：预计到港/离港时间的缩写。

TACT（The Air Cargo Tariff）：由国际航空出版社（IAP）与国际航空运输协会（IATA）合作出版的"空运货物运价表"的缩写。

运费表（Tariff）：承运人运输货物的收费价格、收费和/或有关条件。运费表因国家、货物重量和/或承运人的不同而有所差异。

载具（Unit Load Device）：用于运输货物的任何类型的集装箱或集装板。

贵重货物（Valuable Cargo）：货物申报价值毛重平均每千克等于或超过 1000 美元的货物，例如黄金和钻石等。

声明价值附加费（Valuation Charge）：以托运时申报的货物价值为基础的货物运输收费。

易受损坏或易遭盗窃的货物（Vulnerable Cargo）：没有申明价值但明显需要小心处理的货物，或特别容易遭受盗窃的货物。

本 节 概 要

内容提要与结构图

内容提要

- 包装：包装物及包装操作的总称。
- 包装：内包装、中层包装、外包装及辅助包装。
- 内包装：OPP 自封袋、PE 自封袋、防静电气泡袋、热收缩膜和镀铝气泡袋信封。
- 中层包装：报纸、纸板、气泡膜、珍珠棉、海绵等。
- 外包装：纸箱、袋子、纸类。
- 辅助包装：警示不干胶、名片、带提示语的封箱胶带。

- 包装护技术：防潮包装、防震包装、防破损包装。
- 防潮包装技术：选用合适的防潮材料；用防潮材料进行密封包装；添加合适的防潮衬垫；添加干燥剂。
- 防震包装技术：全面防震包装法、部分防震包装法、悬浮式防震包装法。
- 防破损包装技术：捆扎及裹紧技术；选择高强度保护材料。
- 物流管理工作流程：仓储管理、捡货配货、分类包装、物流配送。
- 仓储管理：检验商品、编写货号、入库登记。
- 捡货配货：正确挑选、避免漏配、仔细检查。
- 打包要点：避重就轻、严丝合缝、原封不动、表里如一。
- 分类打包法：最简单的打包法、化妆品类打包法、食品类打包法、图书类打包法、首饰类打包法、数码相机类打包法、字画类打包法、玻璃制品类打包法。
- 物流配送：邮局发货、快递发货、货运发货、淘宝推荐物流。
- 国际物流知识：国际物流的主要方式、国际快递运费的计算、常用空运名词中英文对照。

内容结构

本节的内容结构如图 3-3-24 所示。

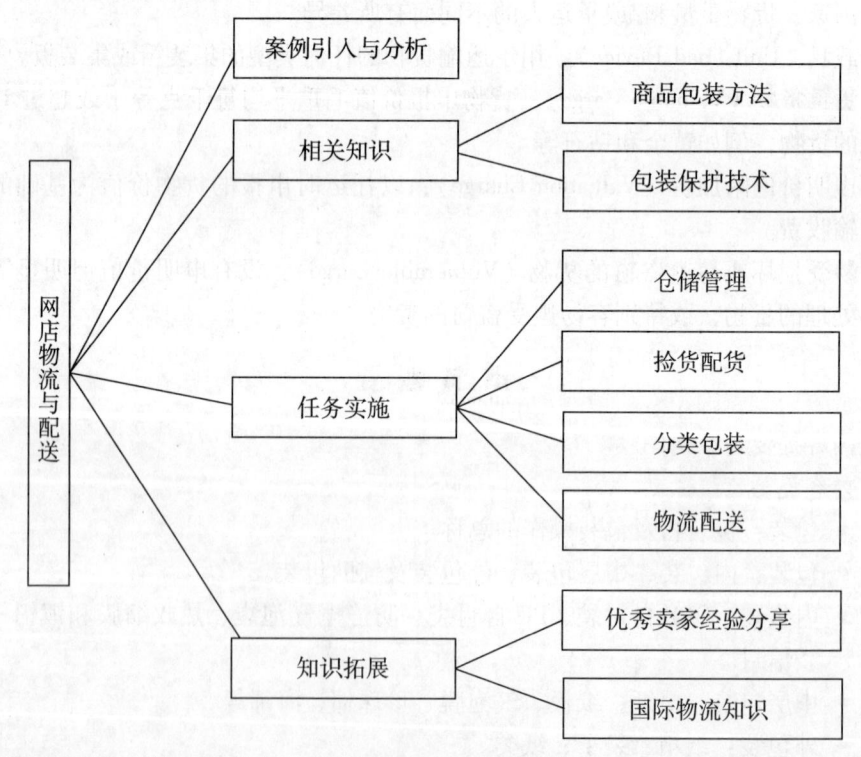

图 3-3-24 内容结构

思考与练习

一、单项选择题

1. 最接近销售商品本身的那层包装材料被称作（　　）。
   A. 内包装　　　B. 中层包装　　　C. 外包装　　　D. 辅助包装
2. OPP 自封袋的优点是（　　）。
   A. 防潮性能好、材质柔软、韧性好、不易破损且可反复使用
   B. 防止产品在生产搬运和运输过程中因碰撞或静电引起的破坏
   C. 透明度高，使商品看起来干净、整洁、美观及上档次
   D. 无毒无味，透明度好，强度高
3. 气泡膜、珍珠棉等是常用的哪类包装材料（　　）。
   A. 内包装　　　B. 中层包装　　　C. 外包装　　　D. 辅助包装
4. 为玻璃制品类打包，通常可以准备的材料有（　　）。
   A. 两个包装纸袋和包装胶带
   B. 塑料袋、包装胶带、报纸、外包装纸箱
   C. PVC 管或硬纸筒、报纸、包装胶带
   D. 商品包装盒、质地较硬的外包装箱、塑料袋、泡沫塑料板
5. 当前很多卖家和顾客都愿意选择快递来发货，主要原因是（　　）。
   A. 门对门收发货和提供网上查询物流进程
   B. 网点多
   C. 价格便宜且速度快
   D. 价格便宜且提供网上查询物流进程

二、判断题

1. 在易碎品外包装上贴上"易碎品"警示不干胶，可以时刻提醒物流人员小心轻放，避免人为损坏。（　　）
2. 镀铝气泡袋信封中的气泡有缓冲作用，能保证被运送物品的安全，防止物品在运送过程中因压、碰或跌落而损坏。（　　）
3. 货运长途发货一般采用公路运输和铁路运输。（　　）
4. 通常平邮包裹比挂号信便宜，EMS 比平邮包裹贵。（　　）
5. 给玻璃制品类打包时，填充物最好选用泡沫塑料，能对物品起到很好的保护作用。（　　）
6. 因推荐物流的原因而导致的中差评，可以跟淘宝网联系，申请删除。（　　）

三、简答题

1. 打包有哪些要点？

2. 淘宝推荐物流的订单状态有哪些？

3. 简述字画类商品的一般打包方法？

4. 有哪些方法可以对物品进行防潮包装？

5. 简述网店物流管理工作的基本流程？

四、技能训练题

1. 编写货号。按库存商品属性来为你店里的商品区分类别，例如外套、毛衣、裙子、裤子等，为其适当编写货号，并利用EXCEL以"序号＋图片＋名称＋货号"格式进行汇总。
2. 为网店商品合理设置并应用运费模板。
3. 在淘宝网上通过"在线下单"方式来为商品选择快递公司。

能力自评

■ 专业能力自评

	能/不能	熟练程度	任务名称
通过学习本模块，你			能给网店里商品编写合适的货号，进行仓储管理
			能运用合适的材料对不同特性的商品进行包装
			熟悉各种物流配送方式的适用范围和优缺点，能根据商品特性或客户需求灵活选择合适的物流配送方式
			当配送中出现货物丢失、掉包或损坏等现象时，能合理协调解决，并妥善处理与买家的关系
通过学习本模块，你还			

注："能/不能"栏填"能"或"不能"。如填"能"，则熟练程度一栏填"熟练""较熟练""不熟练但可以"。

■ 社会能力和方法能力自评

	社会能力和方法能力	提升情况
通过学习本模块，你的	启发和倾听他人想法的能力	
	口头表达能力	
	书面表达能力	
	与人沟通能力	
	团队协作精神	
	自学能力	
	问题发现与解决能力	
通过学习本模块，你的		

注："提升情况"一栏可填写"明显提升""有所提升""没有提升"。

■ 其他

1. 你学习本模块最大的收获是什么？你认为本模块最有价值的内容是什么？
2. 哪些内容（问题）你需要进一步了解或得到帮助？
3. 为使你的学习更有效，你对本模块的教学有何建议？

■ 能力自评说明

1. 专业能力自评中，每项均达到"能"和"较熟练"水平者，本模块专业能力过关。

2. 社会能力和方法能力自评中，"倾听能力""与人沟通能力""团队协作精神"和"问题发现与解决能力"4个项目达到"有所提升"水平者，本模块能力过关。

自评人（签名）：	教师（签名）：
年 月 日	年 月 日

参考文献

[1] 罗岚. 网店运营专才 [M]. 南京：南京大学出版社，2010.

[2] 淘宝大学. 网店客服 [M]. 北京：电子工业出版社，2011.

[3] 卢坚，鲍嘉. 店铺装修宝典 [M]. 北京：人民邮电出版社，2008.

[4] 冰糖小妖怪，小 yu 美人鱼，筷子 168. 网店赢家——淘宝网新手开店 7 步通（第 2 版）[M]. 北京：电子工业出版社，2010.

[5] 蔡同超. 网店赢家——百家皇冠谈推广 [M]. 北京电子工业出版社，2011.

[6] 胡敏. "大淘宝"战略下黄金法典——网店创富密码 [M]. 北京电子工业出版社，2010.

[7] 鲍嘉，卢坚. 网店开门红——网上店铺设计与装修宝典 [M]. 北京人民邮电出版社，2009.

[8] 上海伟雅. 网店，新生活——网络创业生存报告 [M]. 北京：清华大学出版社，2009.

[9] 岚姐姐. 网店经营宝典——从"新手"到职业网商的蜕变 [M]. 北京：清华大学出版社，2008.

[10] 朱志明. 网店货物管理全程指导 [M]. 广东：广东经济出版社，2010.

[11] 石焱，王耀. 网店运营 [M]. 北京：中国水利水电出版社，2011.

[12] 岚姐姐，风信花. 物流高手包赢天下 [M]. 北京：中国宇航出版社，2007.

[13] 格格坞. 网店赢家：淘宝店铺装修与推广 [M]. 北京：电子工业出版社，2010.

[14] 张佐政. 网店经营做赢家 [M]. 北京：企业管理出版社，2009.

[15] 上海伟雅. 网店赢家的 110 个技巧 [M]. 北京：人民邮电出版社，2009.

[16] 贾少华. 成为淘宝创业的超级毕业生 [M]. 北京：电子工业出版社，2010.